미디어 담론

MEDIA DISCOURSE

일러두기

- 이 책은 국립국어원 표기법을 준수했습니다.
- 외국 인명이나 지명, 작품명은 될 수 있는 한 국립국어원의 외래어 표기법을 따르되, 굳어진 용례는 관행을 따라 표기했습니다.
- 문장부호의 경우, 도서명은 겹화살괄호(《 》), 법률명과 규정은 홑낫표(「 」), 기타는 홑화살괄호(< >)를 사용했습니다.
- 출처 인용 및 참고문헌 표기는 <한국언론학보 논문 작성 규정>을 준수했습니다.

이 책은 2024년 방송문화진흥회의 저술지원사업으로 출간되었습니다.

방송문화진흥총서 250

미디어 담론

MEDIA DISCOURSE

한국언론학회 평화커뮤니케이션 연구회

오원환
남승석
구은정
윤복실
하승희
이에스더
임종석
김연숙
김해영
김활빈
이종희
이종명
공저

미디어 담론

지은이 오원환 · 남승석 · 구은정 · 윤복실 · 하승희
이에스더 · 임종석 · 김연숙 · 김해영
김활빈 · 이종희 · 이종명
펴낸이 김지연

초판 1쇄 펴낸 날 2025년 9월 15일

(주)도서출판 지금
출판 등록 제319-2011-41호
06924 서울특별시 동작구 장승배기로 128, 305호(노량진동, 동창빌딩)
전화 (02)814-0022 FAX (02)872-1656
홈페이지 www.papergold.net
ISBN 979-11-6018-406-8 93320

여는 글

2024년 12월 3일 대한민국에서 국가 계엄 선포와 대통령 탄핵과 같은 중대한 정치적 사건이 발생하며 사회적 불안이 커졌고 미디어 환경에서 극단적인 담론 구조가 형성됐다. 특히 뉴미디어(유튜브, SNS, 온라인 커뮤니티 등)의 알고리즘 작동 방식 때문에 수용자의 확증 편향confirmation bias이 강화되면서 정치적 양극화가 더욱 심해졌다. 수용자는 자신이 선호하는 정치적 입장과 일치하는 콘텐츠를 반복적으로 소비하면서 반대 의견에 대한 접근이 자의와 타의에 의해 차단되는 경향을 보인다. 이에 따라, 한쪽 진영에서는 "탄핵은 부당한 정치 공작", 다른 진영에서는 "계엄령 시도는 민주주의 위협"이라는 확고한 신념이 강화되고, 갈등의 골은 깊어졌다. 이를 해결하기 위해 뉴미디어 플랫폼 차원의 알고리즘 개선뿐만 아니라 미디어 리터러시 강화, 공공 미디어의 역할 확대, 공론장 복원 등과 같은 양극화 해소의 노력이 더욱 필요해졌다.

이 책은 주로 레거시 미디어legacy media를 중심으로 형성되는 담론의 역할과 구조, 작동방식 등을 살펴보고 미디어 담론에 관한 비판적 이해를 제고하기 위해 쓰였다. 총 3개 Part와 13개 Chapter로 구성됐고, Part Ⅰ은 담론의 개념과 역할에 관한 역사적 변화와 최근 감정이 중심이 된 디지털 시대의 담론이 알고리즘과 미디어가 민주주의와 정치권력의 새로운 작동 방식으로 나타나는 양상을 이론적 접근을 통해서 살펴본다. Part Ⅱ는 미디어를 통해 확산되는 개딸 담론, 통일 담론, 영화와 정치 담론, 한류 담론, 가상현실 속 정체성 담론, 외국인 노동자와 일자리 갈등 담론, 종교와 과학 담론, 지방대학 담론, 지방 중심도시와 주변도시 간 담론 등 다양한 분야의 담론적 현상을 분석한다. Part Ⅲ에서는 미디어 담론의 비판적 이해를 위한 미디어 리터러시 교육, 비판적 담론 분석 방법과 사례에 대해 살펴본다. 각 챕터의 내용을 간략하게 살펴보면 다음과 같다.

Chapter 01 담론의 개념과 미디어 담론 담론discourse은 단순한 언어적 교환이 아니라 권력, 지식, 사회적 규범과 깊이 얽힌 구조적 실천으로 사회적 현실을 구성하고 규율하는 기능을 수행한다. 고대 철학에서 진리 탐구의 대화적 수단이었던 담론은 현대 철학에서 권력-지식 관계의 작동 방식으로 재해석되었다. 특히 푸코는 담론을 통해 권력이 어떻게 지식 체계를 생산하고 유지하는지를 분석하며, 담론을 사회 통제의 메커니즘으로 본다. 미디어는 이러한 담론을 형성하고 재현하는 핵심 장치이며, 특정 이데올로기를 강화하거나 대중의 인식을 규정짓는 데 기여한다. 홀은 미디어 담론이 사회적 정체성과 의미를 구성하며, 수용자에 따라 다양한 해석과 저항이 가능함을 강조한다. 결국 미디어 담론은 단순한 정보 전달을 넘어 사회 권력 구조를 반영하고 재구성하는 담론 전쟁의 장으로 기능한다.

Chapter 02 권력과 담론의 상호작용: 감정적 공론장의 미디어와 진실의 재구성 AI 전환 시대의 공론장은 더 이상 이성과 합리성 중심의 공간이 아니라, 감정이 핵심 동력으로 작동하는 감정적 공론장으로 재편되고 있다. 푸코의 담론 이론에 따르면, 알고리즘은 새로운 담론 권력으로 기능하며, 감정과 정보 소비 방식을 통제하고 구성한다. 미디어는 특정 감정을 증폭시키는 감정적 프레이밍을 통해 정치 권력과 결합하여 현실을 재구성한다. 특히 버틀러의 '취약성의 정치학'과 마수미의 '선제적 권력' 개념은 감정이 어떻게 불평등하게 분배되며, 미래 위협이 현재의 통제를 정당화하는지를 설명하는 데 유용하다. 오늘날 디지털 미디어 환경은 감정적 공론장의 양가성과 극화를 동시에 심화시키며, 공적 담론의 기반을 흔들고 있다. 결과적으로, 감정은 단순한 개인의 정서가 아니라, 민주주의와 국제 정치의 구조를 좌우하는 핵심 요인이 되고 있다.

Chapter 03 '개딸' 사례로 본, 포퓰리즘 담론에 갇힌 민주주의 이 글은 한국 사회에서 포퓰리즘 담론이 민주주의를 제한하는 방식과 정치 팬덤이 어떻게 낙인찍히는지를 분석한다. 특히 '개딸' 사례를 통해 미디어와 정치 담론이 특정 집단을 감정적이고 비이성적인 존재로 규정하는 과정을 비판한다. 이 장은 랑시에르의 '몫 없는 이들의 몫' 개념을 활용해, 개딸 현상이 민주주의의 지향성과 맞닿아 있음을 밝힌다. 20~30대 여성들의 정치적 목소리와 안전 요구는 기존 질서에 도전하는 민주적 행위로 해석될 수 있다. 결국, 포퓰리즘 담론이 민주주의를 약화시킬 위험이 있음을 지적하며, '어떤 민주주의인가?'라는 질문을 제기한다.

Chapter 04 다큐멘터리 영화와 담론전쟁 다큐멘터리 영화는 역사적 사실을 기록하고 전달하는 중요한 매체이지만, 동시에 권력과 이념의 영향을 받으며 특정한 담론을 형성하는 도구가 되기도 한다. 한국의 다큐멘터리는 1980년대 언론 통제에 저항하는 기록 매체로 자리 잡았으며, 이후 노동, 여성, 빈민 등의 사회적 문제를 다루면서 발전해왔다. 그러나 최근에는 크라우드펀딩의 확산과 정치적 인물에 대한 조명을 통해 다큐멘터리가 특정 이념을 강화하는 도구로 활용되는 경향이 두드러지고 있다. 이러한 흐름은 '영웅 만들기'라는 방식으로 이어지며, 특정 인물을 중심으로 서사를 구축하는 데 집중하는 경향을 보인다.

Chapter 05 남남갈등, 통일이 필요한가? 남남갈등은 남한 내부의 이념적, 세대적, 지역적 갈등과 중첩되어 발생하고, 특히 통일과 대북정책에 대한 견해 차이가 주요 원인으로 작용한다. 냉전 반공주의의 영향으로 형성된 '레드 콤플렉스'는 여전히 한국 사회에 남아 있으며, 통일에 대한 논의는 점점 더 실리적 관점으로 변화하고 있다. 그러나 통일 담론이 정부의 이념적 성향에 따라 지속적으로 변화하면서, 국민적 공감대가 형성되지 못하고 갈등만 증폭되고 있다.

또한, 통일에 관한 논의는 단순한 국가적 목표에서 벗어나 보다 현실적이고 구체적인 사회적 논의가 필요하다는 지적이 이어지고 있다.

Chapter 06 누가 한류를 말하는가: 국가주의 프레임과 팬덤 주체성의 충돌
한류는 단순한 문화 현상을 넘어 국가 전략으로 재편되며, 국가주의적 프레임 안에서 정부 주도의 성과로 담론화되고 있다. 미디어는 이러한 담론을 수용하여 한류를 경제 성과와 외교 자산으로 재구성하는 데 기여한다. 그러나 해외 팬덤은 디지털 플랫폼을 통해 능동적인 담론 주체로 부상하면서 지배 담론에 대한 대항적 재구성을 시도하고 있다. 특히 팬덤은 문화적 전유, 역사 재현, 젠더 등의 이슈를 비판적으로 조명하며, 자율적 문화 주체로서의 위상을 강화하고 있다. 한류를 둘러싼 해외 언론의 태도도 양가적이며, 자국 문화 보호 논리와 상업주의 비판, 외교적 갈등에 따라 보도의 방향이 달라진다. 결과적으로 한류 담론은 국가 주도의 성공 서사와 자생적 문화 실천 간의 긴장 속에서 형성되며, 지속가능성을 위해서는 수용자의 관점과 문화적 다양성을 반영한 균형 잡힌 접근이 필요하다.

Chapter 07 외국인 노동자와 일자리 미디어 담론: 빅카인즈를 활용한 경제지와 진보지의 프레임분석 한국 사회에서 급증하는 외국인 노동자와 일자리 문제를 다루는 미디어의 프레임과 그 속의 이데올로기 및 권력관계를 분석한다. 경제지는 대기업과 자본권력의 영향을 반영하여 사용자 측 입장을 강조하며, 진보지는 인권과 민주주의를 내세워 비판적 보도를 하지만 실질적 대안 제시는 부족하다. 두 매체 모두 정파적 시각을 유지하며, 특히 진보지는 중소기업의 인력난 문제를 소홀히 다루는 경향이 있다. 이러한 보도 경향은 한국 언론의 정파성을 더욱 심화시키고 있으며, 미디어가 사회적 갈등을 조장하는 역할을 하고 있다. 정부가 다문화주의 정책을 확대하는 상황에서, 미디어는 정파적 대립을 지양하고 사회적 소통을 촉진할 의무가 있다.

Chapter 08 디지털 미디어 속 아바타: '디지털 자신'에 관한 담론 가상세계는 더 이상 현실과 분리된 허구가 아니라 우리의 일상과 밀접하게 융합된 실재의 한 부분이다. 그러나 '가상(假像)'이라는 번역어는 원래 '거짓'이라는 의미를 내포하며, 가상이 현실과 대비되는 개념이라는 오해를 초래했다. 이러한 개념적 오류는 SF 소설과 영화에서도 가상을 도피처로 묘사하며 더욱 강화되었다. 하지만 오늘날 가상세계는 디지털 기술을 통해 우리의 사회적, 경제적, 문화적 활동이 이루어지는 장소로 변화하고 있으며, 이는 단순한 게임이나 판타지가 아니라 현실과 연결된 공간으로 이해해야 한다. 그리고 가상세계에서 우리는 단순한 캐릭터가 아니라, 자신의 정체성과 사회적 역할을 반영하는 '가상의 사회적 자아'로 존재한다.

Chapter 09 종교와 과학, 신념과 사실에 대한 담론: 한국 개신교와 창조론에 대한 자기민속지학적 경험과 인식 한국 개신교 내에서 창조론과 진화론에 대한 담론을 분석하고, 종교와 과학의 관계를 탐구한다. 종교는 인간의 불완전성을 해소하는 역할을 하지만, 과학과의 관계 속에서 갈등과 대립의 모습을 보여 왔다. 창조론과 진화론 논쟁은 주로 종교와 과학의 상호배타적 관계로 인식되었으나, 실상 두 개념은 각기 다른 차원에서 존재하며 비교의 대상이 아니라는 점이 강조된다. 개신교 내에서도 창조과학을 수용하는 입장과 이를 비판적으로 바라보는 입장이 혼재하며, 종교와 과학의 대립을 넘어 상호 조화를 모색하려는 움직임도 나타난다. 종교와 과학의 논의는 서로의 차이를 인정하면서도 건설적인 대화를 통해 공존과 협력을 모색해야 한다는 점을 시사한다.

Chapter 10 지방대학 문제를 틀 짓는 미디어 담론 지방대학은 학령인구 감소와 수도권 집중화로 인해 심각한 위기를 겪고 있으며, 이로 인해 지역 경제와 사회적 기능에도 부정적인 영향을 미치고 있다. 미디어는 이러한 지방대학 문제를 '위기 프레임'으로 보도하며, 특히 전국 일간지와 지역 일간지 간의 보도 방식에 차이가 존재한다. 전국 일간지는 구조조정과 수도권 중심적 시각을 강조하는 반면, 지역 일간지는 지방대 지원과 지역할당제 도입을 강조하는 경향을 보였다. 또한, 지방대 위기의 원인으로 학령인구 감소와 수도권 집중화를 주로 지적하며, 해결책으로 정부 및 지역사회의 적극적인 지원과 정책 개선을 요구하는 보도가 많았다. 이러한 미디어 프레임은 공론장에서 특정한 시각을 강화하는 역할을 하며, 지방대 문제 해결을 위한 균형 잡힌 담론 형성이 필요함을 시사한다.

Chapter 11 지방 중심도시와 주변 중소도시의 미디어 갈등 담론: 원주와 충주지역 언론 종사자의 인식을 중심으로 지방 중심도시와 주변 중소도시 간의 미디어 담론을 분석하며, 특히 원주와 충주지역 언론인의 인식을 탐구한다. 수도권 중심의 미디어 환경 속에서 지방 언론도 도청소재지를 중심으로 보도하며, 주변 중소도시는 상대적으로 소외되고 있다. 지역방송은 본사의 경영 논리에 따라 구조조정과 광역화가 진행되며, 이에 따른 지역뉴스의 약화와 여론 형성의 어려움이 발생하고 있다. 또한 지방자치단체는 광고와 소송을 통해 언론을 통제하려는 경향이 있으며, 충주 등 일부 지역에서는 언론사가 난립하여 저널리즘의 질 저하 문제가 제기된다.

Chapter 12 비판적 담론 분석을 위한 미디어 리터러시: 핀란드 사례를 중심으로 핀란드는 정규 교육과정을 포함해 전 생애주기에 걸쳐 체계적이고 협업적인 미디어 리터러시 교육을 실천하고 있는 국가이다. 미디어 리터러시는 단순한 기술 습득이 아닌, 비판적 담론 분석과 민주적 시민 역량 함양을 목표로 하며, 학교, 언론, 정부, 시민사회가 유기적으로 협력해 교육을 운영한다. 핀란드 학생들은 뉴스 제작, 가짜뉴스 체험, 온라인 토론 등을 통해 비판적 미디어 읽기와 정보 생산 역량을 함께 키운다. 공공 방송과 민간 기관도 교육 콘텐츠 제작과 자료 공유에 적극 참여하고 있으며, 모든 시민을 위한 포괄적이고 접근 가능한 교육 자원을 제공한다. 정부는 미디어 리터러시를 시민의 기본권으로 간주하고 정책적으로 지원하고 있다. 핀란드 사례는 우리 사회의 미디어 리터러시 교육 확대와 비판적 담론 이해 능력 강화에 중요한 시사점을 제공한다.

Chapter 13 미디어 담론 분석 본 장은 담론 분석의 정의와 방법론적 적용 사례에 집중한다. 담론은 단순한 언어적 표현이 아니라 사회적 실천이다. 동시에 권력과 지식이 작동하는 방식의 핵심적 기제로 정의된다. 이를 바탕으로 페어클러프의 비판적 담론 분석CDA 3단계 모델(텍스트 실천, 담론 실천, 사회문화적 실천)을 톺아보며, 미디어 담론이 어떻게 사회적 규범과 권력 구조를 형성하고 재생산하는지를 확인한다. '서민' 담론, 제주 4·3, 세월호 참사, 제20대 대선과 같은 사례에서 사회 불평등과 이데올로기의 작동 방식을 비판적 담론 분석한 연구들이 대표적이다. 아울러, CDA의 한계를 넘어서 복잡한 사회 모순의 교차점을 통합적으로 분석하는 새로운 방법론으로써 '국면 분석'을 제시한다. 결론적으로 텍스트 분석을 넘어 권력 구조의 비판과 사회적 변화를 위한 실천적 도구로써의 비판적 담론 분석에 주목해야 함을 제안한다.

미디어 담론은 수용자에게 미디어가 만들어내는 상징적 현실을 객관적 현실이라고 믿게 만드는 힘이 있다. 미디어가 전달하는 정보와 그 의미는 우리의 머릿속 그림, 즉 주관적 현실을 만들고 그것을 통해 세계를 이해하도록 유도한다.

이때 미디어의 현실은 날것의 있는 그대로의 실제가 아닌 다양한 담론을 통해 재구성되는 현실이지만, 종종 미디어의 현실을 우리는 실제 세상의 모습으로 착각한다. 우리는 이 책을 통해서 미디어의 담론이 어떻게 현실이라는 재료에 스며들어 사실 혹은 진실처럼 보이게 하는지, 그 작동 원리와 그로 인한 담론적 성과물을 비판적으로 분석하고자 했다. 이 책을 기획할 때 가제목은 '미디어 담론 전쟁'이었고, 전쟁이 펼쳐지는 다양한 '전선'들을 소챕터로 구성하여 갈등의 현장을 다양하게 조명하고자 했다. 전쟁이라는 단어가 함의하는 폭력성이 평화로운 현실에서도 다양한 지점에서 치열하게 전개되고 있음을 드러내고 싶었다. 하지만 평화로운 일상에서 미디어의 담론적 갈등 이면에 작동하는 권력 간 이해관계를 속속들이 들여다보는 것이 어렵기도 했고, 전쟁이라는 단어가 주는 정서적 공감을 얻기가 쉽지 않다고 판단하여 제목에서 전쟁이라는 단어를 지웠다. 하지만 여전히 우리는 이 책을 읽는 독자가 미디어가 재현하는 평화로운 때로는 갈등적 현실들을 좀 더 비판적으로 읽고 생각하고 행동하는 능동적 수용자가 되길 바라는 마음은 여전하다.

끝으로 한국언론학회의 우수연구회로 추천받아 방송문화진흥회의 저술사업에 선정된 것을 진심으로 감사드리며, 연구회가 3년 동안 3권의 책을 출판하는 데 물심양면으로 돕고 지원해주신 도서출판 지금의 김지연 대표님과 임직원 여러분께도 진심으로 감사드린다.

2025년 여름

한국언론학회 평화커뮤니케이션 연구회 오원환

필진 구성(목차순)

- 오원환
- 남승석
- 구은정
- 윤복실
- 하승희
- 이에스더
- 임종석
- 김연숙
- 김해영
- 김활빈
- 이종희
- 이종명

MEDIA DISCOURSE

Part

I

담론의 개념과 역할

Chapter 01

담론의 개념과 미디어 담론

오원환

1 — 서론

고대 철학에서 시작된 담론discourse의 개념은 소크라테스와 플라톤, 아리스토텔레스의 대화적 변증법에서 출발해, 칸트와 헤겔을 거치면서 근대 철학적 담론으로 발전하고, 칸트와 헤겔이 구축한 철학적 틀을 비판한 니체로부터 탈근대로의 철학적 방향 전환이 이뤄지면서 니체의 담론 철학은 푸코의 담론 철학에 기초적인 토대를 제공한다. 특히 푸코의 담론 이론은 권력-지식 관계와 연결되어 미디어 담론이 현대 사회에서 권력과 현실을 재구성하는 방식에 대한 분석 틀을 제공한다. 이 글은 이러한 담론 개념의 철학적 배경을 검토하고, 스튜어트 홀과 문화연구 전통에서 미디어 담론의 현대적 문제를 논의한다.

담론의 라틴어 어원은 'discursus'이며, 물리적인 움직임이나 생각과 말의 이동과 확장을 의미했다. 옥스퍼드 사전(Oxford University Press, *n.d.*)에 따르면 중세 영어에서 'discourse'가 발견된 가장 초기 시점은 14세기경이고, 이후 다양한 의미로 쓰였다. 여기서 담론의 정의를 크게 네 가지로 구분할 수 있다.

첫째, 추론의 과정이나 능력, 합리적인 주장이나 생각, 이성이나 합리성과 관련된 개념으로 현재는 드물게 사용되는 다소 구식의 정의이다.

둘째, 말이나 글로 특정 주제를 다소 형식적으로 다루고 그 주제에 대해 길게 고려하거나 논의하는 것을 의미하며 논문이나 강론(講論)과 밀접히 연관된다.

셋째, 언어학적 관점에서 담론은 의미가 전달되는 일련의 연결된 발화, 특히 분석 단위를 형성하는 발화로 정의되며, 이러한 발화로 구성된 음성이나 서면 소통, 구어를 통해 생각을 전달하는 행동이나 과정으로 설명된다. 이는 대화나 단어의 교환과 같은 행위로도 이해될 수 있다.

끝으로, 지적 또는 사회적 활동의 특정 영역을 가리키며, 특히 반복되는 주제, 개념 또는 가치로 특징지어지는 진술, 분석, 의견 등으로 이를 통해 암시되거나 표현되는 공유된 신념이나 가치의 집합을 의미한다.

이러한 정의는 담론이 단순한 대화나 글 이상의 구조적이고 체계적인 언어 사용을 포함하며, 특정 주제에 대한 심도 있는 논의나 연구를 의미하고, 언어적 교환을 넘어서 사회적 현실을 형성하고 규율하는 구조적 틀로 작용해 온 것을 알 수 있다. 고대 철학에서 담론은 진리 탐구의 수단으로 시작되었지만, 현대 철학에서는 권력, 지식, 사회적 규범과의 관계 속에서 분석된다. 달리 말해, 담론이 단순한 소통이나 공존을 넘어 특정한 헤게모니hegemony를 확보하려는 투쟁으로 작동할 가능성을 충분히 보여준다. 담론은 특정 집단이나 이데올로기가 권력을 유지하거나 확장하기 위해 사용하는 전략적 도구로, 타자와의 대화적 소통보다는 권력관계에서 우위를 점하고 사회적 규범을 재구성하는 데 초점이 맞춰질 때, 이는 담론 투쟁 또는 담론 전쟁으로 간주될 수 있다. 특히, 미디어와 같은 현대적 담론 장치는 특정 담론을 강화하거나 반대 담론을 억압하며 헤게모니 쟁탈전을 벌이는 주요 전장(戰場)이 되고 있다.

2 — 담론의 철학적 발전

1) 고대와 중세

고대 그리스 철학의 소크라테스Socrates로부터 시작해 플라톤Plato과 아리스토텔레스Aristotle로 이어지면서 변증법dialectic은 담론 개념의 초기 형태와 밀접하게 연관된다. '대화' 혹은 '변증법'의 유래가 된 고대 그리스어 'dialegesthai'는 '함께 대화하다', '논의하다', 또는 '토론하다'를 의미한다. 'dialegesthai'는 단순히 의견을 교환하는 것을 넘어, 대화를 통해 진리를 탐구하고 새로운 이해를 도출하는 과정을 함축하고 있다. 이러한 대화적 행위는 플라톤과 소크라테스 철학에서 대화적 변증법으로 구체화되었다(홍윤기, 2002). 변증법은 상반된 주장이나 의견 사이에서 논리적 대화를 통해 새로운 진리를 끌어내는 과정이다. 담론은 이 대화 과정에서 사용되는 언어적 교환이나 논리적 표현의 형식을 의미한다. 즉, 담론은 이성을 기반으로 상대방의 주장을 검토하고 자신의 주장을 강화하며 궁극적으로 진리에 도달하기 위한 대화적 활동으로 여겨졌다. 고대 철학자들에게 담론은 단순한 말이나 언어의 표현이 아닌, 철학적 성찰과 논증을 위한 사회적 · 지적 활동으로 진리를 탐구하는 중요한 도구였다.

플라톤의 《대화편》은 소크라테스가 주로 등장하는 대화체로 구성되어 있다. 소크라테스의 대화법은 질문을 통해 대화 상대의 사고를 끌어내고 모순을 드러내며, 궁극적으로 더 나은 진리에 도달하는 것을 목표로 했다. 이는 담론의 실천적 형태로서, 언어적 교환을 통해 철학적 사고를 심화시키는 변증법의 이상적인 구현이었다. 즉, 대립적인 관점 간의 긴장과 화해를 통해 진리에 도달하는 과정을 강조하며, 담론은 이러한 변증법이 현실에서 실현될 수 있도록 돕는 구체적인 도구이자 매개체였다.

아리스토텔레스는 변증법을 체계적으로 발전시키며 이를 논리학과 밀접하게 연결 지었다. 아리스토텔레스에게 변증법은 논리적이면서도 수사학적인 논증을 전개할 때 활용할 수 있는 일반적인 논증의 틀이자 설득력 있는 담론을 만드는 과정이었다. 이 과정에서 담론은 단순한 말이나 언어의 사용을 넘어, 변증법이 현실에서 실현될 수 있도록 돕는 구체적인 대화와 논의의 형식으로 기능했다. 담론은 이성적 대화와 논증의 형태를 띠며, 철학적 성찰과 논증을 위한 사회적·지적 활동을 포함하는 중요한 도구로 여겨졌다.

중세 스콜라 철학에서 담론은 신학적 진리(예 신의 존재, 삼위일체, 창조론)를 논증하고 방어하며, 이교적 철학이나 반대 의견을 비판적으로 검토하는 데 핵심적인 역할을 했다. 스콜라 철학은 아리스토텔레스의 논리학(특히 삼단논법과 범주론)을 담론의 주요 도구로 삼아 체계적 논의를 발전시켰다. 예컨대, 신학자 토마스 아퀴나스는 삼단논법을 활용해 신의 존재를 논증했다. "모든 운동은 다른 것에 의해 움직인다. 그러나 무한한 운동의 연쇄는 불가능하다. 따라서 첫 번째로 움직이는 존재(즉, 최초의 운동자)가 존재해야 하며, 이는 신이다."와 같은 논리를 통해 신의 존재를 설명했다. 이러한 담론은 신학적 진리와 철학적 개념을 체계적으로 논증하고 설명하는 과정으로 구체화됐다.

2) 근대와 현대

칸트Kant는 공론public discourse의 개념을 통해 이성적 논쟁과 비판적 사고를 강조하며 담론의 사회적 역할을 부각시켰다. 그는 《계몽이란 무엇인가》에서 공론을 이성의 공적 사용으로 정의하며, 자유롭고 공개적인 방식으로 의견을 표명하고 논의하는 과정으로 규정했다. 공론은 단순한 개인적 표현이 아니라 공동체적 합리성을 강조하며, 비판적이고 합리적인 논의가 되어야 함을 의미한다. 칸트적 공론에서는 상대방의 이성을 존중하고, 논리적 설득을 통해 합의를 추구하는 담론적 규범이 요구된다. 칸트는 공론이 특정 권위나 권력에 얽매이지 않고, 이성의 자유를 보장하는 담론을 지향해야 한다고 보았다. 이러한 공론은 단순히 권력을 재생산하거나 대변하는 것이 아니라, 권력을 비판하고 견제하는 수단으로 작동해야 한다. 따라서 칸트의 공론 개념은 담론을 개인적 이익을 초월한 공동의 합리적 소통으로 이해하며, 이는 하버마스Habermas의 공론장public sphere 이론에 중요한 철학적 기반을 제공했다(임홍배, 2018).

니체Nietzsche는 근대 철학과 현대 철학을 연결하는 과도기적 철학자이자 현대 철학의 선구자로 평가된다. 그는 근대 철학의 핵심 전제인 보편적 진리, 이성 중심주의, 도덕적 초월성을 부정하며 기존 철학적 틀을 해체했다. 또한 칸트가 주장한 범주의 선험성을 비판해 세계를 인식하는 다양한 해석의 가능성을 확보하려 했고, 현상으로서의 세계는 그 자체가 아닌 가상의 성격을 지니는데 이는 한 사물의 특성이 다른 사물과의 관계 속에서만 규정되는 상대적인 것으로 간주되며, 칸트의 보편적 주체인 선험적 자아를 거부하며 실재로서의 자아가 아닌 세계를 사유 가능하게 만들기 위한 설정이기에 다양한 해석 주체의 가능성을 제기한다(이상엽, 2002).

니체는 진리의 상대성, 주체의 해체, 도덕과 가치의 전환이라는 현대 철학의 주요 논제와 문제의식을 제시했다. 그는 진리를 보편적이고 초월적인 것으로 보지 않고, 역사적 · 사회적 맥락 속에서 형성된 산물로 간주했다. 이러한 관점은 푸코Foucault, 데리다Derrida, 리오타르Lyotard 등 탈근대 철학자들에게 큰 영향을 미쳤다. 또한, 주체를 고정된 본질로 보지 않고, 욕망, 권력, 역사적 조건 속에서 구성된 존재로 간주한 그의 관점은 푸코와 라캉Lacan의 이론에 중요한 기초를 제공했다. 특히, 기존 도덕적 가치 체계를 권력관계와 억압의 산물로 간주한 그의 분석은 현대 윤리학과 정치철학에서 규범과 가치의 상대성을 논의하는 출발점이 되었다. 니체의 철학은 보편적 진리와 고정된 주체 개념에 도전하며 현대 철학의 중요한 지적 전환을 이끈 사상적 기반을 마련했다.

3) 구조주의와 후기 구조주의

구조주의와 후기 구조주의에서 담론은 핵심 개념으로 다루어지지만, 각 이론의 철학적 전제와 초점에 따라 그 의미와 역할이 다르게 정의된다. 구조주의에서 담론은 언어적 · 사회적 구조가 규정한 발화와 텍스트의 집합을 의미하며, 모든 담론은 기저에 존재하는 구조(언어 체계, 규칙, 코드)에 의해 형성된다고 본다. 구조주의는 담론을 언어 체계의 기호sign와 의미작용을 통해 설명하려고 했으며, 이를 보편적이고 초역사적인 구조의 산물로 간주한다. 따라서 특정 사회나 문화에서 사용되는 개별적 발화보다는, 담론이 상대적으로 안정적이고 고정적인 의미를 가지는 것으로 본다.

구조주의는 언어의 구조가 담론의 의미를 결정짓는 핵심 요소라고 강조하는데 대표적인 학자로는 소쉬르Saussure, 레비-스트로스Lévi-Strauss, 그리고 바르트Barthes 등이 있다. 이들은 담론을 언어적 구조 내에서 분석하며, 담론의 의미를 특정 구조적 규칙과 코드의 맥락에서 해석하려 했다. 이러한 관점에서 구조주의는 담론을 체계적이고 규칙적인 언어적 구조의 일부로 이해하며, 그 의미를 안정적이고 고정된 것으로 여긴다.

반면에 후기 구조주의는 구조주의를 비판적으로 확장하며, 담론의 불안정성과 사회적 · 역사적 맥락에서의 역할을 강조한다. 후기 구조주의에서 담론은 권력, 지식, 사회적 규범에 따라 형성되는 언어적 · 비언어적 실천으로 정의된다. 담론은 고정된 구조에 의해 규정되지 않으며, 끊임없이 변화하고 재구성되는 과정을 통해 작동한다. 특히, 담론은 특정한 역사적 · 사회적 맥락에서 생성되고 작동하며, 언어와 담론의 의미는 고정되지 않고 항상 새로운 해석 가능성을 포함한다. 후기 구조주의는 담론의 의미가 권력관계와 사회적 맥락 속에서 유동적으로 형성된다는 점을 강조하며, 담론이 지식 생산과 사회적 규범 형성의 핵심적 역할을 한다고 본다. 대표적인 학자로는 푸코Foucault, 데리다Derrida, 크리스테바Kristeva 등이 있고, 이들은 담론을 통해 언어와 권력의 상호작용을 분석하고, 의미의 다층성과 불안정성을 탐구했다.

푸코와 데리다는 전통적인 진리, 주체, 의미 개념을 비판하며 담론을 중심으로 권력, 언어, 의미작용을 탐구한다는 점에서 공통점을 가진다. 두 철학자는 진리와 의미가 고정적, 보편적인 것이 아니라, 역사적 · 사회적 그리고 언어적 맥락 속에서 구성된다고 주장한다. 푸코는 진리를 권력-지식 체계의 산물로 간주하며, 데리다는 진리가 언어적 유희와 차연différance 속에서 끊임없이 생성되고 재구성된다고 본다. 또한, 푸코와 데리다는 전통 철학에서의 독립적이고 자율적인 주체 개념을 해체한다. 푸코는 주체의 선험성과 초월성을 부정하고, 주체를 권력과 담론의 역사적 산물로 이해한다. 또 주체를 인식론적 장인 '에피스테메episteme' 안에서의 배치, 즉 언표들의 배치로 작동하는 담론의 효과이며 권력의 효과로 간주한다.

3 — 푸코의 담론

미셸 푸코Michel Foucault는 담론의 철학적 개념을 현대적으로 재구성한 가장 중요한 사상가로 평가된다. 그는 '지식-권력' 관계를 탐구하며, 담론이 단순한 언어적 표현이 아니라 권력관계를 구조화하고 지식을 생산하는 체계라고 주장했다. 그의 주요 저작인《담론의 질서》(1971/2020)는 이 개념을 심화시키며, 담론이 사회적 규범과 권력의 형성에 어떻게 작동하는지를 구체적으로 분석했다. 푸코는 담론이 사회적 규범과 권력 그리고 기관을 통해 형성되고, 개인과 집단을 규율하는 방식으로 작동한다고 보았다. 푸코는 권력이 지식을 창출하고, 권력과 지식은 상호 관여하며 지식과의 상관관계 속에서 권력관계가 존재하고, 권력관계를 벗어난 지식은 존재하지 않는다고 말한다(류지성, 2016). 담론이 단순한 의사소통의 도구가 아니라 권력을 행사하고 유지하는 핵심적인 방식임을 강조했다. 이러한 관점에서 담론은 사회적 지식 체계와 규범을 형성하는 동시에, 이를 통해 개인과 집단을 관리하고 통제하는 실천으로 분석되었다.

현대 철학에서 푸코의 담론은 지식과 권력의 관계 속에서 사회적 현실을 구성하고 규율하는 핵심적 메커니즘으로 이해되며, 다양한 학문 분야에서 이를 분석하는 데 필수적인 이론적 틀로 자리 잡고 있다. 푸코의 담론을 번역할 때, 프랑스어 동사 'discourir'(말하다)에서 유래한 명사 'discours'를 한국에서 주로 '담론'으로 번역한다. 또 한국에서는 잘 쓰이지 않는 '담론하다'라는 동사가 북한에서는 프랑스어 동사와 같게 "'의견을 주고받으며 대화를 나누다'라는 의미로 사용"되고 있다(허경, 2012, 15쪽).

푸코의 담론 개념은 그의 사유 안에서도 "복잡한 층위의 다양한 변화"를 거친다(허경, 2012, 7쪽). 푸코식 담론은 단순히 언어적 표현이나 의사소통의 매개로 보지 않고, 권력, 지식, 사회적 실천과의 관계 속에서 분석한 독창적인 접근 방식으로 잘 알려져 있다. 그의 담론 이론은 철학을 넘어 사회학, 정치학, 문화연구, 교육학, 법학, 의료윤리 등 다양한 학문 분야에 폭넓게 적용되고 있다. 특히, 푸코의 담론 분석은 젠더 연구, 탈식민주의 이론, 신자유주의 경제체제 비판과 같은 현대의 주요 비판적 연구에서도 핵심적인 틀로 활용된다. 그의 이론은 담론이 단순한 언어적 차원을 넘어 권력과 지식의 작동 방식을 드러내는 중요한 도구임을 보여주며, 현대 담론 연구의 가장 핵심적인 이론적 토대를 제공한다.

1) 담론의 권력-지식 관계

플라톤은 이데아의 세계를 절대적 진리의 영역으로 제시하며, 철학자가 추구해야 할 순수하고 객관적인 진리로 간주했다. 이후 서양 철학은 지식과 권력을 분리하여, 지식을 권력의 영향을 받지 않는 중립적이고 초월적인 영역으로 신화화했다. 이에 따라 서양에서는 지식과 권력이 이율배반적 관계로 이해되었으며, 지식과 학문이 순수한 진리를 추구하는 영역에서는 정치적 권력이 배제된다고 여겨졌다.

푸코는 이러한 서양의 신화를 파괴하기 시작한 니체로부터 지식과 권력의 관계를 재정립했다. 니체는 지식의 순수성이라는 환상을 비판하며, 지식과 권력은 불가분의 관계에 있다고 주장했다. 그는 모든 지식과 인식 뒤에는 권력 의지가 작동하며, 권력 의지가 인간 행위와 지식의 근본 동력이라고 간주했다. 니체는 세계가 단순히 객관적 진리나 순수한 이성에 의해 지배되지 않고, 권력 의지라는 힘의 역할에 의해 움직인다고 보았다. 또한 진리는 권력자가 규정한 것이며, 객관적이지 않고 권력관계 속에서 형성된다는 관점을 제시했다. 따라서 니체는 모든 지식을 권력, 갈등, 투쟁 관계의 산물로 간주했으며, 이러한 니체의 통찰이 푸코에 영향을 미쳤다(정대훈, 2019).

초기 푸코는 구조주의 언어학의 영향을 받아, 담론과 텍스트를 언어적 구조의 맥락에서 분석하고, 특정 시대의 에피스테메episteme가 언어적 기호 체계와 어떻게 연관되는지를 탐구했다. 푸코는 《광기의 역사》(1961/2003)에서 광기madness의 개념과 사회적 인식이 역사적으로 어떻게 변화했는지를 탐구한다. 그는 중세 시대에는 광기가 죄악으로 간주되어 신학적 관점에서 해석되었으며, 르네상스 시대에는 창의성과 통찰을 지닌 특별한 상태로 여겨졌다고 설명한다. 그러나 근대에 이르러 광기는 정상과 비정상을 구분하는 의학적 개입의 대상으로 전환되었고, 이는 광기를 격리와 통제의 대상으로 만드는 사회적 배제의 정당화로 이어졌다. 푸코는 이러한 변화를 통해 광기가 단순히 객관적 현상이 아니라 특정한 사회적·문화적 담론에 의해 형성된 산물임을 지적한다. 그는 근대 사회에서 광기가 의학적 담론과 권력의 결합을 통해 배제와 통제의 대상으로 규정되었음을 강조하며, 이는 비정상을 정의하고 규율하려는 사회적 권력의 작동 방식의 일환이라고 분석했다.

푸코는 《말과 사물》(1966/2012)에서 16세기부터 19세기까지 인간이 세계를 이해하는 방식, 즉 에피스테메episteme라는 지식 체계가 어떻게 변해왔는지를 분석한다. 그는 르네상스 시기에는 사물 간의 유사성similitude을 기반으로 지식이 구성되었고, 고전주의 시기에는 분류와 체계화를 통해 지식이 조직되었으며, 근대 시기에는 역사적이고 경험적인 관계를 통해 지식이 탐구되었다고 주장한다. 푸코가 정의한 에피스테메는 특정 시대에 지식이 형성되고 조직되는 방식을 규정하는 지식의 체계 또는 담론적 구조를 의미한다. 이는 각 시대에서 무엇이 '참'으로 간주되는지, 어떤 지식이 가능하며, 지식이 어떻게 생산되고 규제되는지를 결정짓는 기본적인 틀이다. 푸코는 이를 통해 역사적 지식이 절대적이거나 보편적인 것이 아니라, 특정 시대의 담론과 권력 구조의 산물임을 강조한다. 에피스테메 개념은 현대 사회에서 지식과 권력의 관계를 분석하고, 담론과 학문적 이론이 어떻게 역사적으로 구성됐는지를 이해하는 데 중요한 틀로 활용된다. 이는 시대마다 지식의 형성과 그 규범이 변화한다는 점을 보여주며, 권력-지식의 상호작용 속에서 지식 체계의 상대성과 역사적 맥락성을 탐구하는 데 기여한다.

하지만 이러한 분석은 담론의 역동성과 변화 가능성을 충분히 설명하지 못한다는 한계를 내포하고 있었다. 이에 푸코는 니체의 영향을 받아 담론을 권력과 지식의 상호작용 속에서 형성되는 실천practice으로 간주했고, 담론을 더 이상 단순히 언어적 기호 체계가 아니라 권력의 작동과 지식 생산을 규정하는 역사적·사회적 실천으로 여겼다(정대훈, 2019). 푸코는 권력과 지식의 관계를 새롭게 분석하며, 정치적 권력이 단순히 지식의 결여에서 비롯되는 것이 아니라, 지식과 함께 짜여지는 것이라고 주장했다. 그는 담론을 단순한 언어적 표현이 아니라, 권력-지식 관계의 매개체로 보았다. 푸코는 담론이 지식을 생산하고, 이를 통해 권력을 작동시키며, 동시에 사회적 규범과 현실을 구성한다고 설명했다. 즉, 담론은 권력과 지식을 생산하는 동시에 특정 사회적 맥락에서 개인과 집단을 규율하는 방식으로 작동한다고 보았다.

푸코는 《앎의 고고학》(1969)에서 에피스테메 개념을 버리고 대신에 언표 개념을 주요한 분석 대상이자 방법론으로 삼는다. 여기서 언표는 '특정 방식으로 현실화된 기호 혹은 기호들의 계열'이고, 언표들의 집합은 '일반적 담론의 공간 안에 존재하는 사건들의 집합체'를 의미하며, 담론을 '동일한 형성의 계열에 속하는 언표들의 집합'으로 정의한다. 또 '어떤 특정한 방식으로 현실화된 기호 혹은 기호들의 계열'인 언표의 분산 체계를 기술할 수 있고, 그리고 대상과 언표작용의 유형, 개념, 주제의 선택 사이에서 '질서, 상관관계, 위치와 기능, 변형' 등의 규칙성을 정의할 수 있을 때, 그것을 '담론 형성'이라고 규정한다(허경, 2012, 14-15쪽).

푸코는 《담론의 질서》(1971/2020)에서 사회가 특정한 담론을 통제하고 제한하며, 동시에 권력과 지식을 유지하기 위해 사용하는 방식들을 '배제의 절차들'로 설명한다. 담론을 형성하는 배제의 세 가지 체계를 '금지된 말', '광기의 분할', '진실의 의지'를 거론한다. 여기서 금지는 "우리로 하여금 아무 곳에서나, 아무나와, 아무 주제나, 아무렇게나 말할 수 없게 만드는 절차들"로, 예컨대 성, 정치, 종교와 같은 민감한 주제는 특정 시대나 사회에서 공개적으로 논의되거나 표현되는 것이 금지될 수 있다. 광기의 분할은 광기와 이성의 분할로 단순히 이성의 범위를 정하는 것을 넘어 권력 구조를 통해 지식을 구성하고 통제할 수 있다. 진실의 의지는 푸코가 가장 강조하는 것으로 진리가 권력과 결합하여 특정한 진술을 강화하거나 약화시키며, 진리의 범위에서 벗어난 담론은 무시되거나 억압된다. 푸코의 배제의 절차들은 현대 사회에서 언론 통제, 정치적 검열, 학문적 권위, 미디어의 재현 등 다양한 맥락에서 담론이 어떻게 형성되고 배제되는지 분석하는 데 유용한 이론적 틀로 활용된다.

푸코는 《감시와 처벌》(1975/1994)에서 고대 사회에서의 공개 처형과 근대 사회에서의 감옥 제도의 변화를 통해 담론이 인간의 행동과 사고를 규율하고, 권력을 실행하는 방식이 어떻게 변화했는지를 설명한다. 고대 사회에서는 공개 처형과 같은 신체에 대한 공개적이고 가시적인 처벌을 통해 권력을 드러냈다. 당시의 형벌은 왕의 권위를 과시하며 범죄를 억제하기 위한 공포를 조장하는 수단이었다. 반면, 근대 사회에서는 형벌의 초점이 신체적 처벌에서 개인의 교정과 규율로 옮겨갔고, 감옥은 범죄자를 교화하고 사회로 복귀시키는 인간적이고 합리적인 제도로 간주되었다. 푸코는 근대 사회의 권력이 담론을 통해 감시surveillance와 규율discipline을 실행한다고 보았다. 감시는 단순히 외부 권력에 의해 이루어지는 것이 아니라 담론을 통해 개인이 스스로를 감시하고 규율하도록 만든다. 규율은 개인의 행동과 신체를 세밀하게 통제하고 조직화하여 효율성과 순응을 극대화함으로써 권력을 미시적으로 실행하는 방법으로 정의된다. 예를 들어, 공리주의자 벤담Bentham이 설계한 감시 구조인 파놉

티콘panopticon은 중앙 감시탑과 이를 둘러싼 수감실로 구성된 원형 감옥으로 일망 감시 시설이다. 수감자는 자신이 실제로 감시받고 있는지 알 수 없지만, 감시의 가능성을 항상 느끼며 스스로를 규율하게 된다. 또 다른 사례로, 의학적 담론은 건강과 비정상의 기준을 설정하여 의료 권력을 강화하고, 개인이 자신의 건강과 신체를 스스로 규율하도록 만든다. 의학 담론에 의해 특정 개인의 건강이 비정상으로 간주될 경우, 의학적 치료가 정당화되며 이를 통해 지식-권력이 작동한다. 이처럼 푸코는 담론이 권력을 실행하고 개인의 행동과 사고를 규율하는 중요한 매개체임을 강조한다.

2) 담론과 이데올로기

푸코는《저자란 무엇인가?》에서 새로운 담론 체계를 창시한 인물로 마르크스Marx와 프로이트Freud를 언급한다. 그들이 단순히 새로운 이론을 제시한 것이 아니라, 그들이 창시한 담론이 이후 학문과 사회적 논의에 지대한 영향을 미쳤다는 점을 강조한다. 마르크스는 '계급', '자본', '착취', '생산수단' 등 새로운 개념과 언어를 통해 자본주의와 사회 구조를 설명하는 담론을 구축했다. 그의 담론은 경제적·사회적 관계를 이해하는 기본 틀을 제시하며, 이후 수많은 비판적 이론과 사회 분석의 기반이 되었다. 마르크스의 담론 위에서 새로운 담론들이 형성될 수 있는 가능성과 규칙을 제시했고, 결과적으로 무한한 담론 가능성을 열어두었다.

하지만 푸코는 마르크시즘의 이데올로기 개념을 비판적으로 검토하며 이를 활용하기 어려운 세 가지 이유를 제시한다.

첫째, 이데올로기가 진리와 대립 상태에 있는 '허위의식'과 관련된다는 점이다. 푸코는 역사적으로 하나의 담론이 그 자체로 참도 거짓도 아닌 상태에서 어떻게 '진리 효과'를 생산하는지가 더 중요하다고 보았다. 그는 진리와 이데올로기를 대립적 개념으로 설정하는 마르크시즘의 접근이 현대의 정치 현상을 분석하는 데 부적절하다고 판단했다.

둘째, 마르크시즘이 계급 주체(특히 프롤레타리아 계급)를 역사적 변혁의 주체로 간주한다는 점이다. 마르크스주의는 주체를 혁명을 위한 능동적이고 독립적인 존재로 본다. 반면 푸코는 주체가 역사적 담론과 권력관계 속에서 구성된 산물이라고 주장하며, 주체는 독립적이고 고정된 존재가 아니라 권력과 담론의 상호작용을 통해 형성된다고 보았다.

셋째, 이데올로기가 경제적 하부구조에 의해 결정되는 상부구조의 일부로 간주된다는 점이다. 푸코는 권력이 단순히 경제적 하부구조에 의해 작동하는 것이 아니라, 지식, 담론, 규율적 실천 등과 결합해 다양한 방식으로 작동한다고 보았다. 그는 병원, 학교, 감옥과 같은 제도적 권력이 경제적 하부구조로만 설명될 수 없으며, 이러한 제도들은 담론과 규율 체계를 통해 작동한다고 분석했다.

푸코는 마르크스주의의 이데올로기 개념이 현대 사회의 복잡한 권력관계와 담론의 작동 방식을 충분히 설명하기 어렵다고 보았다. 그는 권력-지식 관계와 담론 분석을 통해 마르크스주의의 한계를 넘어서려는 시도를 보여주며, 이를 통해 권력과 담론의 작동 방식을 새롭게 이해하려 했다. 또한, 푸코는 저자author와 주체subject 개념을 전통적인 고정적이고 창조적인 주체로 보지 않고, 담론 체계 내에서 특정한 권력-지식 관계에 의해 형성된 기능function으로 재구성했다. 그는 저자를 단순히 작품을 창조하는 개인으로 간주하지 않고, 특정 담론 체계와 권력관계 속에서 형성된 기능적 역할이나 구성된 위치로 이해한다. 저자author-기능function은 텍스트를 분류하고 권위를 부여하며, 특정한 진리 체제를 유지하는 데 기여한다. 이때 텍스트의 의미는 저자의 의도에 한정되지 않으며, 담론 체계 안에서 다양한 방식으로 해석되고 의미를 생산한다. 이와 유사하게, 푸코는 주체subject를 고정된 본질로 보지 않고, '주체subject–기능function'으로 설명한다. 그는 주체가 역사적 담론과 권력관계 속에서 구성된 산물이며, 특정 담론적 역할과 행동 규범을 수행하도록 규정된다고 주장한다. 예를 들어, 의학 담론에서는 '의사'와 '환자'라는 주체가 각각의 역할과 규범을 부여받으며, 젠더 담론에서는 '여성'이라는 정체성이 특정 사회적 맥락에서 규정된다. 이는 주체와 저자가 모두 권력–지식 관계의 일부로 사회적 규범과 질서를 유지하는 데 기여함을 보여준다. 푸코는 이러한 분석을 통해 저자–기능과 주체–기능이 고정적이거나 보편적인 것이 아니라, 특정한 역사적·사회적 조건 속에서 형성되고 변화하는 것임을 강조했다. 역사적으로 구성된 결과물이나 효과는 시간이 흐르면서 그 기원이 잊히고, 결국 절대적이고 자연적인 것으로 수용되기 때문에 그러한 역사 과정을 밝히기 위한 비판적, 역사적 존재론의 필요성을 주장한다(허경, 2012).

4 — 미디어 담론과 문화연구

푸코는 미디어를 특정 사례로 들어 직접적으로 다루지는 않았지만, 그의 담론 이론은 미디어가 현대 사회에서 지식과 권력을 어떻게 생산, 유지, 확산하는지를 이해하는 데 강력한 분석 도구를 제공한다. 미디어는 담론의 주요 생산자로서 특정 주제를 강조하거나 배제하며, 이를 통해 사회적 규범과 권력관계를 유지하거나 변화시키는 역할을 한다. 푸코의 이론은 이러한 맥락에서 미디어 연구에서 담론과 권력의 작동 방식을 분석하는 데 핵심적인 틀을 제공하며, 이는 스튜어드 홀Stuart Hall과 문화연구 전통에도 큰 영향을 미쳤다.

홀은 미디어 담론이 사회적 정체성을 형성하고 특정 이데올로기를 정당화하는 역할을 한다고 분석하는 한편, 미디어 메시지가 대중의 능동적 해석을 통해 재구성될 수 있음을 강조한다. 그는 미디어가 성별, 인종, 계급 등 특정 집단에 대해 담론을 통해 이미지를 형성하고, 이를 통해 권력을 유지하는 방식을 연구했다. 이러한 문화연구 전통의 접근은 미디어가 담론을 통해 사회적 현실을 구성하고, 권력의 작동 방식을 드러내는 중요한 메커니즘임을 보여준다.

홀은 푸코의 담론 개념을 바탕으로, 의미가 단순히 언어적 표현의 결과가 아니라 권력관계 속에서 생산되고 구성된다고 보았다. 그는 미디어가 담론을 통해 사회적 의미 체계를 형성하고, 이를 통해 특정 집단이나 정체성을 규정한다고 주장했다. 예컨대, 뉴스 담론은 탈북민을 특정 방식으로 프레임화framing하여 사회적 의미와 권력관계를 재구성한다(오원환, 2024).

푸코가 담론이 권력-지식의 결합으로 작동한다고 본 것처럼, 홀은 미디어를 특정 권력 구조를 반영하고 강화하는 재현representation의 장치로 이해했다. 미디어는 진리를 제공하는 듯하지만, 실제로는 권력관계 속에서 어떤 이미지를 강조하거나 배제하는 방식으로 작동한다. 예컨대, 할리우드 영화는 흑인을 지속적으로 부정적인 역할로 재현함으로써 흑인의 정체성을 부정적으로 구성하고, 이를 통해 흑인에 대한 사회적 고정관념을 강화한다.

홀은 《텔레비전 담론에서의 부호화와 해독화*Encoding and Decoding in the Television Discourse*》(1973)에서 프로그램이 의미 있는 담론으로서 어떻게 제작되고 수용되는지를 설명한다. 부호화는 특정 담론을 통해 사건이나 아이디어를 의미화하여 프로그램에 새기는 제작 과정으로, 이 과정에서 '지식의 틀frame of knowledge', '생산관계relations of production', '기술적 하부구조technical infrastructure'가 상호작용하며 메시지의 부호화에 관여한다. 예컨대, 방송 프로그램 제작자는 지식의 틀로서 방송의 윤리와 규정을 준수해 프로그램을 제작하려고 하지만 제작 과정에서의 상업적 · 경제적 요구로 시청률을 올리기 위해 자극적이고 폭력적인 프로그램을 만들기도 한다. 때로는 메시지가 특정 기술적 요구(TV 뉴스 포맷, 소셜 미디어 알고리즘)에 따라 조정되기도 하며, 뉴스의 시청각적 자료는 정치적 요구로 특정 사건(민주적 시위, 폭력 시위)을 과장하거나 축소, 배제함으로써 왜곡하기도 한다. 한편, 해독화 과정에서는 수용자의 '지식의 틀'이 프로그램 해독의 해석적 기반이 되고, 수용자의 사회적 위치라는 '생산관계'가 의미 구성에 영향을 미치며, 수용자 미디어의 '기술적 하부구조'의 특성에 따라 접근성이나 해석의 방식이 달라질 수 있다. 예컨대, 일본산 수입 해산물의 방사능 오염 문제와 관련해 방송 프로그램이 방사능 수치가 기준치를 초과하지 않았음을 강조하며 안전성을 보도하거나, 소비자 보호 관점에서 방사능 위험에 민감하게 반응하며 정부의 철저한 검역을 강조할 수 있다. 수용자는 일본 정부에 대한 신뢰 정도, 정치적 · 경제적 논리 등에 따라 일본산 해산물의 안전성과 방사능 위험의 은폐 가능성을 다양하게 해석할 수 있다. 또한, 정파적 언론 매체는 동일한 사건을 서로 다르게 보도할 수 있으며, 전통 미디어의 공식적이고 전문적인 보도 방식과 달리 소셜 미디어는 특정 사건만을 자극적으로 강조 · 왜곡하여 감정적인 해석을 유포할 수 있다.

홀의 부호화/해독화 모델에서 특히 주목할 점은 해독화 과정에서 수용자의 능동적이고 자율적인 해석 가능성이다. 홀은 수용자의 지식적 기반, 사회적 위치, 기술적 접근 방식에 따라 해석의 다양성을 헤게모니적-지배적 해독, 협상적 해독, 대항적 해독으로 구분한다. 그는 수용자가 미디어 메시지를 단순히 수동적으로 받아들이는 것이 아니라, 자신의 지식과 경험, 사회적 맥락을 바탕으로 능동적으로 해석한다고 주장한다. 이에 따라 미디어가 지배 이데올로기를 반영하고 확산하는 역할을 하지만, 이데올로기의 작동은 일방적이지 않으며, 수용자에 의해 타협되거나 저항될 수 있다고 본다.

홀에게 이데올로기는 사회의 작동 방식을 이해, 정의, 파악, 설명하기 위해 다양한 계급과 사회 집단이 사용하는 정신적인 틀로서 언어, 개념, 범주, 사유의 상, 재현 체제들과 같은 의미로 사용된다(Hall, 1986). 푸코가 지배 담론과 대항 담론의 관계를 논의하면서도 저항의 구체적 메커니즘에 대한 논의가 부족했던 것과 달리, 홀은 미디어에서 대중이 저항의 형태로 새로운 의미를 생산할 수 있음을 강조했다. 그는 독자가 미디어 텍스트를 해석하고 저항하는 방식, 즉 대항적 읽기를 통해 권력관계를 변형할 수 있다고 보았다. 홀은 이러한 관점을 그람시Gramsci의 헤게모니 개념에서 차용했다. 그는 문화와 일상의 언어 속에서 자본주의 체제가 은폐한 이데올로기적 지배구조를 밝혀내는 동시에 그 구조 속에서 저항과 변화의 가능성을 탐구하려 했다(임영호, 1996).

홀(Hall, 1997)은 미디어와 문화적 재현이 어떻게 문화적 의미를 생산하며, 특정 담론과 권력 구조에 의해 작동하는지를 체계적으로 논의한다. 그는 재현representation을 세 가지 접근 방식으로 구분한다.

첫째, 반영적 접근reflective approach으로 의미가 현실에 기반을 두고 재현이 그 현실을 단순히 반영한다고 보는 관점이다. 예컨대, 다큐멘터리가 현실을 그대로 보여준다고 믿는 경우가 이에 해당한다.

둘째, 의도적 접근intentional approach으로 의미가 제작자(작가, 연출)의 의도에 따라 결정된다고 보는 관점이다. 이는 광고 제작자가 특정 메시지를 강조하기 위해 특정 이미지를 선택하는 방식에서 나타난다.

셋째, 구성적 접근constructionist approach으로, 의미가 언어와 문화적 코드에 의해 구성된다고 보는 관점이다. 홀은 이 구성적 접근을 지지하며, 의미는 고정된 것이 아니라 사회적 상호작용과 담론을 통해 구성된다고 설명한다. 그는 재현을 단순한 언어적 표현이 아니라, 특정 담론을 통해 의미를 구성하며 사회적 권력관계의 일부로 작동하는 과정으로 이해한다. 또한, 정체성 역시 고정적이고 본질적인 것이 아니라, 특정 담론 속에서 반복되는 재현을 통해 동일성과 차이라는 원리에 따라 '우리'와 '타자'를 구분하는 방식으로 형성된다고 주장한다.

로라 멀비Laura Mulvey는 《시각적 쾌락과 내러티브 영화*Visual Pleasure and Narrative Cinema*》(1975)에서 할리우드 영화의 남성 중심적 시선이 여성의 이미지를 성적 대상으로 프레이밍하며, 이를 통해 여성성을 특정 방식으로 고정화하는 방식을 분석한다. 그녀는 영화 촬영에서 카메라가 남성적 시선의 연장으로 작동하여 여성의 몸과 행동을 성적 대상화의 방식으로 구성하고, 여성을 "보여지기 위한 존재to-be-looked-at-ness"로 묘사하여 관객의 성적 쾌락을 충족시키는 시각적 대상으로 만든다고 주장한다. 또한, 영화의 내러티브에서 여성은 서사의 진행을 방해하거나 관객에게 에로틱한 관찰의 순간을 제공하는 데 초점이 맞춰져 있다고 지적한다. 멀비는 이러한 분석을 통해 페미니즘 영화 이론의 기초를 확립하며, 영화가 성적 대상화와 성별 권력관계를 재현하고 강화하는 방식을 비판적으로 조명한다. 그녀의 이론은 영화뿐만 아니라 광고, 대중문화, 텔레비전 등 다양한 시각 매체의 젠더 분석에 폭넓게 적용되며 중요한 학문적 영향을 끼치고 있다.

에드워드 사이드Edward Said는 《오리엔탈리즘*Orientalism*》(1978, 6쪽)에서 "오리엔탈리즘을 단순한 서구의 공상이나 환상이 아니라, 동양을 특정 방식으로 이해하고 지배하기 위해 만들어진 이론적 · 실천적 체계"라는 점을 강조한다. 서구 담론은 동양을 낭만적, 이국적, 신비한 장소로 재현하며 서구의 관점으로만 이해하려는 태도를 보여주고, 서구와 동양의 관계를 지배와 권력관계를 유지하려는 서구의 헤게모니적 시각에서 형성된 것임을 강조한다. 서구 문화는 아랍인을 지적으로 열등하고 타락한 존재로 묘사하고, 동양을 부정적인 이미지로 고정화하며, 동양 여성의 베일veil은 동양과 서양의 차이를 상징하는 동시에 동양 여성을 억압적이고 열등한 존재로 보도록 한다. 이를 통해 서구의 우월성을 정당하고 제국주의적 지배를 정당화해 왔다고 주장한다. 오늘날 이슬람에 대한 것은 주로 대중매체인 라디오, 영화, TV와 교과서, 잡지, 베스트셀러, 고품질 소설들에서 나타난다. TV에서와 같이 복잡성보다는 단순성을 선호하는 소비자에게 상품을 판매하는 과정에서, 이슬람은 역사, 사회, 인간성이 제거된 획일적 이미지로 표현된다. 이러한 이미지 속 이슬람은 거의 동일한 재료로 구성되어 있으며 차이들이 지워진 채 반복된다. 현재는 서양과 동양(또는 서양과 이슬람) 사이에 극심한 정치적 긴장이 느껴질 때마다 서양에서는 직접적인 폭력이 아니라 과학적이고 준객관적인 표현이라는 냉정하고 상대적으로 분리된 도구에 먼저 의지하는 경향이 있다. 이러한 방식으로 이슬람이 더 명확해지고, 그 위협의 본질이 드러나며, 이에 대한 암묵적인 행동 방침이 제안된다(Said, 1980).

디지털 미디어와 온라인 정체성은 현대 미디어 담론 연구에서 중요한 주제로 부상하고 있다. 디지털 환경은 정체성의 표현, 구성, 상호작용 방식을 혁신적으로 변화시키는 동시에 새로운 갈등과 문제를 야기한다. 예를 들어, 인스타그램과 같은 소셜 미디어 플랫폼에서는 개인이 자신의 정체성을 표현하고, 자기 브랜딩self-branding을 통해 정체성을 상품화하여 대중성과 경제적 이익을 추구하려는 현상이 나타난다. 이러한 과정에서 이상적 정체성을 유지하기 위한 과도한 노력과 정신적 스트레스의 문제가 발생하기도 한다. 또한, 플랫폼 알고리즘platform algorithm은 사용자들의 온라인 정체성과 경험을 형성하면서 특정 콘텐츠를 우선시하거나 배제함으로써 정체성의 다양성을 제한하는 문제를 초래한다. 여기에 더해, 여성, 성소수자, 인종 등 특정 집단에 대한 혐오 발언이나 차별적 담론이 조장되면서 정체성 정치의 갈등이 심화되고 있다. 복잡한 집단 정체성이 디지털 서사 속에서 단순화되거나 왜곡되는 문제 또한 주요 관심사로 떠오르고 있다. 이처럼 디지털 미디어가 정체성을 구성하고 재현하는 방식은 현대 사회의 권력관계와 문화적 변화를 이해하는 데 필수적이다. 동시에 알고리즘의 편향, 정체성의 고정화 등 기술적 문제를 비판적으로 탐구하고 개선 방안을 모색하려는 노력이 요구된다. 앞으로 젠더, 인종, 계급 등 다양한 정체성이 디지털 공간에서 어떻게 상호작용하며 변화를 촉진하는지를 연구하는 논의가 더욱 활발히 이루어질 것으로 보인다.

참·고·문·헌

류지성 (2016). 권력에 관한 이론적 담론. 〈한국행정사학지〉, 39호, 27-59.

오원환 (2024). TV 뉴스의 북한이주민 재현. 김찬중 · 이미나 · 방희경 · 이호규 외 (편), 〈우리 마음의 국경〉. (142-152쪽). 서울: 지금.

이상엽 (2002). 니체의 칸트 수용과 비판. 〈칸트연구〉, 10호, 161-192.

임영호 (1996). 〈스튜어트 홀의 문화 이론〉. 서울: 한나래.

임홍배 (2018). 칸트의 계몽 개념에 대하여. 〈괴테연구〉, 31호, 141-166.

정대훈 (2019). '지식의 의지' 개념 분석을 중심으로 한 푸코와 니체의 사상적 관계에 대한 고찰. 〈철학〉. 139집, 167-195.

허경 (2012). 미셸 푸코의 '담론' 개념: '에피스테메'와 '진리놀이'의 사이. 〈개념과 소통〉, 9호, 5-32.

홍윤기 (2002). 변증법의 타당성 근거의 재정립: 사회화용론을 통한 진리이론적 변증법 파악. 〈철학〉, 70집, 229-257.

Foucault, M. (1961). *Histoire de la folie à l'âge classique*. Paris: Plon. 이규현 (역) (2003). 〈광기의 역사〉. 서울: 나남출판.

Foucault, M. (1966). *Les mots et les choses: Une archéologie des sciences humaines*. Paris: Gallimard. 이규현 (역) (2012). 〈말과 사물〉. 서울: 민음사.

Foucault, M. (1971). *L'ordre du discours*. Paris: Gallimard. 허경 (역) (2020). 〈담론의 질서〉. 서울: 세창출판사.

Foucault, M. (1975). *Surveiller et punir: Naissance de la prison*. Paris: Gallimard. 오생근 (역) (1994). 〈감시와 처벌: 감옥의 역사〉. 서울: 나남출판.

Hall, S. (1973). *Encoding and decoding in the television discourse*. Birmingham: Centre for Contemporary Cultural Studies, University of Birmingham.

Hall, S. (1986). The problem of ideology: Marxism without guarantees. *Journal of Communication Inquiry, 10*(2), 28-44.

Hall, S. (1997). *Representation: Cultural representations and signifying practices*. London: Sage Publications.

Mulvey, L. (1975). Visual pleasure and narrative cinema. *Screen, 16*(3), 6-18.

Oxford University Press. (*n.d.*). Discourse. In Oxford English Dictionary (3rd ed.). Retrieved 12/30/24 from https://www.oed.com

Said, E. W. (1978). *Orientalism*. New York, NY: Penguin Books.

Said, E. W. (1980). Islam through Western eyes. *The Nation, 230*(16), 488-492.

Chapter 02

권력과 담론의 상호작용

감정적 공론장의 미디어와 진실의 재구성

남승석

1 — 감정적 공론장: AI 전환 시대의 권력, 담론, 미디어

현대 민주주의 사회에서 '공론장'은 하버마스Habermas의 고전적 정의에 따라 이성적 토론과 합리적 의견 교환이 이루어지는 공간으로 이해되어 왔다. 그러나 최근의 학문적 흐름은 이러한 전통적 관점에 중요한 수정을 요구한다. 이성과 합리성만으로는 현대 공론장의 역동성을 충분히 설명할 수 없으며, 감정이 공론장 형성과 작동의 핵심 요소로 부상하고 있기 때문이다.

2000년대 초반부터 인터넷과 공론장에 관한 연구는 정치 커뮤니케이션 연구의 주류로 자리 잡아왔으나, 최근 인공지능(Artificial Intelligence, AI) 기술의 급속한 발전은 이 관계를 더욱 복잡하게 만들고 있다. 알고리즘 기반 콘텐츠 추천 시스템과 생성형 AI의 등장은 정보의 생산, 유통, 소비 방식을 근본적으로 변화시키며, 기존 디지털 미디어 환경의 불안정성을 가속화하고 있다. 이러한 기술적 변화는 감정과 공론장의 관계에 새로운 차원을 더하고 있다.

배리 리처즈Barry Richards는 《감정적 거버넌스: 정치, 미디어, 테러*Emotional governance: Politics, media and terror*》(2007)에서 '감정적 공론장' 개념을 통해 감정이 공적 담론의 핵심 요소임을 체계적으로 설명한다. 그의 이론은 감정을 사적 영역에 국한된 것이 아니라 공적 영역을 구성하는 필수적 요소로 재정의한다. 리처즈에 따르면, 감정은 특정 이슈에 대한 대중의 지지나 반대를 이끄는 강력한 원동력으로 작용하며, 국가 권력과 미디어가 이를 적극적으로 활용해 담론을 구성한다.

이러한 이론적 관점은 하버마스의 초기 공론장 개념이 지나치게 이성 중심적이었다는 비판과 맞닿아 있다. 실제로 하버마스 스스로도 후기 저작에서 감정적 요소의 중요성을 인정하며 이론을 수정했다. AI 시대에는 이러한 감정적 요소가 더욱 중요해지는데, 알고리즘이 감정을 자동화된 방식으로 분석하고 증폭시키기 때문이다.

최근 감정, 알고리즘, 공론장의 변화는 AI 전환으로 더 가속화되고 있다. AI 시스템은 사용자 데이터를 분석하여 감정적 반응을 예측하고 유도하는 능력을 갖추고 있다. 이는 '필터 버블filter bubble'과 '에코 챔버echo chamber'라는 현상을 통해 구체화된다. 예를 들면, 소셜 미디어에서 정치적 극화가 감정적 공명을 통해 강화되고 있으며, 이러한 분절화된 미디어 환경이 공통의 진실 기반에 의한 합리적 사고와 이에 기반을 둔 소통을 약화시키고 있다. 이러한 현상은 푸코Foucault의 권력-지식-담론 이론과 연결하여 이해할 수 있다. AI 알고리즘은 새로운 형태의 담론 권력으로 기능하며, 우리가 접하는 정보와 그에 대한 감정적 반응을 형성한다. 알고리즘이 생성하는 '진실 체제'는 특정 감정과 관점을 강화하고 다른 것들을 주변화한다.

본 연구는 두 가지 추가적인 이론적 렌즈를 통해 AI 시대의 감정적 공론장을 분석한다.

첫째, 주디스 버틀러Judith Butler의 취약성의 정치학은 AI 환경에서 불균등하게 분배되는 감정적 취약성을 이해하는 프레임워크framework를 제공한다. 《위태로운 삶: 애도의 힘과 폭력*Precarious life: the powers of mourning and violence*》(2004/2018)에서 버틀러는 취약성의 불균등한 분배가 정치적 권력관계의 핵심임을 강조한다. AI 전환 시대의 사회 체제는 이러한 취약성의 불균등한 분배를 알고리즘적으로 강화하고, 특정 집단의 감정적 경험을 체계적으로 주변화할 수 있다. 예를 들어, 채용 알고리즘은 기존의 성별・인종・계층 편향을 학습 데이터를 통해 재생산하면서, 사회적 약자 집단의 경제적 취약성을 고착화한다. 감정 인식 AI는 서구 중산층 남성의 표정과 음성 패턴을 표준으로 삼아 훈련되어, 다른 문화적 배경이나 다양성을 가진 개인들의 감정 표현을 '비정상'으로 분류하거나 오인할 위험을 내포한다. 더 나아가 개인화된 추천 알고리즘은 기존의 사회적 격차를 반영한 데이터에 기반해 정보 접근의 기회를 차등적으로 배분함으로써, 디지털 격차를 심화시키고 특정 집단을 정보적 취약성에 노출시킨다. 이처럼 AI 시스템은 중립적 기술로 포장되지만, 실제로는 지배적 집단의 규범과 가치를 내재화하여 사회적 취약계층의 목소리와 경험을 알고리즘적 논리 하에서 체계적으로 배제하거나 왜곡하는 메커니즘으로 작동한다.

둘째, 브라이언 마수미Brian Massumi의 선제적 권력 이론은 AI 예측 알고리즘의 작동 방식과 그 정치적 함의를 분석하는 데 유용하다. 《존재권력: 전쟁, 권력, 그리고 인식의 상태*Ontopower: War, powers, and the state of perception*》(2015/2021)의 '정동적 사실의 미래 탄생'에서 마수미는 선제적 권력이 미래의 위험을 현재의 정치적 통제로 전환시키는 메커니즘을 설명한다. AI 알고리즘은 사용자의 미래 행동과 감정을 예측하고, 이를 바탕으로 현재의 정보 환경을 구성함으로써 마수미가 설명한 선제적 권력의 논리를 구현한다. 소셜 미디어 플랫폼의 알고리즘은 사용자의 과거 데이터를 분석해 '잠재적 관심사'나 '미래의 욕망'을 선제적으로 구성하고, 이에 맞춘 콘텐츠를 노출시켜 실제로 그러한 감정과 행동을 유발한다. 예를 들어, 정치적 성향을 예측한 알고리즘은 특정 이념적 콘텐츠를 반복 노출시켜 사용자의 정치적 정동을 극화시키며, 아직 실현되지 않은 '미래의 정치적 행동'을 현재의 알고리즘적 개입을 통해 구체화하는 선제적 통제의 양상을 보인다. 이러한 과정에서 개인의 자율성은 미래 가능성의 통계적 계산 속에서 해체되며, '아직 일어나지 않은 것'에 대한 정동적 반응이 현재의 행동과 선택을 규정하는 역설적 시간성을 창출한다. 결국 AI의 예측적 개입은 미래를 예견하는 것이 아니라, 특정한 미래를 현재적 정동 조작을 통해 능동적으로 생산하는 선제적 권력의 새로운 형태로 작동한다.

이 두 이론은 서로 밀접하게 연결되어 있다. AI 시스템이 구현하는 선제적 권력은 사회적 취약성을 불균등하게 분배하며, 이는 다시 공론장의 구조적 불평등으로 이어진다. 버틀러의 '애도 가능성'의 불평등한 분배 개념은 알고리즘이 특정 집단의 감정적 표현을 어떻게 인식하고 처리하는지 이해하는 데 중요한 통찰을 제공한다.

이러한 이론적 틀을 바탕으로, 본 연구는 거버넌스와 국제정치에서 다음 질문들을 탐구한다. 첫 번째 질문은 "감정적 공론장에서 권력과 담론은 어떻게 상호작용하며, 미디어는 이 과정에서 어떤 매개적 역할을 수행하는가?"이다. 두 번째 질문은 "취약성의 정치학과 선제적 권력은 AI 시대에 어떻게 구체화되며, 이는 공론장에 어떤 함의를 지니는가?"이다.

이 질문들은 단순히 이론적 관심사가 아니라 현대 민주주의의 미래와 직결된 실천적 문제이다. 전통적으로 비합리적 요소로 간주되던 감정이, 특히 AI 기술의 발전과 함께, 공론장의 핵심 구성 요소로 부상하는 현상을 분석함으로써, 우리는 민주주의적 의사소통의 새로운 가능성과 위험을 더 잘 이해할 수 있을 것이다.

2 — 담론과 실천으로서의 감정적 공론장

1) 하버마스의 공론장 개념과 그 한계

담론과 실천의 관계를 성찰적으로 분석하는 이론적 접근은 현대 사회에서 권력과 감정, 미디어가 어떻게 상호작용하는지 이해하는 데 중요한 통찰을 제공한다. 이러한 접근법은 하버마스의 이성 중심적 공론장 개념에서 출발하여, 점차 감정과 권력의 역할을 중심으로 재구성되어 왔다. 이는 단순한 이론적 강조점의 변화가 아니라, 실제 정치와 사회 현실에 대한 보다 심층적인 이해를 반영한다.

현대 민주주의 사회에서 '공론장'은 특히 미디어 생태계에서 이성적 토론과 합리적 의견 교환이 이루어지는 공공의 장이라는 하나의 '공간'으로 비유되어 왔다. 하버마스가 《공론장의 구조변동》(1962)에서 확립한 '공론장' 개념은 단순한 물리적 공간이 아닌 상징적 영역으로, 시민들이 공적 사안에 관해 자유롭게 의견을 나누고 숙의하는 사회적 상호작용의 네트워크를 의미한다. '공론장' 개념은 18세기 유럽의 카페, 살롱, 문예 클럽 등에서 발생한 부르주아 공론장을 역사적 모델로 삼고 있다. 이 개념의 핵심은 국가와 시민사회의 중간 영역에서, 시민들이 권력으로부터 상대적으로 자유롭게 공적 사안에 대한 비판적 담론을 형성하고 '공적 여론'을 만들어내는 과정이다.

하버마스의 이론에 따르면, 이상적인 공론장에서는 참여자의 사회적 지위나 권력이 아닌, 오직 이성적 논증의 설득력만이 담론의 결과를 결정한다는 '소통의 합리성' 원칙이 중요하게 작용한다. 이러한 합리적 소통 모델은 하버마스의 《의사소통행위이론》(1981)에서 더욱 체계화되었으며, 이는 그의 공론장 이론의 철학적 기반을 제공한다. 이러한 공간적 은유는 신문, 방송, 인터넷과 같은 미디어 플랫폼을 통해 확장되며, 이상적으로는 계급, 성별, 인종적 경계를 초월한 보편적 접근성과 참여를 전제로 한다.

하지만 낸시 프레이저Nancy Fraser는 《재분배냐, 인정이냐?》(1995)에서 하버마스의 공론장 개념이 지닌 배타성과 한계를 비판적으로 검토한다. 그녀는 실제 역사적 상황에서 이러한 공론장이 여성, 노동자 계급, 소수 인종 집단을 체계적으로 배제했음을 지적한다. 프레이저의 비판은 하버마스의 이론이 현실의 권력 관계와 불평등을 충분히 고려하지 못했다는 점에 초점을 맞추고 있다. 구체적으로, 하버마스가 묘사한 부르주아 공론장은 표면적으로는 '보편적 접근성'을 표방했지만, 실제로는 재산, 교육, 성별에 따른 배제 메커니즘을 통해 작동했다는 것이다.

프레이저는 이러한 한계를 극복하기 위해 '하위 대항공론장'이라는 개념을 제안한다. 이는 지배적 공론장에서 배제된 집단들이 자신들의 경험, 정체성, 필요와 이익을 표현하기 위해 형성한 대항적 담론 공간을 의미한다. 이러한 대항공론장들은 한편으로는 소외된 집단들이 자신들만의 목소리를 발견하고 정체성을 형성하는 '철수'와 '재집결'의 공간으로, 다른 한편으로는 이러한 담론들을 더 넓은 사회적 맥락으로 확장시키는 담론적 훈련장으로 기능한다. 프레이저의 관점은 공론장이 단일하고 통합된 영역이 아니라, 다양하고 경쟁적인 공적 담론들의 복수적 네트워크로 이해되어야 함을 시사한다.

2) 합리성의 공론장에서 감정적 공론장 개념으로

하버마스와 프레이저의 이론적 대화가 주로 공론장의 구조적 측면에 초점을 맞추었다면, 이후의 이론적 발전은 공론장의 내용과, 특히 감정의 역할에 주목했다. 이러한 전환의 이론적 기반을 제공한 것이 미셸 푸코의 담론 이론이다.

푸코는 《지식의 고고학》(1969)과 《담론의 질서》(1971)에서 담론을 단순히 현실을 반영하는 것이 아니라 현실을 구성하는 실천으로 개념화했다. 푸코는 담론이 단순히 현실을 묘사하는 것이 아니라 권력관계와 결합하여 현실을 생산한다고 주장했다. 이는 하버마스가 가정한 '합리적 소통'의 가능성과 이를 통한 합의 도출이라는 이상에 대한 근본적 도전을 제기한다.

하버마스는 이상적 담화 상황에서 합리적 논의를 통한 합의 도출을 가정한 반면, 푸코는 모든 담론이 권력관계에 의해 구성되며 '권력으로부터 자유로운' 담론이란 존재할 수 없다고 보았다. 이러한 관점의 차이는 단순한 이론적 논쟁을 넘어, 현대 사회에서 공론장의 본질과 기능에 대한 근본적인 인식 차이를 반영한다.

하버마스와 프레이저의 구조적 접근에서 푸코를 거쳐 감정의 역할에 주목하는 방향으로 이론이 발전했다. 특히 1990년대 이후 '감정적 전환affective turn'이라 불리는 학문적 경향은 사회과학과 인문학 전반에 걸쳐 감정의 정치적, 사회적 역할에 주목하게 했다.

AI 시대에 푸코의 담론 이론은 알고리즘이 어떻게 새로운 형태의 지식과 권력을 생산하는지, 그리고 이러한 알고리즘적 권력이 어떻게 새로운 주체성을 형성하는지 이해하는 데 유용한 틀을 제공한다. 알고리즘은 단순한 기술적 도구가 아니라, 푸코가 말한 '진실의 체제regime of truth'를 구성하는 새로운 메커니즘으로 볼 수 있다. 알고리즘은 특정한 지식과 정보를 가시화하고 다른 것들을 비가시화함으로써, 우리가 세계를 이해하고 경험하는 방식을 구조화한다.

이러한 푸코의 담론 이론과 권력 분석을 감정의 영역으로 확장한 것은 배리 리처즈의 공헌으로 평가된다. 리처즈는 《감정적 거버넌스》(2007)에서 '감정적 공론장' 개념을 발전시키며 감정이 어떻게 공론장에서 중요한 역할을 하는지 분석한다. 그는 하버마스적 공론장 이론이 지나치게 이성 중심적이라고 비판하면서, 공론장을 다양한 감정과 열정이 충돌하고 협상되는 역동적인 장으로 재개념화한다. 이는 프레이저의 구조적 비판을 내용적 측면으로 확장하는 이론적 발전으로 볼 수 있다.

리처즈의 이론적 공헌은 감정을 단순히 비합리적인 요소로 폄하하지 않고, 공적 담론의 핵심 구성요소로 재위치시킨 데 있다. 그는 근대 정치 이론이 감정을 사적 영역에 국한시키고 공적 영역에서 배제해온 이분법적 접근을 비판하며, 감정이 어떻게 공적 영역에서 작동하고 있는지 체계적으로 분석한다. 이러한 접근은 감정과 이성을 대립적 관계가 아닌 상호보완적 관계로 이해하는 인지과학과 신경과학의 최근 발견들과도 일치한다.

리처즈는 공론장에서 감정이 세 가지 차원으로 작동한다고 설명한다. 첫 번째는 담론의 대상으로서의 감정(예 공적 논쟁에서 논의되는 감정적 이슈)이며, 두 번째는 담론의 매개체로서의 감정(예 감정적 소구를 통한 설득)이고, 세 번째는 담론의 결과로서의 감정(예 공적 논쟁이 유발하는 집단적 감정)이다. 이러한 다차원적 접근은 감정이 공론장에서 복합적으로 작용하는 방식을 이해하는 데 통찰을 제공한다. 특히 두 번째와 세 번째 차원은 하버마스의 이성 중심적 공론장 모델이 간과한 측면으로, 실제 정치 커뮤니케이션에서 감정이 어떻게 핵심적 역할을 수행하는지 보여준다.

리처즈의 이론적 기여 중 가장 주목할 만한 개념은 '감정적 증폭 효과'이다. 그는 런던 테러 이후 영국 미디어의 보도를 분석하여, 미디어가 어떻게 특정 감정(공포, 분노, 애국심 등)을 선택적으로 증폭시키고, 이러한 증폭이 어떻게 집단적 정체성 형성과 정치적 동원으로 이어지는지 보여주었다. 그는 감정이 단순히 개인적 반응을 넘어 집단적 현상으로 작동하며, 미디어가 이러한 집단적 감정의 형성과 순환에 주요 역할을 수행함을 입증했다.

3 — 감정적 거버넌스와 미디어

1) 감정적 거버넌스와 미디어의 감정적 프레이밍

9·11 테러 이후 미디어를 통해 확산된 공포와 애국심은 단순한 심리적 반응을 넘어 특정 정책과 담론을 정당화하는 정치적 자원으로 활용이 가속화되었다. 부시 행정부의 '테러와의 전쟁' 담론은 이러한 감정적 반응을 전략적으로 동원하여 애국법USA PATRIOT Act과 같은 논쟁적 정책의 수용성을 높이는 데 성공했다. 이는 리처즈가 제시한 '감정적 거버넌스'의 전형적인 사례로, 국가가 미디어를 통해 감정을 전략적으로 관리하고 동원하는 방식을 보여준다.

배리 리처즈는 《감정적 거버넌스: 정치, 미디어, 테러》(2007)에서 전통적 미디어의 감정적 프레이밍을 분석했다. 그는 특히 9·11 테러와 런던 테러 이후 미디어의 감정적 프레이밍이 공포, 애국심 등 특정 감정을 증폭시키는 방식을 분석하고 이를 통해 테러리즘과 안보 위기 상황에서 '감정적 거버넌스'가 어떻게 작동하는지 분석했다. 리처즈는 정치 지도자들이 미디어를 통해 공포와 불안을 전략적으로 동원하고 관리하여 특정 정책을 정당화하는 방식을 비판적으로 검토한다.

특히 리처즈의 '감정적 프레이밍' 개념은 미디어가 특정 사건을 감정적으로 구성하는 방식이 대중의 정치적 판단과 행동에 미치는 영향을 설명한다. 기존의 프레이밍 이론이 주로 인지적 측면에 초점을 맞추었다면, 리처즈는 프레이밍의 감정적 차원을 강조한다. 미디어는 단순히 정보를 전달하는 것이 아니라, 특정 감정을 활성화함으로써 현실의 특정 측면을 부각시키거나 가려버린다는 것이다.

AI 시대에 리처즈의 감정적 공론장 개념은 더욱 중요한 의미를 갖는다. 알고리즘은 사용자의 감정적 반응을 분석하고 예측하여 맞춤형 콘텐츠를 제공하는데, 이는 감정적 증폭 효과를 더욱 강화한다. 예를 들어, 소셜 미디어 알고리즘은 사용자의 분노, 놀라움, 공포와 같은 강한 감정적 반응을 유발하는 콘텐츠를 우선적으로 노출시키는 경향이 있으며, 이는 사회적 양극화와 정치적 분열을 심화시킬 수 있다. 즉, 감정적 반응을 극대화하도록 설계된 알고리즘은 정치적 극단주의를 증폭시키는 경향이 있으며, 이는 민주적 공론장의 기능을 저해할 수 있다.

미디어는 이러한 감정적 거버넌스의 핵심 메커니즘으로 작동한다. 뉴스 보도, 다큐멘터리, 소셜 미디어 등은 특정 사건과 이슈를 감정적으로 프레이밍함으로써 특정한 정치적 반응과 행동을 유도한다. 이러한 프레이밍 과정은 어떤 감정이 적절하고 부적절한지, 어떤 감정적 반응이 장려되고 억제되어야 하는지에 대한 규범적 메시지를 전달한다.

특히 시각적 미디어는 강력한 감정적 영향력을 지닌다. 전쟁이나 재난의 시각적 이미지는 집단적 트라우마와 기억을 형성하고, 이를 통해 특정한 정치적 공동체와 정체성을 상상하게 만든다. 예를 들어, 9·11 테러, 테러와의 전쟁 그리고 우크라이나 전쟁 등의 시각적 이미지는 우리에게 공유된 트라우마를 형성하고, '가치'와 '자유'에 대한 특정한 입장에서 이해를 해석하게 하며, 이를 통해 특정한 집단 혹은 국가의 정체성을 강화했다.

미디어는 단순히 현실을 기록하는 중립적 매체를 넘어, 공감과 분열이라는 상반된 효과를 동시에 일으키는 '감정적 양가성'을 지닌다. 카알 플랜팅가Carl Plantinga가 《움직이는 관객들*Moving viewers: American film and the spectator's experience*》(2009)에서 지적했듯이, 미디어가 불러일으키는 감정은 복합적이고 때로는 모순적인 정치적 효과를 가질 수 있다. 감정은 정치 권력을 정당화하는 동시에 비판과 저항의 근거가 될 수 있는 양가적 힘을 갖고 있는 것이다.

이러한 미디어의 감정적 양가성은 구체적 사례에서 명확히 드러난다. 예를 들면 난민의 고통을 보여주는 미디어 보도는 인도주의적 공감과 국제적 연대를 불러일으키는 동시에, '위협'과 '침입'의 내러티브를 통해 국경 통제와 배제의 정치를 강화할 가능성도 있다. 이와 같은 양가성은 미디어가 단순히 권력의 도구가 아니라, 복합적인 감정적 역학을 통해 다양한 정치적 가능성을 열어주는 공간임을 보여준다.

2) 디지털 미디어에서의 감정적 역학과 정치학

소셜 미디어는 이러한 양가적 감정의 흐름과 전염을 촉진하고, 이를 통해 정치적 동원과 저항의 새로운 형태를 가능하게 한다. 아랍의 봄, 홍콩 우산혁명, 흑인의 생명도 소중하다Black Lives Matter 운동 등의 사례는 소셜 미디어를 통한 감정적 연대와 정치적 동원의 잠재력을 명확히 보여준다.

그러나 미디어는 감정적 거버넌스의 위험과 도전을 동시에 증폭시키는 복합적인 생태계를 형성하고 있다. 이러한 증폭 현상의 핵심에는 두 가지 상호강화적 메커니즘이 작동한다.

첫째, 알고리즘 기반 플랫폼은 경제적 논리에 따라 사용자 참여와 체류 시간을 최대화하기 위해 설계되었다. 연구에 따르면, 인간의 인지적 특성상 분노, 공포, 충격과 같은 극단적 감정 반응을 유발하는 콘텐츠에 더 강하게 반응하는 경향이 있으며, 플랫폼 알고리즘은 이러한 심리적 취약성을 활용하여 해당 콘텐츠를 우선적으로 노출시킨다.

둘째, AI 시스템은 이러한 과정을 보다 정교하게 최적화하기 위해 데이터를 분석하여 개인 맞춤형 감정적 반응을 예측하고 추천한다. 이러한 현상은 우선 사용자가 자신의 기존 견해와 일치하는 정보만 접하게 되는 '필터 버블' 그리고 다음으로 유사한 의견을 가진 사람들 사이에서만 정보가 순환하는 '에코 챔버'의 형태로 구체화된다.

이러한 이론적 우려는 실증 연구를 통해 뒷받침되고 있다. 데이터 기반 분석은 소셜 미디어 환경에서 정치적 극화가 단순한 정보 격리의 결과가 아니라, 감정적 공명을 통해 적극적으로 강화되는 역동적 메커니즘임을 입증했다. 또한 장기적 연구는 이러한 분절화된 미디어 환경이 공통의 사실 기반을 약화시키고, 사회적 담론의 기반이 되는 공유된 현실 인식을 침식한다는 점을 체계적으로 분석했다.

이러한 메커니즘들이 결합되면서, 디지털 미디어 환경은 단순한 정보 전달 채널을 넘어 감정과 인식을 적극적으로 구성하는 권력 시스템으로 진화하고 있다. 이는 민주적 공론장의 기능과 집단적 의사결정 과정에 근본적인 도전을 제기한다.

감정적 거버넌스 개념은 감정이 공론장 안에서 행사하는 영향력을 재조명하고, 감정이 공동체의 결속을 강화하고 정치적 참여를 촉진하는 긍정적 동력이 될 수 있음을 보여준다. 그러나 동시에 애도의 정치학이 특정 세력에 의해 전략적으로 동원될 때는 민주적 의사결정을 왜곡하거나 일부 집단을 체계적으로 배제하는 메커니즘으로 작동할 수 있기 때문이다.

4 — 취약성, 선제적 권력과 국제 정치

1) 버틀러의 취약성과 애도의 정치학

주디스 버틀러가 《위태로운 삶》(2004/2018)에서 지적했듯이, 특정 집단의 취약성과 고통만이 공적으로 인정되고 애도되는 불평등한 체제는 민주주의의 근본 가치와 정의의 원칙을 훼손한다. 버틀러는 9 · 11 테러 이후 미국 사회에서 발생한 '차별적 애도'의 현상을 비판적으로 분석했다. 미국인 희생자들의 죽음은 공적으로 애도되고 기억되는 반면, 미국의 군사적 대응으로 인한 아프가니스탄과 이라크 민간인들의 죽음은 '애도할 수 없는 생명'으로 간주되었다는 점을 지적한다.

이러한 '애도의 정치학'은 단순한 감정적 반응의 차이가 아니라, 어떤 생명이 가치 있고 보호받아야 하는지, 어떤 고통이 인정되고 공적으로 다루어져야 하는지를 결정하는 근본적인 권력 작용이다. 버틀러는 "특정한 삶들만이 공적으로 애도될 수 있다면, 그것은 그 삶들만이 진정한 삶으로 간주된다는 것을 의미한다."고 주장한다. 이는 감정적 인정의 불평등한 분배가 어떻게 정치적 주체성과 시민권의 경계를 설정하는지 보여준다.

국제 정치 영역에서 감정과 정동의 역할에 대한 이해는 새로운 분석틀을 필요로 한다. 기존의 합리적 행위자 모델과 구조적 분석만으로는 포착하기 어려운 국제 정치의 감정적, 정동적 차원을 이해하기 위해 버틀러의 취약성 개념이 통찰을 제공한다. 버틀러는 《위태로운 삶》(2004/2018)과 《전쟁의 프레임들: 삶의 평등한 애도가능성을 향하여*Frames of war: When is life grievable?* 》(2009/2023)에서 취약성과 애도의 정치학을 발전시켰는데, 그에 따르면 모든 인간은 근본적으로 취약하고 상호의존적이지만, 이러한 취약성은 국제 정치에서 불균등하게 분배되어 있다. 특정 집단의 생명은 '애도 가능한' 것으로, 다른 집단의 생명은 '애도 불가능한' 것으로 구성되는 과정은 정치적이며, 이는 국가 간 관계와 글로벌 개입을 정당화하는 데 중요한 역할을 한다.

취약성과 애도의 정치학은《위태로운 삶》에서 체계적으로 발전되었다. 이 이론의 핵심은 모든 인간이 본질적으로 취약한 존재임에도 불구하고, 이 취약성이 정치적으로 불균등하게 인정되고 분배된다는 점이다. 특히 '애도 가능성' 개념은 생명의 상실에 대한 공적 인정의 불평등한 구조를 설명한다. 즉, 어떤 생명의 상실은 공적으로 중요한 사건으로 여겨지고 애도되는 반면, 다른 생명의 상실은 주목받지 못하거나 애도 자체가 금지된다.

버틀러의 분석에서 주목할 점은 이러한 '애도 가능성'이 자연적이거나 필연적인 것이 아니라, 사회적 · 정치적 담론과 재현의 틀을 통해 구성된다는 사실이다. 이는 국제 정치에서 누구의 고통이 가시화되고 누구의 고통이 무시되는지에 대한 중요한 이론적 렌즈를 제공한다. 국제 정치에서 이러한 불균등한 취약성 분배는 특히 뚜렷하게 나타난다. 서구 국가의 전쟁 희생자는 개인의 이름과 이야기를 가진 '애도 가능한 생명'으로 재현되는 반면, '적국'이나 '타자'의 민간인 희생자는 종종 익명의 통계나 부수적 피해로 축소된다. 이러한 불균등한 재현은 국제 질서의 불평등한 권력 관계를 반영하고 동시에 강화한다.

버틀러의《전쟁의 프레임들》에서 발전된 '프레임' 개념은 미디어와 담론이 전쟁, 테러, 난민 위기와 같은 상황을 어떻게 선택적으로 재현하는지, 그리고 이러한 프레이밍을 통해 어떤 폭력이 정당화되고 어떤 생명이 보호받을 가치가 있다고 간주되는지에 대한 규범적 조건이 설정됨을 보여준다.

이러한 프레이밍은 '수행성' 개념과 관련된다. 버틀러에 따르면, 애도 의식, 추모식, 언론 보도 등은 단순히 이미 존재하는 애도 가능성을 표현하는 것이 아니라, 그러한 수행적 행위를 통해 애도 가능성 자체를 구성하고 강화한다.

이는 특정 생명의 가치와 중요성이 반복적인 수행적 인정을 통해 확립되는 반면, 다른 생명의 가치는 동시에 부인됨을 의미한다.

이러한 수행적 과정은 국제 관계에서 특히 중요한데, 국가나 국제기구의 공식적 추모 행사, 국제 미디어의 선택적 보도, 인도주의적 개입의 결정 등이 특정 생명의 애도 가능성을 수행적으로 구성하는 동시에, 다른 생명의 고통은 주변화시키는 효과를 갖기 때문이다.

2) 마수미의 선제적 권력과 관련된 안보와 국제 정치

마수미의 '선제적 권력' 개념은 국제 정치의 시간적 차원을 혁신적으로 분석한다. 《존재권력》(2015/2021)에서 마수미는 현대 정치에서 아직 발생하지 않은 미래의 위협이 어떻게 현재의 감정과 행동을 구성하는지 탐구한다. 이 개념의 핵심은 단순한 미래 예측이나 위험 관리가 아니라, '잠재성'의 정치학이다. 즉, 위협의 잠재성 자체가 현재의 권력 작용을 가능하게 하는 조건이 된다.

마수미의 이론은 가능성과 잠재성을 철저히 구분함으로써, 현대 안보 정치의 작동 방식을 정교하게 설명한다. 가능성이 계산 가능한 확률적 사건인 반면, 잠재성은 아직 형태를 갖지 않은 창발적 상태로, 정확히 예측할 수 없지만 정서적으로 경험되고 정치적 반응을 유발한다. 그는 "중요한 것은 위협이 실제로 발생할지 여부가 아니라, 그것이 발생할 수도 있다는 감각적 확신이다."라고 지적한다. 이러한 감각적 확신은 객관적 증거나 합리적 분석에 기반한 것이 아니라, 불확실한 미래에 대한 정서적 투자와 예상에 뿌리를 두고 있다.

9·11 테러 이후 미국의 '1% 독트린'은 이러한 선제적 권력의 정치화를 보여주는 대표적 사례다. 당시 딕 체니Dick Cheney 부통령은 "테러 위협의 가능성이 단 1%만 존재한다 해도, 우리는 그것을 100% 확실한 것처럼 행동해야 한

다.”고 주장했다. 이는 확률적 가능성보다 감정적 잠재성에 기반한 정치적 결정의 전형을 보여준다. 마수미에 따르면 이러한 접근법은 단순한 예방적 조치를 넘어 선제적 행동으로 이어진다. 예방이 이미 식별된 위험에 대한 대응이라면, 선제는 아직 구체화되지 않은 잠재적 위협에 대한 적극적 개입이다.

이러한 선제적 권력은 테러와의 전쟁, 기후 위기 대응, 핵 위협, 전염병 통제 등의 국제 정치 맥락에서 특히 중요하게 작동한다. ‘테러 위협’이나 ‘기후 재앙’, ‘팬데믹 위기’와 같은 미래의 불확실한 위험은 현재의 감시 체제 강화, 시민 자유 제한, 국제 협약 체결, 자원 배분 등을 정당화하는 감정적 기반이 된다. 중요한 점은 이러한 위협이 실현되지 않아도, 그 잠재성만으로도 현재의 정치적 결정과 행동을 구성한다는 것이다.

특히 마수미는 위협의 ‘미래 탄생적 시간성’에 주목한다. 전통적 인과관계가 과거에서 현재로 이어지는 선형적 시간관에 기반한다면, 선제적 권력은 아직 오지 않은 미래가 현재를 구성하는 역방향적 인과관계를 창출한다. 이는 국제 정치의 시간성에 대한 근본적인 재고를 요구한다. 예를 들어, 생물무기나 핵무기의 확산 위협에 대한 국제적 대응은 실제 사용 사례보다 미래의 잠재적 재앙에 대한 정서적 예측에 의해 구성된다.

미디어는 이러한 선제적 권력의 핵심 매개체로 기능한다. 재난 영화, 과학적 예측 모델, 뉴스 보도, 시뮬레이션 등은 아직 실현되지 않은 미래의 위협을 시각화하고 감각화함으로써, 특정 정책과 행동에 대한 정서적 지지를 형성한다. 마수미는 특히 이러한 미디어적 재현이 ‘잠재적 위협의 현실화’를 통해 감정적 반응을 활성화시키고, 이것이 ‘기정사실화된 감정적 사실’로 작용한다고 분석한다. 이는 미디어가 단순한 정보 전달자가 아니라, 선제적 권력을 통해 국제 정치의 시간성과 현실성을 구성하는 행위자임을 의미한다.

글로벌 기후 위기 담론의 경우, 복잡한 과학적 데이터와 미래 예측 모델이 감정적으로 강렬한 시각적 이미지(녹는 빙하, 죽어가는 북극곰, 물에 잠긴 도시 등)로 변환되는 과정은 선제적 권력의 작동 메커니즘을 잘 보여준다. 이러한 이미지는 아직 완전히 실현되지 않은 미래의 재앙을 현재의 정서적 경험으로 가져옴으로써, 국제 기후 협약과 탄소 감축 정책에 대한 정치적 지지를 동원한다.

선제적 권력 개념은 국제관계의 안보화 이론과 밀접하게 연결된다. 코펜하겐 학파의 안보화 이론은 안보 위협이 객관적으로 존재하는 것이 아니라, 특정 이슈가 '실존적 위협'으로 담론화 됨으로써 예외적 조치를 정당화하는 과정을 분석한다. 마수미의 선제적 권력 개념은 안보화 과정의 감정적 차원을 더욱 심화시켜, 미래의 위협에 대한 공포와 불안이 어떻게 현재의 예외적 조치를 정당화하는 정서적 기반이 되는지 설명한다. 이와 같은 환경에서 모든 정치적 주체는 지속적인 경계와 불안 상태에 놓이며, 이는 미래의 불확실성을 관리하기 위한 권력 기술로 작용한다. 이는 국제정치에서 감정이 단순한 부수적 현상이 아니라, 국가 간 관계, 안보 정책, 글로벌 거버넌스의 핵심 구성 요소임을 보여준다.

3) 국제 정치의 감정적 재개념화와 대안적 국제 질서를 위한 함의

버틀러의 취약성 이론과 마수미의 선제적 권력 개념은 현대 국제 안보 체제의 감정적 작동 메커니즘을 분석하는 강력한 이론적 틀을 제공한다. 이 두 이론의 통합적 적용은 안보 담론이 어떻게 감정적 역학을 통해 특정 정치적 결정과 행동을 정당화하는지 체계적으로 이해할 수 있게 해준다. 이러한 분석을 통해 국제 관계는 더 이상 단순한 국가 이익이나 권력 게임의 차원이 아닌, 취약성의 불균등한 분배와 선제적 권력이 핵심적으로 작동하는 복합적인 감정적 장으로 재해석된다.

감정적 공론장의 관점에서 국제 정치를 고찰하면, 글로벌 이슈들은 객관적 사실의 차원을 넘어 감정적으로 구성되고 경험되는 현상임을 알 수 있다. 리처즈가 제시한 '감정적 공론장' 개념을 국제적 차원으로 확장할 때, 시리아 내전, 우크라이나 전쟁, 기후 위기, 코로나19 팬데믹과 같은 중대한 국제적 사건들이 어떠한 감정적 프레임과 결합하여 이해되는지가 국제 사회의 대응과 정책 방향을 결정짓는 핵심 요소임을 파악할 수 있다. 이러한 글로벌 사건들이 공포, 분노, 연민, 희망 등 어떤 감정과 연결되어 프레이밍되느냐에 따라 국제적 개입의 성격과 강도가 크게 달라진다.

현대 미디어 환경은 국제 정치의 감정적 역학을 형성하는 결정적 요소로 작용한다. 미디어는 단순한 정보 전달자의 역할을 넘어, 특정 집단의 취약성을 선택적으로 가시화하고 잠재적 미래 위협을 시각적으로 구체화함으로써 국제 정치의 방향을 적극적으로 형성한다. 디지털 시대에는 전통적 언론 매체와 함께 소셜 미디어, 디지털 플랫폼, 알고리즘 기반 콘텐츠 유통 시스템이 감정의 국제적 순환과 증폭에 중추적 역할을 담당한다. 이러한 복합적 미디어 생태계는 리처즈가 개념화한 '감정적 증폭 효과'를 글로벌 차원에서 실현시키며, 특정 사건이나 이슈에 대한 국제적 관심과 반응을 선택적으로 형성하고 증폭한다.

알고리즘 기술의 발전은 국가적, 문화적 경계를 초월하여 유사한 감정적 반응을 공유하는 사용자들을 연결함으로써 초국적 '감정 공동체'의 형성을 촉진한다. 이러한 현상은 기후 행동가들의 글로벌 네트워크, 트랜스내셔널 페미니스트 운동, 디지털 인권 활동가들의 초국적 연대 등 다양한 형태로 구체화되고 있다. 그러나 동시에 디지털 플랫폼은 감정적 양극화와 배타적 민족주의의 확산을 가속화할 위험성도 내포하고 있다. 알고리즘이 극단적 감정 반응을 우선적으로 노출시키는 경향은 국제적 갈등과 혐오의 증폭으로 이어질 수 있으며,

필터 버블과 에코 챔버 효과는 국가 간, 문화 간 상호 이해와 대화를 저해하고 국제적 감정의 분절화를 심화시킬 가능성이 크다.

대안적 국제 질서의 구축은 단순히 제도적, 법적 개혁을 넘어 글로벌 감정 구조의 근본적 변화를 필요로 한다. 이는 구체적으로 네 가지 핵심 과제를 포함한다. 첫째, 글로벌 공론장에서 다양한 감정적 표현과 경험이 인정되고 존중받을 수 있는 공간을 확대하는 감정적 다원주의의 촉진이 중요하다. 둘째, 국가적, 문화적 경계를 초월하여 공통의 취약성에 기반한 감정적 연대의 가능성을 적극적으로 모색해야 한다. 셋째, 불확실한 미래에 대한 공포와 불안이 특정 권력 집단에 의해 독점되거나 조작되지 않도록 선제적 권력의 민주적 관리 메커니즘을 발전시키는 것이 필수적이다. 넷째, 국제적 차원에서 다양한 감정적 표현과 경험을 이해하고 존중할 수 있는 능력을 키우는 감정적 리터러시 함양 프로그램을 강화해야 한다.

버틀러와 마수미의 이론적 통찰은 더 정의롭고 평화로운 국제 질서를 위한 중요한 실천적 함의를 제공한다. 감정의 정치학에 대한 비판적 이해는 지금까지 비가시화되었던 취약성에 주목하고, 애도 가능성의 불평등한 분배를 문제화하며, 선제적 권력이 어떻게 특정 집단의 권리를 제한하는지 체계적으로 분석할 수 있게 한다. 이러한 이론적 접근은 국제 정치에서 감정이 어떻게 작동하는지에 대한 심층적 이해를 제공함으로써, 보다 포용적이고 민주적인 글로벌 공론장을 위한 비판적 참여의 가능성을 확장한다. 이는 단순히 학문적 재개념화를 넘어, 현대 글로벌 정치의 감정적 구조를 변화시키기 위한 중요한 정치적 프로젝트로서, 글로벌 차원에서 어떤 감정이 인정되고, 어떤 취약성이 보호받으며, 어떤 고통이 애도되는지에 관한 근본적인 질문들을 제기한다.

5 — 결론: 감정적 공론장과 미디어 권력의 재구성

본 연구를 통해 우리는 감정이 현대 공론장, 거버넌스, 국제 관계에서 핵심적 역할을 수행함을 확인했다. 특히 주목할 점은 이른바 '합리적 지도자들'조차 공포라는 감정을 전략적으로 활용하면서 동시에 그 감정에 그들조차 영향받는 양면성이다. 이는 국내외 정치에서 감정이 단순한 개인적 반응이나 사후적 평가가 아니라, '정치적 결정에 선행하여 영향을 미치는 동인'임을 명확히 보여준다.

냉전 시기의 핵 위기나 9 · 11 이후의 대테러 정책 그리고 코로나19의 대처 방식에서 드러났듯이, 공포와 불안은 단순한 감정적 반응을 넘어 정치적 결정과 실질적 정책을 구성하는 근본 요소였다. 이러한 사례들은 감정을 정치학의 주변부가 아닌 핵심적 분석 대상으로 재위치시키는 인식론적 전환의 필요성을 강조한다.

AI의 발전은 감정의 정치적 역할을 더욱 복잡하게 만들고 있다. 특히 취약성의 정치학 관점에서, 감정의 불균등한 분배가 디지털 공간에서 새로운 형태로 재생산되고 있음을 확인할 수 있다. AI 알고리즘에 내재된 편향성은 특정 집단의 감정적 경험을 체계적으로 배제하거나 왜곡함으로써 공적 의사결정에서 그들의 목소리를 소외시키는 결과를 초래한다.

버틀러의 '애도 가능한 삶'과 '애도할 수 없는 삶'의 구분은 AI 시대에 더욱 선명해지고 있다. 자동화된 의사결정 시스템이 활용되는 군사적 · 외교적 상황에서, 어떤 집단의 고통과 상실은 주목받는 반면, 다른 집단의 것은 무시되거나 비가시화된다. 이는 감정이 공적 영역에서 어떻게 분배되고 관리되는지가 단순한 개인적 문제가 아닌, 권력관계와 불평등의 재생산 메커니즘임을 보여준다.

마수미의 '선제적 권력' 개념과 현대 예측 기술의 결합은 미래의 불확실성이 현재의 감정과 행동을 어떻게 구성하는지 보여준다. 데이터 기반 예측 시스템은 잠재적 위협을 식별하고 대응하는 새로운 통제 메커니즘으로 작동하며, 이러한 선제적 작동 방식은 안보, 환경, 건강, 경제 등 다양한 영역으로 확산되고 있다.

특히 기후 위기 담론에서 AI 예측 모델이 '파국적 미래'를 시각화함으로써 특정 정책을 정당화하면서도, 위기의 근본 원인에 대한 비판적 토론을 제한하는 현상은 주목할 만하다. 디지털 미디어와 AI 기술은 감정적 공론장의 역학을 근본적으로 변화시키고 있다. 자동화된 콘텐츠 생성 및 추천 시스템은 표면적으로는 객관적으로 보이지만, 실제로는 특정 감정적 반응을 유도하고 특정 관점을 강화하는 경향이 있다. 이는 디지털 시스템의 '중립성'이 특정한 감정 체제와 권력 관계를 자연화하는 수사적 장치로 작용할 수 있음을 시사한다.

소셜 미디어는 '정동적 공중'을 형성하며, 분산된 개인들을 정서적으로 연결하는 형태의 정치적 참여와 저항을 강화한다. 동시에 알고리즘은 유사한 감정적 반응을 보이는 사용자들을 자동으로 군집화함으로써, 감정적 동질성에 기반을 둔 정치적 동원을 촉진한다.

감정의 디지털 매개는 양면성을 지닌다. 한편으로는 번역 도구와 크로스 문화 소통 기술이 기존에 소외되었던 목소리를 가시화하고 초국적 연대의 가능성을 열어주지만, 다른 한편으로는 알고리즘 기반 플랫폼이 감정적 양극화를 심화시키고 소위 '감정 자본주의' 개념을 강화할 위험이 있다. 마사 누스바움Martha Nussbaum이 《정치적 감정: 정의를 위해 왜 사랑이 중요한가*Political emotions: Why love matters for justice*》(2015/2019)에서 논의했듯이, 감정은 배제와 차별의 정치로 이어질 수 있지만, 더 포용적이고 정의로운 사회를 위한 자원이 될 수도 있다. 디지털 대전환의 시대와 더불어 AI의 급격한 발전은 이러한 감정의 이중적 잠재력을 더욱 복잡하게 만들고 있다.

한나 아렌트Hannah Arendt가 강조한 '드러남의 공간'으로서의 정치적 공간 개념은 디지털 시대에 새로운 의미를 갖는다. 《인간의 조건*The human condition*》(1958/2019)에서 아렌트는 정치적 공간을 단순한 물리적 장소가 아닌, 인간의 복수성이 드러나고 서로 다른 관점들이 충돌하며 대화하는 역동적인 장으로 개념화했다. 이러한 '드러남의 공간'에서 개인은 타인 앞에 자신을 드러내며, 이 과정에서 진정한 정치적 행위가 가능해진다고 보았다.

디지털 공간으로 확장된 오늘날의 공론장에서, 아렌트의 이러한 통찰은 더욱 중요한 의미를 갖는다. 디지털 플랫폼은 전례 없는 규모의 '드러남의 공간'을 창출했지만, 동시에 이 공간은 알고리즘적 조작성과 기술적 편향성에 취약하다. 특히 감정을 자극하고 증폭시키는 알고리즘의 작동 방식은 아렌트가 《전체주의의 기원*The origins of totalitarianism*》(1951/2006)에서 우려했던 '원자화된 대중'의 출현과 맞닿아 있다. 아렌트는 전체주의 체제가 등장할 수 있었던 사회적 조건으로 개인들이 의미 있는 사회적 관계와 연대로부터 단절된 '원자화된 대중'의 형성을 지목했다. 진정한 정치적 대화보다 감정적 반응을 우선시하는 디지털 환경에서, 아렌트가 중시했던 사유와 판단의 공간은 축소될 위험에 처해 있다.

결국 우리는 근본적인 민주주의적 질문으로 돌아가게 된다. '디지털 시대에 누구의 목소리가 증폭되는가?', '누구의 고통이 인식되는가?', '누구의 감정이 정치적 정당성의 근거가 되는가?' 이러한 질문은 단순한 학문적 관심사를 넘어, 디지털과 인공지능 시대를 살아가는 우리들에게 현대 사회의 핵심적인 윤리적 · 정치적 과제를 제시하고 있다.

참·고·문·헌

Arendt, H. (1951). *The origins of totalitarianism*. New York, NY: Harcourt, Brace and Company. 이진우 · 박미애 (공역) (2006). 〈전체주의의 기원〉. 파주: 한길사.

Arendt, H. (1958). *The human condition*. Chicago, IL: University of Chicago Press. 이진우 (역) (2019). 〈인간의 조건〉. 파주: 한길사.

Butler, J. (2004). *Precarious life: the powers of mourning and violence*. London: Verso. 양효실 (역) (2008). 〈불확실한 삶: 애도와 폭력의 권력들〉. 부산: 경성대학교 출판부.

Butler, J. (2009). *Frames of war: When is life grievable?* London: Verso. 한정라 (역) (2023). 〈전쟁의 프레임들: 삶의 평등한 애도가능성을 향하여〉. 파주: 한울아카데미.

Illouz, E. (2007). *Cold intimacies: The making of emotional capitalism*. Cambridge: Polity.

Massumi, B. (2015). *Ontopower: War, powers, and the state of perception*. Durham, NC: Duke University Press. 최성희 · 김지영 (공역) (2021). 〈존재권력: 전쟁과 권력, 그리고 지각의 상태〉. 서울: 갈무리.

Nussbaum, M. C. (2015). *Political emotions: Why love matters for justice*. Cambridge, MA: Harvard University Press. 박용준 (역) (2019). 〈정치적 감정: 정의를 위해 왜 사랑이 중요한가〉. 파주: 글항아리.

Plantinga, C. (2009). *Moving viewers: American film and the spectator's experience*. Berkeley, CA: University of California Press.

Richards, B. (2007). *Emotional governance: Politics, media and terror*. New York, NY: Palgrave Macmillan.

MEDIA DISCOURSE

Part

Ⅱ

미디어 담론의 쟁점들

Chapter 03

'개딸' 사례로 본, 포퓰리즘 담론에 갇힌 민주주의

구은정

2000년대 이후 세계 곳곳에서 포퓰리즘이 확산되고 민주주의가 침식되고 있다는 우려가 커지고 있다(Crick, 2005). 애초 포퓰리스트populist라는 어휘가 인민*을 둘로 나눠 무지몽매하고 파괴적인 정념에 지배당하는 (인민)민주주의를 막기 위해 사용된 언어라는 점에서,** 포퓰리즘의 병리적 현상에 주목하는 연구는 일면 타당하다. 그러나 포퓰리즘이 민주주의에 미치는 영향을 명확히 논증하거나 해석하긴 어렵다. 이러한 난제에 기대어, 논쟁과 담론에서 포퓰리즘이란 어휘는 부정적 의미를 함축해 정치적 반대편을 비난할 목적으로 주로 쓰인다(Mamonova & Franquesa, 2020). 실체적인 포퓰리스트 운동이나 정당이 존재하지 않는 우리나라에서도 포퓰리즘 담론은 정치와 언론에 단골로

* 이 글에서 시민, 대중, 인민은 모두 같은 뜻으로 쓰인다. 여기서는 김민철(2023)이 선택한 '인민'이란 어휘를 그대로 썼다.

** 김민철(2023)이 제시한, 프랑스 혁명기 보수공화파의 "정직한 사람들인 보수공화파와 유산자 편에는 근면하고 성실한 진정한 인민, 즉 무엇인가 잃을 것을 가진 인민이 있었고, 반대로 포퓰리스트 "자코뱅" 편에는 게으르고 나태하며 잃을 것이 없는 데다 항상 부자의 재산을 탐내고 복지와 구호를 바라기만 하는 인민이 있다."는 연설 내용은 '포퓰리즘'이란 어휘의 부정적 용법을 잘 드러낸다.

등장한다. 우리나라에서 포퓰리즘 담론은 재분배 정책이나 사회권에 대한 공격을 함축하고, 보수적인 정치가나 언론에서 반대편을 공격하기 위한 부정적 용법으로 주로 활용된다(진태원, 2013).

담론은 이데올로기적 종속의 직접적 도구가 될 수 있고, 어느 쪽 무기로 사용되느냐에 따라 의미가 고정된다(Macdonell, 1986/1992). 부정적 용법으로 활용되는 포퓰리즘 담론은 상대를 부정적 이미지로 가두는 무기가 된다. 한국 사회에서 정치 팬덤은 주로 포퓰리즘으로 호명되고, "팬덤보다 더 위험한 '팬덤'이라는 낙인"이 찍힌다(김내훈, 2023). 이 낙인은 포퓰리즘 담론을 매개로 민주주의에 대한 위협을 의미한다. 정치 팬덤은 팬 대상, 즉 '추종'하는 정치인과 감정적으로 동일시하고, 비합리적 열정으로 팬 대상을 무비판적 · 맹목적으로 지지하며, 반대편을 무분별하게 공격하는 포퓰리즘으로 비판받는다(성채린 · 이연호, 2023). 이러한 논의에서 주로 언론에 기사화된 자료를 근거로, 문자폭탄 · 감정적 비난의 언어들을 예로 제시한다. 담론이 불평등한 권력관계를 (재)생산하고 담론적 실천이 강력한 이데올로기 효과를 지닌다는 점을 고려할 때(류웅재, 2021), 포퓰리즘 담론 실천이 지닌 이데올로기적 효과는 자명해 보인다. 미디어를 매개로 포퓰리즘 담론은 정치 팬덤을 감정적 · 비이성적 · 무비판적이란 낙인에 가두는 이데올로기적 효과를 거둔다.

한편, 정치 팬덤에 참여하는 행위자들에 대한 질적 연구는 포퓰리즘 담론과 다른 해석을 전한다. 연구는 지지 정치인을 통해 자신들이 중요하다고 생각하는 사회적 · 정치적 가치를 실현하려는 공적 지향성과 팬덤 활동이 사회적으로 가치 있는 일이라는 인식을 행위자들의 목소리로 전한다. 예를 들어, 문재인 팬덤을 연구한 조은혜(2023)는 '실시간 검색어, 문자 발송, 18원 후원금' 등의 활동이 '과잉되거나 공격적이 아니라' 의제화 과정으로 시민들이 자신들의 의견을 사회에 반영하려는 의도라고 밝힌다. 이때 대중은 당연히 감정적이기도 하지만, 자신의 주장을 관철할 방법을 모색하고 행동하는 이성적 존재이기도 하다. 따라서 이들의 참여는 아래로부터의 일반 시민들의 자발적 정치 참여다. 이는 협소한 제도 정치 공간을 확장하고 민주주의 정치의 재활성화를 이루는 자원이 될 수 있다(이승원, 2021).

이러한 두 가지 상반되는 정치 팬덤 활동에 대한 해석에서 어느 쪽이 논리적으로, 학문적으로 '참'에 가까운지 논의하기는 어렵다. 다만 이 글은 무분별한 포퓰리즘 담론이 대중의 인식을 왜곡하고 정치 참여를 약화해 오히려 민주주의를 침식시킬 수 있다는 우려를 바탕으로, 정치 팬덤에 관한 '포퓰리즘 vs (대의)민주주의'라는 논쟁을 '어떤 민주주의인가?'라는 질문으로 전환하려 한다. 담론은 담론 이전에 먼저 존재했던 것들과의 연관성을 통해 설명된다(류웅재, 2021). 따라서 민주주의에 대한 침해를 기본값으로 설정한 포퓰리즘 담론을 넘어서기 위해, 민주주의가 무엇인지 다시 숙고하려 한다. 질문을 전환하기 위해 이 글은 먼저 '개딸'*의 사례로, 이데올로기로서 포퓰리즘 담론을 살펴본다. 둘째, 자크 랑시에르Jacques Ranciere가 논의한 '몫 없는 이들의 몫'의 재기입을 민주주의의 지향성으로 규명한다. 셋째, 정치적 목소리와 안전의 결여란 몫의 부재를 초점으로 개딸 현상을 논의한다.

* "개딸"이라는 용어는 tvN 드라마 시리즈 "응답하라"에서 사랑스럽고 장난기 많은 딸을 의미하는 용법에서 유래되었다. 이 용어는 이재명 후보가 2006년 SNS 게시물에 언급한 내용에 반응하여, 젊은 여성 지지자들이 딸이 되어 주겠다는 댓글이 정치적으로 주목받으며 쓰이게 되었다. 개혁의 첫 글자 "개"를 활용해, 개딸은 초기 민주적 개혁의 딸들이란 의미로 알려졌다(이해준, 2022, 4, 4). 그러나 개딸과 관련 부정적 이미지가 확산하면서 이재명 지지자들의 온라인 커뮤니티 창립자는 2023년 12월에 이 용어의 사용 중단을 요청했다(강수련, 2023, 12, 10). 따라서 본 연구에서 개딸은 제20대 대통령선거 시기 주로 20~30대 여성 이재명 후보 지지층을 의미한다.

1— 포퓰리즘 담론의 이데올로기적 효과: 팬덤보다 더 위험한 '팬덤'이라는 낙인

앞서 언급했듯, 실체적인 포퓰리즘 정당이 없는 우리 사회에서 포퓰리즘 담론은 주로 진보적 의제를 공격하고, 정치나 언론에서 반대편을 폄훼하기 위해 사용된다. 포퓰리즘을 핵심 주제어로 〈조선일보〉, 〈중앙일보〉, 〈경향신문〉, 〈한겨레〉 4대 일간지 사설을 박근혜와 문재인 정부 시기를 나눠 분석한 이기형 외(2022) 연구는 이를 실증적으로 밝혔다. 보수 언론으로 분류되는 〈조선일보〉와 〈동아일보〉에서 문재인 정부 때에는 포퓰리즘 관련 사설이 193건, 〈경향신문〉과 〈한겨레〉에서는 43건 게재되었고, 박근혜 정부 때에는 〈조선일보〉와 〈중앙일보〉에서 109건, 〈경향신문〉과 〈한겨레〉에서 30건 게재되었다(이기형 외, 2022). 종합적으로 볼 때, 포퓰리즘을 주제로 한 사설이 보수 언론에 302건, 진보 언론에 74건 게재되었다. 또 문재인 정부 시기 보수 언론에 가장 많은 사설이 게재되었다. 어느 쪽 무기로 사용되느냐에 따라 담론의 의미가 고정된다는 점에서(Macdonell, 1986/1992), 결국 우리 사회에서 포퓰리즘 담론은 보수 측이 유도하는 의미로 주로 통용되었다고 추측할 수 있다. 내용분석에서 드러난 '대중교통 무료 운행=박원순표 포퓰리즘', '사회연대세=포퓰리즘', '전 국민 재난지원금=현금 살포 포퓰리즘', '청년수당=복지 포퓰리즘'이란 포퓰리즘 어휘의 용례는 복지 정책을 공격하고 부정적 낙인효과를 의도한다는 것을 보여준다(이기형 외, 2022). 학문적으로는 포퓰리즘을 직접민주주의와 연결해 긍정적으로 재전유하기도 한다(Biglieri & Cadahia, 2021). 또한 유럽에서는 반이민, 민족주의, 유럽연합EU 회의론 등을 바탕으로 한 우파 포퓰리즘이, 남미에서는 반미주의, 사회 불평등 해소, 복지 확대 그리고 국유화 정책 등을 특징으로 한 좌파 포퓰리즘이 득세하는 것에서 보듯, 포퓰리즘은 어느 한

쪽의 정치 이념과 친화적이지 않다. 그러나 우리나라에서는 주로 보수 측에서 폄훼의 의도로 사용한다.

이 글에서 정치 팬덤의 예로 살펴볼 개딸 관련해서도 이와 크게 다르지 않다. 2022년 제20대 한국 대통령선거에서, 국민의힘 대표 이준석은 온라인 우익 문화의 부상에 편승하여 반(反)페미니즘에 뿌리를 둔 남성 청년 정치의 한 형태를 대표했다(김만권, 2021). 반(反)페미니즘 전략을 사용한 '이대남'*의 정치적 목소리에 화답하여, 당시 국민의힘 대통령 후보는 한국 사회에 구조적 여성 차별은 없다고 선언하고 여성가족부 폐지를 약속했다. 이러한 상황에서 20~30대 여성들은 자신들의 정치적 목소리를 대표할 인물로 더불어민주당 후보인 이재명을 선택했다. 거친 언행, 불륜 소문, 여자 친구를 살해한 조카 변호 등으로 부정적 이미지가 컸다. 선거 막바지에 나타난 지지율 상승은 20~30대 여성들 지지의 의미를 읽을 행간이다(Park, 2022). 이들의 지지는 개딸 현상으로 불렸다. 언론에서는 "팬덤 정치 = 포퓰리즘"이란 공식을 적용하며 논란을 키웠다.

언론에 나타난 개딸과 포퓰리즘을 살펴보기 위해 한국언론진흥재단의 빅카인즈Big Kinds를 통해, 2022년 1월 1일부터 2023년 4월 30일까지 기사를 첫째 '팬덤'과 '포퓰리즘'을 키워드로 연관 단어를 검색했고, 둘째 '개딸'을 키워드로 검색했다. 먼저 연관 단어를 보면, 개딸을 키워드로 넣지 않았음에도 상위 세 개의 관련 단어는 민주주의, 더불어민주당, 이재명으로 나타났다. 이는 앞서 우리나라에서 포퓰리즘이란 어휘가 주로 보수 측에서 상대를 공격하기 위해 사용한다는 이기형 외(2022) 연구와 같은 맥락이다. 그리고 포퓰리즘과 팬

* "이대남"은 20대 남성을 지칭하는 약어다. 이대남은 2010년에 논란이 된 온라인 커뮤니티 '일베'를 계승한 젊은 남성들의 우익 급진화에서 유래되었다. 일베는 여성, 진보 진영, 그리고 1980년 광주 민주화 운동을 상징하는 전라도를 겨냥한 공격적인 내용으로 알려져 있다(Park, 2022).

덤이 한국 정치문화에서 부정적 의미를 지닌다는 점을 고려할 때(조은혜, 2023), 이러한 단어 연관 관계는 더불어민주당과 이재명이 한국 민주주의에 미치는 부정적 인상을 전달하고 있음을 시사한다. 확인되지 않은 정보의 확산이 여론을 왜곡하고 민주주의를 침해할 수 있다는 것은 탈진실 정치의 부정적 특성 중 하나다(Hannan, 2018).

두 번째 '개딸'을 키워드로 한 검색에서는 두 개의 구간으로 구분된다. 처음에는 '팬덤'과 연관되고 두 번째는 '포퓰리즘'과 연관된 기사가 주를 이룬다. 첫 번째 구간은 2022년 3월부터 6월까지 이재명 후보가 선거에서 패배한 후 20~30대 여성이 더불어민주당에 적극적으로 참여한, 개딸이 알려진 시기다. 등장 초기부터 언론은 개딸 현상을 팬덤 정치와 연관해 부정적 어감으로 보도했다. 예를 들어 2022년 대통령선거 직후 3월 19일 〈조선일보〉 기사는 개딸과 이재명 간의 독특한 팬덤 관계를 상당한 분량을 할애해 자세히 묘사한다(김명일, 2022, 3, 19). 안경을 그려 넣은 '친칠라' 사진, 친근감을 표현하는 '자나체' 등을 소개하며 아이돌과 팬의 관계처럼 가볍게 묘사한다. 이런 묘사는 언뜻 우호적으로 보인다. 그러나 우리 사회의 미래를 함께 고민하는 정치인과 지지자가 아니라 덕후 놀이를 즐기는 철없는 어린 여성들의 감정적이고 비이성적 모습의 강조라 할 수 있다. 마지막 단락에서 젊은 여성들로 구성된 온라인 커뮤니티 '여성시대'를 언급한다. 해당 커뮤니티에서 "한남(한국 남자)은 가서 죽어라"라는 남성혐오 글을 인용하며 끝맺는다. 이 기사에서 '여성시대'라는 온라인 커뮤니티와 개딸의 직접적인 연관성은 언급이 없다. 개딸이란 여성 팬덤을 소개하며 남성혐오를 내용으로 하는 자극적인 문구를 인용해, 연관성을 암시할 뿐이다. 이재명의 대선 패배 직후 개딸이 본격적으로 결집하고 활동을 시작하던 이 시기는 개딸을 비판하는 주된 항목인 문자 폭탄, 욕설 문자 등이 나타나기 이전이다. 그러나 팬덤으로 호명되면서 이들이 정치인 이재명을 매개로 해결하고자 했던 정치적 이슈는 사라진 채, 덕후 놀이나 즐기는 그러면서도 남성혐오의 위험성을 지닌 양가적 이미지로 개딸은 그려졌다.

두 번째는 2023년 2월부터 3월까지 국회에서 이재명 체포동의안에 대한 논의와 표결이 진행되었던 시기다. 개딸은 이재명을 지지하는 정치적 목소리를 적극적으로 표현했고,* 언론은 개딸을 극단적인 포퓰리스트로 강하게 비판했다. 기사에서는 언어폭력 사례, 반대 의견을 가진 의원들을 악마화하고 연속적으로 문자와 팩스를 보내 공격하기 등을 예로 들어 개딸의 포퓰리즘적 스타일을 비판했다. 예컨대, 2023년 3월 4일 〈동아일보〉는 '내전', '테러리즘' 같은 자극적인 용어를 머리기사에 사용하며, '수박 7적'이란 표현과 이들을 나열한 포스터를 실었다(김지현, 2013, 3, 4). 기사는 "상대에 대한 악마화는 포퓰리즘의 제1원칙이다."라는 한 의원의 페이스북 글을 인용하고 "개딸들의 집단테러"라는 언급을 전한다. 이로써 포스터는 개딸에서 유래했고, 상대를 악마화하고 테러를 일삼는 개딸은 포퓰리스트라는 담론적 실천이 완성된다. 그러나 문제는 정작 포스터의 출처가 불분명하다는 점이다. 기사에서는 온라인 커뮤니티에 공개된 포스터라고 언급할 뿐, 어떤 커뮤니티인지 밝히지 않는다. 개딸–포스터–포퓰리즘이란 연결에서, 불분명한 포스터의 출처는 이 연결고리의 타당성을 의심하게 한다. 그러나 이 고리의 타당성을 의심하기에는 기사의 논조와 포스터 이미지가 너무 강렬하다. 이 시기 개딸에 관한 보도는 포퓰리즘 담론에 집중되어 있다. 이들의 정치적 목표가 무엇이고 그 목표가 민주주의와 같은 지향인지 묻지 않는다.

지금까지 간략히 검토한 것처럼, 개딸은 정치 팬덤으로 명명되면서 포퓰리즘 담론에 갇혀 과격하고 폭력적인 테러 집단 이미지로 낙인된다. 물론 문자

* 정치적 목소리는 그의 체포동의안이 정치적 억압에 해당한다고 믿는 데 근거하고 있다.

폭탄, 폭력적 언어 사용 등의 행위가 이런 낙인의 원인으로 지목될 수 있다. 불법이나 범법 행위는 마땅히 법적 처벌을 받아야 한다. 그러나 앞서 게으르고 나태하고 잃을 것 없는 무산자, 부자의 재산을 탐내고 복지와 구호만 바라는 인민을 포퓰리스트로 규정한 애초의 개념 자체가 혐오 표현일 수 있고, 테러 집단으로 규정하는 것도 언어폭력일 수 있다. 다시 말해, 포퓰리즘 담론은 어떤 정치 참여의 성격을 명확하게 규정하기보다 정치 팬덤을 부정적 낙인과 왜곡된 인식에 가둔다. 사실 대중의 참여라는 포퓰리즘과 민주주의의 교집합은 정치 팬덤을 보는 '포퓰리즘 vs (대의)민주주의'라는 대립하는 두 관점 모두에 정당성을 부여한다. 따라서 정치 팬덤 활동을 명확히 이해하기 위해서는 팬덤의 정치적 지향이 민주주의와 결을 같이하는지 우선 고려해야 한다. 이를 위해 다음 절에서는, 자크 랑시에르의 논의로 민주주의의 지향성이 무엇인지 간략히 살펴보겠다.

2 — 민주주의: '몫 없는 이들의 몫(part of the no-part)'의 재기입

랑시에르의 민주주의 이론은 세 가지 핵심 개념으로 구성된다. 데모스demos, 몫 없는 이들의 몫part of the no-part, 그리고 불화dissensus. 세 가지를 간략히 살펴보면 첫째, 랑시에르가 호메로스의 시에서 포착한 데모스는 발언할 권리가 없는 사람들로, 그들의 발화는 단순한 소음으로 간주할 뿐 공동체에서 의미를 나누는 소통으로 들리지 않는다(Rancière et al., 2023). '이들 자리/몫이 없는' 존재들은 '모든 사람everyone'의 범주로부터 배제당하는, '아무나anyone'의 존재다(오인용, 2021). 이동권을 가진 모든 사람의 범주에서 배제당한 이동권이 없는 존재들, 정치에 참여할 권리를 가진 아테네 모든 시민의 범주에서 배제당한 여성·노예라는 존재들, 거주할 권리를 가진 모든 국민의 범주에서 배제당한 불법체류자라는 존재들 등등이다. 랑시에르에게 데모스는, 발언 권리가 없었던 이들이 발언하고 사고할 권리에서 배제된 노동자들이 사고하는 주체가 되는, 즉 기존 질서를 따르는 것이 아니라 기존 질서와 불화하며 파괴하며 활동하는 정치적 주체다(Rancière et al., 2023). 둘째, 랑시에르는 지배와 피지배의 자격에 관한 플라톤의 논의에서, '지배할 아무런 자격이 없다는 자격'을 해방적으로 해석한다(Rancière, 2014). 자리를 가지지 못했던 존재, 즉 '몫 없는 이들의 몫'을 재기입해 배제되었던 '아무나anyone'의 몫을 '모든 사람everyone'과 같게 증진하는 과정이 민주주의다(오인용, 2021). 민주주의는 기존의 할당에서 기존의 질서에서 배제된 통치할 자격이 없는 이들의 통치, 언어를 갖지 못했던 이들의 발화, 육체적 노동만이 할당된 노동자들이 사유하고 시를 노래하는, 자리 변경의 정치적 지향이다(신명아, 2012). 셋째, '불화dissensus'는 민주주의의 발화점이다. 기존 질서와 불화하는 사람들은 일상생활 속에서 변화를 일으키며, 이를 통해 무엇이 가능한지에 관한 '모든 사람everyone'들의 인식을 재형성한다(Devenney & Woodford, 2023). 19세기 초·중반 노동자들이 단순한 노동자로 한정되는 기존 할당과 불화하며 예술가, 철학자, 시인 등이 되기를 추구했고, 프랑스 혁명 당시 여성은 여성에게 사적 영역을 할당했던 기존 경계를 해체하고 공적 영역의 주체로 재구성했다(Rancière, 2015). 이렇게 기존 질서, 경계, 할당, 틀 등과의 불화는 민주주의의 시작점이다.

랑시에르 논의에 따를 때, 기존 합의에서 몫 없는 이들, 즉 데모스의 몫을 제대로 셈하고 써넣는 것이 '민주주의의 지향성'이다. 지향성이라는 의미는 민주주의가 제도로 정착되는 것이 아니라, 몫 없는 자들의 몫을 재기입하는 과정의 연속이기 때문이다. "랑시에르가 생각하는 민주주의는 말할 수 없는 민중이 말하기 시작한다는 사건이며, 이것이 제도로서 고정된 순간 갱신되어야 하는" 움직임의 방향이다(양창렬, 2016).

3 — 몫 없는 이들, '개딸': 정치적 목소리와 안전의 결여

이 절에서는 앞서 논의한 '몫 없는 이들의 몫'의 재기입이라는 민주주의 지향성에 비춰, 개딸 현상을 간략히 검토하겠다. 시간이 흐르면서 팬덤의 위상도, 참여 형태도, 주장하는 정치적 의제도 변화한다. 따라서 아직 진행 중인 이재명 정치 팬덤을 전반적으로 분석하는 것은 가능하지 않다. 다만 이 글에서는 20대 대통령 선거 막바지에 이재명을 통해 자신들의 정치적 요구를 피력했던, 개딸 현상이 발생한 시점에 초점을 둔다. 이는 첫째, 선거라는 시기적 특성으로 정치적 요구가 명확하게 발화되기 때문이다. 둘째, 이들의 정치적 요구를 외면한 포퓰리즘 담론은 "팬덤보다 더 위험한 '팬덤'이라는 낙인"을 그대로 드러내기 때문이다. 당시 우리 사회의 20~30대 젊은 여성들에게는 안전과 정치적 목소리라는 몫이 부재했다. 따라서 이런 기존 질서와 불화하며 안전을 요구하는 정치적 발화는, '몫 없는 이들의 몫'의 재기입이라는 민주주의의 지향성과 조응한다.

랑시에르의 민주주의 개념을 활용해 개딸 현상이 민주주의와 조응할 수 있다는 점을 살펴보자면 첫째, 개딸이 모든 사람everyone에게 할당된 안전의 권리에서 배제된 데모스라는 해석은, 그들의 슬로건인 "모두, 언제 어디서나, 안전할 권리를 위해! 이재명이 해낼 것입니다."라는 구호에서 상징적으로 표현된다. 이 구호는 박지현의 TV 지지 연설에서 처음 등장했다. 앞서 언급한 바와 같이, 당시 이재명은 욕설, 조카 변호, 불륜 소문 등에서 초래된 부정적 이미지 때문에, 특히 젊은 여성들로부터 지지를 얻기 어려웠다. 이러한 상황에서 2022년 1월 27일, 26세의 박지현이 그에 대한 지지를 선언한 것은 20대와 30대 여성들이 이재명에 대한 견해를 재고하도록 하는 촉매제 역할을 했다.* 이는 당시 20~30대 여성들이 안전의 권리에서 배제되었다는 점을 드러내는 중요한 배경이다. 박지현은 '추적단 불꽃'의 활동가로, 'n번방 사건'으로 알려진 디지털 성착취 범죄를 추적하는 활동을 했다. 안전에 대한 두려움으로 2년 이상 '불Fire'이라는 익명으로 활동했던 그녀는, 2022년 1월 27일 처음으로 이름과 얼굴을 공개하며 이재명 지지를 선언했다. 한 인터뷰이interviewee는 〈여성신문〉에서 "(이재명)후보를 지지하지는 않지만, 박지현을 신뢰한다."라고 말한다(이하나, 2022, 3, 6). 박지현에 대한 신뢰는 'n번방 사건'을 지난하게 추적했던 그녀의 활동에 대한 지지다. 박지현을 매개로 한 이재명 지지는, 성 착취의 위험에서 벗어나려는 그들의 정치적 요구에 기인한다. 이 정치적 요구는 '안전할 권리'라는 슬로건과 조응한다.

페미니즘이란 어휘로 이들의 정치적 지향을 규정하지만, 여성의 권익 향상, 구조적 성차별 반대 등의 표현보다 더 절박하고 절실한 이들의 정치적 요구는 '안전'이다. 2016년 5월 '강남역 여성 살해 사건'과 그 후 '여성혐오' 논란, 2018년 128만 명 회원이 있는 아동 성 착취 영상물 거래 사이트 '웰컴 투 비디오 사건', 2019년 '버닝썬 사건', 2020년 'n번방 사건', 2022년 5월 부산 엘리베이터 앞 여성 폭행 사건, 2022년 9월 신당역 스토킹 살인사건, 2023년 8월 관악산 등산로 성폭행 살인사건, 2023년 11월 진주 편의점에서 머리가 짧다고 페미니스트라며 폭행한 사건 등등 일면식도 없는 여성을 대상으로 한 범죄가 끊이지 않는다. 언제 어디서나 강력범죄의 피해자가 될 수 있다는 두려움에 일상이 흔들린다. 〈한겨레〉 신문 기사를 보면 1995년부터 2000년까지 강력범죄 피해자 중 여성 비율이 29.2%에서 71.2%로 급증했고(김지은, 2022, 8, 19), 2009

* 선거 후 박지현은 이재명과 정치적 의견을 달리했고 개딸로부터 비판받았다.

년까지 70%대, 그 후로는 내내 80%대에 달한다(주재선 외, 2015). 2015년부터 2020년까지 89.2%에서 90.3% 사이에 고정되어 있다(주재선 외, 2021). 1995년 이후 강력범죄 피해자가 왜 주로 여성이 되었는지 원인은 불분명하고 이를 여성혐오의 표출로 단정하긴 어렵다. 그렇지만 이 통계는, 절박하게 생존의 위험을 느끼는 2030 여성들이 얼마나 간절히 '안전'을 지향하게 되었는지 추정하게 해준다. 안전에 대한 위협이 초래한 두려움이란 정서가 노골적으로 '젠더 갈라치기'와 '안티페미니즘'을 외치는 당시 국민의힘 후보 경쟁상대, 이재명 후보를 선택하게 한 추동력이다.

'불화'가 대립하는 당사자들과의 갈등이 아니라 기존 질서를 대상으로 한다는 점과(Rancière, 2015), "모두, 언제나, 어디서나, 안전할 권리를 위해!"라는 구호는 조응한다. 이 구호에서 안전의 권리는 몫이 부재한 그들에게로 한정되지 않고, 모두의 보편성으로 확장된다. 20~30대 젊은 여성들이 다른 모든 사람everyone들이 누리는 안전의 권리를 획득하는 것은,* 사회 전체적인 평등의 확장이다. 안전의 권리에서 배제된 여성들이, 이동권의 권리에서 배제된 장애인들이, 배제된 몫을 우리 사회에 재기입하려는 발화는 데모스의 주체화로 민주주의의 지향성과 조응한다(Rancière et al., 2023).

둘째, 고대 그리스 시인 호메로스가 데모스로 호명했던 발언할 권리가 없는 사람들은, 2022년 우리 사회에서 정치적 목소리가 결여된 20~30대 여성들과 중첩된다(Rancière et al., 2023). 나이 많은 사람이 젊은 사람보다, 남성이 여성보다 우위에 있는 계층적 문화가 지배해 온 오래된 유교 문화 유산 속에서, 젊은 여성들의 정치적 목소리는 발화되지 못한 또는 들리지 않는 소리였다(Koo,

* 안전을 위협하는 것은 성범죄 강력범죄 이외에도 여러 가지가 있다. 따라서 모든 사람에게 안전의 권리가 보장되었다는 것은 앞서 열거한 일면식 없는 여성 대상 범죄에 대해 20~30대 여성과 다른 사람들이 느끼는 두려움의 차이를 함의한 상징적인 표현이다.

2019). 이때 반(反)페미니즘이란 정치적 목소리를 높이던 '이대남'과 호응한 국민의힘의 반페미니즘 선거 전략의 비민주성과 수많은 여성 대상 강력범죄 사건들로 응축되었던 안전에 대한 두려움은, 이 발화되지 못한 20~30대 여성들이 정치적 목소리를 터트리는 기폭제가 된다. 이들의 발화는, 들리지 않던 말을 들리게 만드는 자리 변경으로, 민주주의의 지향성과 함께 서 있다(신명아, 2012).

들리지 않던 말을 들리게 만드는 자리 변경은 네 가지 과정을 거쳐 진행되었다. 첫째, 한국 민주화의 성과이자 상징인 87년 체제의 등장은, 여성에 대한 구조적 차별이 최소한 법적으로는 파기되어 절차적 수준에서 성평등의 제도화라는 성과를 가져왔다. 1987년 남녀고용평등법이 제정되었고, 그동안 당연하게 여겨졌던 결혼 · 임신 · 출산으로 인한 고용 및 노동에서의 여성에 대한 배제는 불법으로 규정되었다. 1990년대 균등한 자녀 상속권과 이혼 후 재산 분할에 관한 민법 개정으로, 딸과 아들이 차별 없이 상속받고 이혼 시 가사 노동의 경제적 기여를 인정하고 기여에 따른 재산 분할이 제도화되었다(Cho, 1995). 1950년대부터 지난하게 진행되었던 호주제 폐지 운동의 결실로 2005년 유교 문화의 상징이었던 호주제가 폐지되었다(Nam, 2010). 이러한 법 · 제도의 변화 속에서 둘째, 한국 사회에서 20대 여성들은 가장 성평등한 환경에서 성장했고, 여성인 자신들을 더 이상 약자로 보지 않게 되었다(국승민 외, 2022). 그러나 앞에서 살펴보았듯이 셋째, 폭력 범죄의 피해자가 될 일상적인 위협, 여성혐오에 대한 논란, 디지털 성범죄 등 새로운 형태의 "구조적" 차별은 법적 평등과 이에 대한 자신들의 인식과 '불화'한다. 넷째, 안전의 결여라는 새로운 구조적 차별과 반페미니즘이란 정치적 주장과 '불화'하며 그동안 들리지 않았던 자신들의 목소리를 들리게 하는 매개로, 이재명을 호명한다.

이 절에서는 랑시에르의 '몫 없는 이들의 몫'의 새기입이라는 민주주의 지향성에 비춰, 안전과 정치적 목소리의 결여라는 20~30대 여성들의 몫의 부재와 이 결여된 몫의 재기입이란 자리바꿈으로 개딸 현상을 해석했다. 이는 개딸 현상이 나타난 초기에 대한 해석이다. 따라서 개딸과 포퓰리즘 용어의 결합이 주로 이재명 체포동의안에 대한 논란 시기에 나타났고 이 시기와 다소 어긋난다는 점에서 한계가 있다. 그러나 정치 팬덤이 "추종"하는 정치인과 감정적으로 동일시하고, 비합리적 열정으로 팬 대상을 무비판적·맹목적으로 지지한다는 낙인이 통용되는 우리 사회에서 정치 팬덤은 늘 포퓰리즘과 호환된다. 무엇보다, 정치 팬덤이 지향하는 미래 사회를 만드는 데 영향을 미치려는 의도로 활동한다는 조나단 딘Jonathan Dean의 논의(2017)를 고려할 때, 개딸의 정치적 목소리에 초점을 둔 이 글은 유의미하다. 이 절의 논의는 팬 대상에 대한 맹목적 지지라는 분석보다, 안전의 권리를 요구하는 정치적 목소리를 공통 세계에 들리게 하려는 분명한 목적에 주목할 것을 요구한다.

4 — 민주주의 지향성에 대한 담론의 활성화를 기대하며

이 글은 미디어를 매개로 포퓰리즘 담론이 정치 팬덤을 감정적·비이성적·무비판적이란 낙인에 가두는 이데올로기적 효과를 비판하고, 정치 팬덤에 관한 '포퓰리즘 vs 민주주의'라는 논쟁을 "어떤 민주주의인가?"라는 질문으로 전환하는 것을 목표로 했다. 이를 위해 첫째, 개딸 현상을 사례로 포퓰리즘 담론의 이데올로기적 실천을 비판하고 둘째, 랑시에르의 논의에서 민주주의의 지향성을 포착하며 셋째, 이로 개딸을 다시 해석했다. 이를 통해 개딸 현상은, '안전'과 '정치적 목소리'라는 몫을 가지지 못했던 20~30대 여성들이 다른 사람들과 동등하게 자신들의 몫을 재기입하는 평등의 확장으로, '몫 없는 이들의 몫'의 재기입이라는 민주주의의 지향성과 같은 맥락을 해석했다. 근대 민주주의 이론은, 투표, 숙의, 참여, 추첨 등 대중의 의견을 모으는 방법, 즉 절차적 정당성으로 민주주의를 한정해, 모여진 의견이 민주적인지에 대한 논의를 사장했다는 한계가 있다. 이 한계는 민주주의를 가두는 포퓰리즘 담론을 허용하는 의도치 않은 결과를 초래했다. 따라서 이 글에서 랑시에르 민주주의 논의로 밝힌 '몫 없는 이들의 몫'의 재기입이라는 민주주의의 지향성은 민주적 정치 활동과 '몫 없는 이들'을 배제하고 억압하는 포퓰리즘적 정치 활동을 구분하는 관점으로 활용될 수 있다. "이 민주주의의 지향성은, 포스트 민주주의 시대 어떤 민주주의를 구상할 것인가?"라는 질문이다.

참·고·문·헌

강수련 (2023, 12, 10). 재명이네마을 개설자 "개딸 용어 쓴 언론사 정정보도 청구해달라" 청원. 〈뉴스1〉. URL: https://v.daum.net/v/20231210002121240?f=p

국승민 · 김다은 · 김은지 · 정한울 (2022). 〈20대 여자〉. 서울: 시사IN북.

김내훈 (2023). 팬덤보다 더 위험한 '팬덤'이라는 낙인. 〈황해문화〉, 통권 119호(2023년 여름), 432-440.

김만권 (2021). '우파 포퓰리즘'의 부상으로서의 '이준석 현상'. 〈황해문화〉, 통권 113호(2021년 겨울), 55-73.

김명일 (2022, 3, 19). 네티즌 "아빠 사랑해" 이재명 "개딸님 고마워"… 소셜미디어서 무슨 일이. 〈조선일보〉. URL: https://www.chosun.com/politics/politics_general/2022/03/18/WAIJCNHNS5G6LDHWSMTZHGPZLA/

김민철 (2023). 〈누가 민주주의를 두려워하는가: 지성사로 보는 민주주의 혐오의 역사〉. 파주: 창비.

김지은 (2022, 8, 19). 이유있는 언니들의 분노...통계로 짚어봤습니다 [더(The)친절한 기자들]. 〈한겨레신문〉.
URL: https://www.hani.co.kr/arti/society/women/745187.html

김지현 (2013, 3, 4). 개딸 vs 문파 내전... "문재인도 수박 7적"에 "친명이 테러방관". 〈동아일보〉.
URL: https://www.donga.com/news/Politics/article/all/20230303/118164133/1

류웅재 (2021). 〈미디어 담론 연구: 이론, 사례, 적용〉. 서울: 한나래.

성채린 · 이연호 (2023). 문재인 팬덤(fandom) 정치 현상과 뉴미디어 플랫폼. 〈문화와 정치〉, 10권 4호, 105-133.

신명아 (2012). 랑시에르의 민주주의와 '인민'(demos): 지성적 평등과 『프롤레타리아의 밤』. 〈비평과 이론〉, 17권 2호, 147-175.

양창렬 (2016). 자크 랑시에르: 제도도 이념도 아닌 민주주의론. 〈뉴 래디컬 리뷰〉, 통권 68호(2016년 여름), 59-87.

오인용 (2021). 감각작용의 정치성: 랑시에르 미학에서의 민주주의와 평등의 기입. 〈비평과이론〉, 26권 2호, 113-142.

이기형 · 황경아 · 김은정 (2022). 언론이 재현하는 '정치적 기획' 으로서의 '포퓰리즘'의 특징과 쟁점: 주요 일간지의 관련 사설에 관한 비판적인 텍스트 분석과 내용분석을 중심으로. 〈언론과 사회〉, 30권 3호, 187-276.

이승원 (2021). 팬덤 정치와 포퓰리즘: 대안적 정치문화를 위한 기획. 〈문화과학〉, 통권 108호(2021년 겨울), 105-124.
이하나 (2022, 3, 6). [인터뷰] 마스크 벗은 박지현 “이재명은 차악 아닌 최선... 여성의 미래 위해 선택을”. 〈여성신문〉.
URL: https://www.womennews.co.kr/news/articleView.html?idxno=220860
이해준 (2022, 4, 4). 18만명 모인 '재명이네 마을'...이장 된 이재명 “개딸 사랑한다”. 〈중앙일보〉.
URL: https://news.nate.com/view/20220404n08003?utm_source=chatgpt.com
조은혜 (2023). 〈'팬덤 정치'라는 낙인: 문재인 지지자, 그들은 누구인가〉. 서울: 오월의봄.
주재선 · 김영란 · 조선미 · 송치선 (2021). 〈2021년 국가성평등보고서〉. 서울: 한국여성정책연구원.
주재선 · 문유경 · 박건표 (2015). 〈2015년 한국의 성평등보고서〉. 서울: 한국여성정책연구원.
진태원 (2013). 포퓰리즘, 민주주의, 민중. 〈역사비평〉, 통권 105호(2013년 겨울), 182-217.

Biglieri, P., & Cadahia, C. L. (2021). *Seven essays on populism: For a renewed theoretical perspective*. Hoboken, NJ: John Wiley & Sons.
Cho, Mi-kyung. (1995). Korea: The 1990 family law reform and the improvement of the status of women. *University of Louisville Journal of Family Law, 33*(2), 431-444.
Crick, B. (2005). Populism, politics and democracy. *Democratisation, 12*(5), 625-632.
Dean, J. (2017). Politicising fandom. *The British Journal of Politics and International Relations, 19*(2), 408-424.
Devenney, M., & Woodford, C. (2023). Logics of democracy in the work of Ernesto Laclau and Jacques Rancière. In D. Payne, A. Stagnell, & G. Strandberg (Eds.), *Populism and the people in contemporary critical thought* (pp. 59-74). London, UK: Bloomsbury.
Hannan, J. (2018). Trolling ourselves to death? Social media and post-truth politics. *European Journal of communication, 33*(2), 214-226.
Koo, Eun-jung. (2019). Women's subordination in Confucian culture: Shifting breadwinner practices, *Asian Journal of Women's Studies, 25*(3), 417-436.

Macdonell, D. (1986). *Theories of discourse: An introduction*. Oxford, UK: Basil Blackwell. 임상훈 (역) (1992). 〈담론이란 무엇인가: 알튀세 입장에서의 푸코·포스트맑시즘 비판〉. 서울: 한울.

Mamonova, N., & Franquesa, J. (2020). Populism, neoliberalism and agrarian movements in Europe: Understanding rural support for right-wing politics and seeking progressive solutions. *Sociologia Ruralis, 60*(4), 710–731.

Nam, S. (2010). The women's movement and the transformation of the family law in South Korea: Interactions between local, national and global structures. *European Journal of East Asian Studies, 9*(1), 67–86.

Park, N. (2022). The origin and development of South Korean young men's right-wing radicalization. *Georgetown Journal of International Affairs, 23*(2), 153–160.

Rancière, J. (2014). *Hatred of democracy* (S. Corcoran, Trans.). London, UK: Verso Books.

Rancière, J. (2015). *Dissensus: On politics and aesthetics* (S. Corcoran, Trans.). London, UK: Bloomsbury Academic.

Rancière, J., Payne, D., Stagnell, A., & Strandberg, G. (2023). The people: Proper, common, improper. An interview with Jacques Rancière. In D. Payne, A. Stagnell, & G. Strandberg (Eds.), *Populism and the people in contemporary critical thought* (pp. 29–42). London, UK: Bloomsbury.

Chapter 04

다큐멘터리 영화와 담론전쟁

윤복실

역사는 승자의 기록이란 말이 있다. 이는 역사를 기록하는 주체가 권력을 가진 자들임을 의미한다. 그런데 엄밀히 말하자면 승자이든, 권력을 가진 자들이건, 기록은 글을 사용할 줄 아는 계층의 행위이다. 그래서 역사의 기록은 지배층 중에 권력을 가진 이들의 행위인 셈이다. 하지만 승자의 기록은 자신의 정당성을 세우기 위한 토대에서 쓰이게 마련이다. 따라서 승자의 기록에는 패자의 아픔과 원한 그리고 그 싸움 안에 어쩔 수 없이 동원되어 비극을 맞이해야 하는 피지배계층의 피눈물 등은 제외되는 법이다. 이는 역사의 기록을 비판적 관점에서 바라보아야 할 이유와 피지배층의 교육 필요성을 제기한다. 한국의 경우, 조선 전기에 세종대왕이 백성을 위해 훈민정음을 창제하고 반포했지만, 1930년대 한글 문해율 조사 결과가 30%였다는 것을 감안하면, 조선 시대의 훈민정음 실제 사용률은 매우 낮았다는 것을 짐작할 수 있다. 한국 사회의 문해율이 높아진 것은 1953년 정부가 '문맹 국민 완전 퇴치 계획'을 수립한 이후이다. 1955년 문맹률 조사 결과에 따르면, 한국 사회의 문해율은 77.7%였고 지난 2008년의 문해율은 98.3%이다. 이는 오늘날 한국 사회에서는 누구든 기록의 주체가 될 수 있다는 것을 의미한다. 그러나 누구나 진실을 기록할 것이라는 믿음은 전제되지 않는다.

한국 사회에서 기록을 통해 진실을 알리고자 했던 것은 다큐멘터리 영화 장르이다. 이는 지배적인 매체가 전달해야 할 사실을 전달하지 못하는, 혹은 하지 않았던 시대적 배경이 자리한다. 이에 한국의 초기 다큐멘터리 영화는 그러한 이야기들을 전달하였고, 그것은 진실이라고 불리었다. 이렇듯 한국 사회에서 다큐멘터리의 발전은 진실을 전달한다는 믿음을 기반으로 한다. 하지만 다큐멘터리가 진실을 전달한다는 전통적 믿음은 허상에 가깝다. 이는 노엘 캐롤 Noël carroll이 언급한 대로 다큐멘터리 텍스트가 헌신하는 것이 무엇인지 간과한 탓이다. 이러한 각성은 오늘날 정치 이념의 대척점에 있는 두 인물을 다룬 다큐멘터리 영화가 각각 흥행에 성공하면서 비롯되었다.

지난 2017년 4월, 노무현 전(前) 대통령(이하 노무현)을 다룬 이창재 감독의 다큐멘터리 영화 〈노무현입니다〉가 개봉되었고, 지난 2024년 2월, 개봉한 이승만 전(前) 대통령(이하 이승만)의 업적을 다룬 김덕영 감독의 다큐멘터리 영화 〈건국전쟁〉이 개봉되었다. 〈노무현입니다〉는 누적 관객 수 185만여 명을 기록하였고* 〈건국전쟁〉은 누적 관객 수 117만여 명을 기록하였다.** 두 작품은 2024년 현재 역대 정치 다큐멘터리 영화 중에서 흥행 1위, 2위를 달리고 있다. 하지만 이들 작품은 이념전쟁의 수단이 되었고 그로 인해 담론전쟁이 발발하였다. 이에 이 글은 한국 다큐멘터리 영화의 발전 과정을 살피고 담론전쟁의 원인을 파악하는 것에 그 목적을 두고자 한다.

* 나무위키에서 검색한 기록이다. 2024년 12월 현재 영화진흥위원회 인터넷 홈페이지 박스오피스에서는 <노무현입니다> 영화가 검색되지 않는다.

** 영화진흥위원회 홈페이지 박스오피스 역대 기록에 올라와 있는 통계이다.

1 — 한국 다큐멘터리의 탄생 배경

한국에서 다큐멘터리의 시작과 발전은 텔레비전 매체와 밀접하다. 이는 한국 최초의 다큐멘터리가 영화관이 아닌 텔레비전 매체를 통해서 소개되었기 때문이다. 1964년 8월 방송된 KBS TV의 〈카메라 초점〉이 한국인들이 처음 시청한 다큐멘터리이다. 〈카메라 초점〉은 시사다큐멘터리로 "정부의 신뢰감 조성과 명랑한 사회 분위기 조성을 위해 정부 건설사업과 사회 미담, 기타 전반의 중요 활동을 방송"하였다(KBS 연감, 1965: 김수안, 1999, 25-26쪽 재인용). 여기서 잠깐 주목할 것은 〈카메라초점〉이 1961년 12월 24일 KBS 개국하고 3년이 지난 후에 방송되기 시작했다는 점이다. 이는 다큐멘터리 제작이 그 특성상 녹화와 편집, 저장 장비 등 방송 인프라를 갖추지 못한 때문이다. 같은 이유로 텔레비전 드라마도 방송사 개국 초기에는 생방송으로 송출되었다. 그러던 다큐멘터리가 방송 프로그램으로 자리매김하게 된 것은 1964년 TBC-TV와 1969년 MBC-TV가 차례로 개국하면서다. 다시 말하자면, 방송 3사의 체제가 완성됐을 즈음에 방송 인프라가 갖추어졌으며 오늘날 형태의 다큐멘터리 프로그램이 제작되기 시작하였다는 것이다. 하지만 방송 3사 체제는 시청률 경쟁을 초래하였고, 급기야 방송 프로그램의 오락화 · 저질화 문제가 제기되었다.

사실, KBS는 국영방송의 형식으로 출범했지만, 재원 부족으로 1963년부터 광고 방송을 시작하였다. 그리고 광고 매출을 높이기 위해 오락프로그램 비중을 늘려나갔다. 그러한 상황 속에서 민영 방송인 TBC와 MBC가 차례로 개국하자 시청률 경쟁은 자연스러워질 수밖에 없었다. 하지만 시청률 경쟁으로 초래된 방송 프로그램의 오락화 · 저질화 문제는 정부가 방송을 통제하는 구실이 되었다. 결정적으로 1971년 1월 6일 박정희 전(前) 대통령(이하 박정희)의

'국가비상사태 선언'은 방송 편성에 대한 정부의 직접적인 통제를 가능하게 하였다. 제4공화국 정부는 1973년 2월 16일 방송법을 개정하였고 이에 따라 방송의 편성 비율이 조정되었다. 당시 "보도 방송 10% 이상, 교양 방송 30% 이상, 오락방송 20% 이상으로 개정되었다(최현주, 2018, 189쪽)."더불어 1976년 수립된 '시간대방송편성지침'은 방송사들의 편성을 획일적으로 만들었는데 다큐멘터리가 프라임 시간대에 편성되는 중요한 요인이 된다. 그런데 이러한 시대적 배경은 한국 사회의 다큐멘터리 제작과 장르의 다양성 확보에 기여한 아이러니로 자리한다.

한편, 방송 인프라 확보는 다큐멘터리가 방송 프로그램으로 자리매김하는데 절대적인 역할을 하였다. 이는 방송 장비의 발달이 다큐멘터리 제작 활성화에 큰 보탬이 되었다는 것을 의미한다. "현상된 러쉬 필름과 사운드 필름을 편집할 수 있는 최신형 독일제 편집기인 스틴벡 필름 편집기와 더불어 16mm 필름 카메라, 필름 자동현상기 등 새롭게 도입된 영상 제작 장비들이 다큐멘터리 제작을 기술적으로 더욱 용이하게 하였다(남성우, 1992, 202-216쪽: 최현주, 2018, 190쪽 재인용)." 이에 따라 시사 중심이었던 다큐멘터리는 역사, 문화, 휴먼 등 다양한 장르로 확산될 수 있었다. 그러나 이 시기의 텔레비전 다큐멘터리는 프로파간다Propaganda로써의 역할을 담당하였다. 즉, 박정희 정권의 정당성과 정책 홍보에 적극 이용된 것이다. 휴먼다큐멘터리도 예외는 아니었다. 한국 최초의 휴먼다큐멘터리로 기록되는 〈인간승리〉는 1980년 방송사가 통폐합될 때까지 방송되었는데 《KBS 연감》에 따르면 "지역사회의 숨은 역군, 사리를 떠나 지역 주민과 국가를 위해 앞장서는, 살아 있는 일꾼과 상록수, 지도자의 헌신적인 생활과 성공담을 그리는 인물 도큐멘터리"로 소개되어 있다(KBS 연감, 1973, 161쪽). 이와 같이 그 시절 정부의 방송 통제는 일상적이었는데, 1981년에 탄생한 제5공화국은 언론을 통폐합할 만큼 막강한 권력을 휘둘렀다. 이는 한국 사회에 다큐멘터리 영화가 탄생하는 배경으로 자리한다.

주지하듯이 1980년대의 대한민국은 군부 독재 정권에 대항하던 시기였다. 신군부에 의해 탄생한 제5공화국은 언론을 통제하기 위해 언론사들을 통폐합하였다. 제5공화국은 출범 시작부터 언론을 통제하였다. 따라서 "1980년대 한국 사회에서 방송제도권이나 충무로 상업영화제도 내에서 당시 군부 정권의 폭압적인 정치 상황이나 노동자들의 이익을 대변하는 다큐멘터리가 등장하는 것은 불가능했다(최현주, 2018, 230쪽)." 이에 따라 대학생을 포함한 시민 등은 스스로 현장을 기록하며 그것을 나누고자 하였다. 이 무렵 대중화되기 시작한 비디오카메라가 현장 기록에 큰 역할을 하였고 소규모 영화 집단이 만들어지면서 조직적인 '영화 운동', '영상 운동'이 이뤄지기 시작했다.

소규모 영화 집단은 비디오카메라를 가지고 억압받던 민중운동과 노동운동의 현장들을 기록하며 그 정체성을 형성해 나갔다. 이는 민중의 민주화 열망을 대변함이었다. 결정적으로 1987년 1월 박종철 물고문 사건과 1987년 6월 이한열 사망 사건은 민주화 열풍이 전국적으로 번지는 계기가 된다. 결국, 정부는 국민에 승복하고 '6 · 29 민주화 선언'을 발표하였다. 하지만 88년 서울 올림픽 개최를 앞두고 정부는 도시 정비를 한다는 이유로 판자촌을 철거하는 반민주적인 행태를 보였다. 이때, 김동원 감독은 철거 위기에 놓인 상계동 주민들을 카메라에 담아 〈상계동 올림픽〉(1988)을 상영하였고, 홍영숙 감독은 여성 노동자들의 삶과 투쟁을 다룬 〈변방에서 중심으로〉(1988)를 내놓았다. 이들의 활동은 한국 다큐멘터리 영화의 토대로 자리한다. 김동원 감독은 다큐멘터리 영화의 선구자로, 홍영숙 감독은 다큐멘터리 영화의 확장자로 이들은 각자의 방식으로 한국 다큐멘터리의 지평을 넓혀나갔다. 이에 따라 한국 다큐멘터리 영화는 은폐되었던 사실을 밝히며 지배적 언론에서 소외되었던 환경과 산업재해, 여성, 빈민 등의 문제를 심도 있게 다루면서 그 기반을 확립해 나갔다. 그러나 이 시기의 다큐멘터리 영화는 극장에서 상영되지 못하고 주로 영화제나 대학 캠퍼스, 노동조합 등의 장소에서 상영되었다. 정부의 감시와 통제가 끊이지 않았기 때문이다. 그러다 다큐멘터리 영화가 극장에서 상영되기 시작한 것은 1995년 변영주 감독의 〈낮은 목소리〉를 기점으로 한다. 이 영화는 다큐멘터리 영화사에 있어서 여러 의미를 갖는다. 이는 〈낮은 목소리〉가 극장에서 개봉된 최초의 다큐멘터리 영화라는 점과 일반인 후원을 통해서 제작되었다는 점 그리고 해외 다큐멘터리 페스티벌 출품을 시도했다는 점에서 그러하다.

주지하듯이 그리 멀지 않은 오래전, 다큐멘터리 영화는 "문화적 가치를 가지고 영화제와 예술영화전용관에서 유통되는 방식"으로 관객과 만났다(정민아, 2021, 3039쪽). 즉, 다큐멘터리 영화는 공공 자금이나 재단 및 비영리 단체 등의 후원을 받아서 제작하는 것이 일반적이었다. 이는 다큐멘터리 영화가 극장에서 상영될 만큼 관객을 동원해 수익을 남길 정도의 당시의 대중성을 획득하지 못한 문제에서 기인한다. 그럼에도 그 명맥을 유지할 수 있었던 것은 다큐멘터리 영화가 가진 리얼리티를 전달하고자 하는 당위성에 있다. 그러한 때에 변영주 감독은 〈낮은 목소리〉(1995)를 제작하고자 필름 구입비 10만 원을 후원하는 '100피트 회원'을 모집하였고 후원한 175명의 이름을 영화의 엔딩 크레디트에 올렸다(배장수, 2012, 4, 14). 아마 후원금이 부족했다면, 극장 상영은 불가능했을 것이다. 안해룡 감독의 〈나의 마음은 지지 않았다〉(2007)의 엔딩 크레디트도 670명의 이름이 올라가는데, 이들은 영화 제작비를 댄 일본 시민들과 '재일위안부재판을 지원하는 모임' 회원들이었다. 그런 가운데 2009년 이충렬 감독의 〈워낭소리〉는 다큐멘터리 영화의 새로운 가능성을 보여주었다.

이충렬 감독의 〈워낭소리〉는 한평생 소와 함께 농사를 지은 초로의 농부 삶을 한 편의 드라마처럼 보여주는데, 2008년 부산국제영화제PIFF 메세나상,

서울 독립영화제 관객상 등 다수의 영화제에서 수상하고, 2009년 미국 선댄스Sundance 영화제 다큐멘터리 국제 경쟁 부문에 진출하였다. 그에 힘입은 〈워낭소리〉는 상업영화처럼 관객을 통해 수익을 남길 수 있음을 보여주었고, 지금까지 한국 다큐멘터리 영화가 보여준 적이 없는 예술성과 화제성을 증명하였다. 이를 계기로 한국 다큐멘터리 영화는 스토리텔링을 적극적으로 고민하게 되었으며 드라마 형식은 다큐멘터리의 새로운 유형으로 자리하게 되었다. 이후 장애인 부부의 사랑을 그린 이승준 감독의 〈달팽이의 별〉(2012)이 암스테르담 국제다큐멘터리영화제IDFA 장편경쟁부문 대상, EBS 국제다큐영화제EIDF 관객상과 유니세프상 등 다수의 영화제에서 수상의 영광을 안으면서 크게 주목을 받았다. 본격적인 다큐멘터리 영화의 가능성은 진모영 감독의 다큐멘터리 영화 〈님아, 그 강을 건너지 마오〉(2014)를 통해 엿보게 된다. 〈님아, 그 강을 건너지 마오〉는 누적 관객 수 480여 만 명을 기록하면서 2024년 12월 현재까지 다큐멘터리 영화 역대 흥행 1위라는 독보적인 기록을 유지하고 있다. 그런데 〈워낭소리〉와 〈님아, 그 강을 건너지 마오〉는 애초에 텔레비전 다큐멘터리 프로그램으로 기획된 작품이었다. 하지만 방송사에서 편성을 받지 못해 우여곡절 끝에 영화로 재탄생한 것이다(김고은, 2009, 1, 20). 〈님아, 그 강을 건너지 마오〉도 미니 다큐멘터리 시리즈로 방송된 작품이었고 여기에도 방송사의 불공정 관행이 자리한다(구보라, 2017, 8, 28). 이때, 〈님아, 그 강을 건너지 마오〉의 극장 상영이 가능했던 것은 대명문화공장으로부터 1억 원 이상을 투자받은 것이 결정적이었다(임소연 · 이윤철, 2017).

실상, 한국의 많은 다큐멘터리 영화 감독들은 외주제작을 통해 텔레비전 방송사의 다큐멘터리를 담당해 왔다. 그러나 2천 년대 접어들어 다매체 · 다채널 시대가 되면서 다큐멘터리 영화 감독들은 방송사에서 설 자리를 잃기 시작한다. 이는 낮은 시청률을 이유로 방송 편성에서 다큐멘터리를 제외하면서 일어난 현상이다. 그러던 중에 〈워낭소리〉가 국내 영화제뿐만 아니라 해외 영화제에서 호평을 받으며 관객 동원에 성공함으로써 한국 다큐멘터리 영화사에 새로운 이정표를 세운 것이다. 더불어 박봉남 감독 〈아이언 크로우즈〉(2009)의 암스테르담 국제 다큐멘터리 영화제IDFA 중편 부문 수상, 고(故) 이성규 PD의 〈오래된 인력거〉의 암스테르담 국제다큐멘터리영화제IDFA 노미네이트(원성윤, 2009, 12, 1) 등의 쾌거는 다큐멘터리 영화 감독들의 눈을 해외로 돌리는 계기로 작용한다(구보라, 2017, 8, 28). 이는 다큐멘터리 영화 제작의 새로운 원동력이 되기에 충분하였다. 다른 한편, 전 세계적으로 확산된 크라우드펀딩은 한국의 다큐멘터리 영화 제작에도 영향을 미치기 시작하였다.

2 — 다큐멘터리 영화와 크라우드펀딩 그리고 …

2천 년대에 들어서면서 온라인을 기반으로 하는 크라우드펀딩은 전 세계적으로 각광을 받으며 부상했다. 세계 최초의 크라우드펀딩 플랫폼은 '인디고고'로 2008년 1월 문을 열었다(김슬기, 2011, 6, 14). 한국에서 크라우드펀딩이 본격적으로 이루어진 것은 2011년 최초로 후원형 크라우드펀딩 플랫폼이 생기면서다(김현정, 2017, 208쪽). 하지만 크리우드펀딩을 통해 다큐멘터리 영화가 활성화된 것은 2016년이다. 이는 2016년 개봉된 전인환 감독의 〈무현, 두 도시 이야기〉와 최승호 감독의 〈자백〉을 통해서였다. 먼저, 〈무현, 두 도시 이야기〉는 노무현 대통령 서거 7주년이 되는 5월 23일 영화의 개봉을 위한 크라우드펀딩을 오픈했고 총 1억 원을 모금하였다. 최승호 감독은 국정원 간첩 조작 사건을 다룬 〈자백〉을 제작하기 위해 2016년 6월 13일에 크라우드펀딩을 오픈했다. 〈자백〉 제작팀은 짧은 시간 내에 4억 3천여 만 원을 모으는 데 성공했다(이진욱, 2016, 6, 13). 그리고 개봉 후 관객 14만여 명이 관람함으로써 흥행에 성공하였다. "이러한 성공은 한국의 다큐멘터리 영화사에서 정치 · 사회적인 다큐멘터리가 활성화되는 기반이 되었다(임소연 · 이윤철, 2017, 514쪽)."

크라우드펀딩을 통한 다큐멘터리 영화 제작의 본격화는 크라우드펀딩사 '펀딩21'이 출범하면서다. '펀딩21'은 2013년 6월 12일 시범운영을 거쳐 19일 정식 오픈하였다(홍석재, 2013, 6, 10). 크라우드펀딩을 통한 다큐멘터리 영화 활성화는 영화 제작뿐만 아니라 배급과 홍보에도 기여하는 바가 크다. 이는 크라우드펀딩이 SNS와 같은 인터넷을 기반으로 하기 때문이다. 2013년 위안부 할머니를 다룬 권윤덕 작가의 그림책《꽃할머니》의 제작 · 출간 과정을 담은 권효 감독의 〈그리고 싶은 것〉, 재일교포 학생야구단의 42년의 역사를 그린 김명준 감독의 〈그리운 이방인〉, 김금화 만신의 인생을 담은 박찬영 감독의 〈만신〉, 독도를 다룬 이혁 감독의 〈The Island〉 등 다수의 작품이 이 시기에 제작되었다(문화일보, 2013, 8, 18). 상업영화를 포함해 2013년 총 100여 편의 한국 영화가 크라우드펀딩을 통해 제작비의 일부를 모금하는 데 성공하였다(송주희, 2014, 5, 1). 여기에서 중요한 것은 보수언론을 비판한 태준식 감독의 〈슬기로운 해법〉(2014), 삼성반도체의 산업재해 문제를 다룬 홍리경 감독의 〈탐욕의 제국〉, 세월호 참사를 다룬 김동빈 감독의 〈업사이드 다운〉(2015) 등 사회적으로 민감했던 주제들도 제작되기 시작하였다는 점이다. 이러한 가운데, 이창재 감독은 2017년 〈노무현입니다〉로 흥행 돌풍을 일으킨다.

〈노무현입니다〉가 개봉되기 이전에 정치인을 조명한 다큐멘터리 영화는 대중으로부터 크게 주목받지 못하였다. 처음 노무현을 조명한 다큐멘터리는 2016년 전인환 감독이 만든 〈무현, 두 도시 이야기〉인데, 약 19만 명의 관객 동원에 그쳤다. 물론 다큐멘터리 영화 성적으로는 나쁘지 않다. 그런데 〈노무현입니다〉의 성공은 폭발적이었고 상업영화 그 이상이었다. 그 영향 때문인지, 2019년 김재희 감독의 〈노무현과 바보들〉, 2020년 김재희 감독의 〈노무현과 바보들: 못다한 이야기〉, 〈시민 노무현〉 등 노무현을 다룬 다큐멘터리가 연이어 제작되었다. 이 다섯 작품은 모두 노무현의 정치적인 여정과 인간적인 면모 등을 주요 서사로 한다. 노무현 외에 다큐멘터리의 주인공으로 다수 등장한 정치인은 김대중 전(前) 대통령(이하 김대중)이다. 2019년 신상민 감독의 〈행동하는 김대중〉, 2022년 김진홍 감독의 〈존경하고 사랑하는 국민 여러분〉 등이 있다. 그리고 지난 2024년 1월, 김대중 탄생 100주년을 기념하여 개봉된 민환기 감독의 〈길위에 김대중〉이 있다. 이 다큐멘터리는 지난 2024년 11월 일본에서 개봉되기도 하였다. 이렇듯 전직 대통령을 다룬 다큐멘터리 영화는 소위, 진보 진영의 대통령을 위주로 제작되었다. 따라서 보수 진영의 대통령을 다룬 다큐멘터리는 그 제작 편수가 적은 편이다. 이는 상대적으로 늦은 출발에 그 원인이 있다.

지난 2024년 2월 이승만 전(前) 대통령(이하 이승만)의 업적을 다룬 두 영화가 개봉하였다. 하나는 김덕영 감독의 〈건국전쟁〉이고 다른 하나는 권순도 감독의 〈기적의 시작〉이다. 지난 2022년 6월에 송상민 감독의 박근혜 전(前) 대통령(이하 박근혜)을 다룬 〈위대한 침묵〉이 개봉하였는데, 박근혜를 조명하기보다 박근혜의 탄핵에 문제가 있음을 알리는 내용을 서사로 한다. 이를 통해 보수 진영에서는 이승만을 다큐멘터리 영화의 주인공으로 가장 많이 다루었음을 알 수 있다. 문제는 보수와 진보 진영에서 각자 정치인 다큐멘터리를 통해 영웅 만들기를 시도한다는 점에 있다. 물론 역사의 해석은 얼마든지 자유로울 수 있다. 그러나 다큐멘터리라면, 긍정과 부정의 논리를 균형 있게 전달해야 한다.

3 — 미디어가 만들어왔던 영웅

영웅 이야기는 동서양을 막론하고 인류와 태고부터 함께했다. 영웅은 사회 · 정치적으로 필요한 존재이기 때문이다. 그에 따라 영웅은 미디어에서 늘 존재해 왔다. 세계 1차 대전을 겪으면서 영웅은 숭배의 대상에서 대중적 영웅으로 그 개념이 변화하였지만, 아직도 영웅은 사회 · 정치적 맥락에서 소비되고 있다. 이는 지금도 영웅으로 소환되는 조선 시대 이순신 장군의 사례를 통해서 충분히 설명된다.

조선 시대의 이순신 장군은 한국인들이 가장 친근하게 여기는 영웅이다. 이는 미디어에서 그만큼 이순신 장군을 많이 소환했다는 것을 뜻한다. 또한 미디어가 이순신 장군의 영웅화에 깊게 관여되어 있다는 것을 의미한다. 즉, 이순신은 만들어진 영웅이라는 것이다. 물론, 이순신 장군은 영웅의 칭호를 받을 만큼 훌륭한 인물이다. 단지, 이순신 장군이 지금까지도 영웅으로 칭송받을 수 있었던 이유가 정치적 맥락이 작동했다는 것을 말하려는 것이다. 조선 시대에 이순신 장군에 대한 평가는 최고의 수군 지휘관으로서의 내용이 주를 이룬다. "대부분 조선 왕조에 바친 그의 충성심과 장수로서 죽음을 두려워하지 않고 싸운 그의 용맹과 절개에 초점이 맞춰져 있다(이상록, 2005, 311쪽)." 이는 정조와 숙종 등의 역할이 크다. 정조는 유교적 질서를 확립하기 위해 충무공 전서 편찬 사업을 벌였고, 숙종은 이순신을 임진왜란 중에 중화문화를 수호했던 인물로 승화하기 위해 이순신 현창(顯彰) 사업을 진행했다. 이러한 이순신이 민족적 영웅으로 변모하기 시작한 것은 구한 말이다.

구한 말의 개화된 지식인들은 대중의 민족주의적 사고를 높이기 위해 이순신을 재해석하기 시작하였다. 이는 개화 지식인들이 민족 서사를 통해 대중들로 하여금 공동체의 역사를 쉽게 받아들이고 빨리 감화되는 것을 중요하게 여

졌기 때문이다. 이때, 대중이 쉽게 이해하고 감화되는 미디어는 전기 소설이었다(이상록, 2005, 313쪽). 신채호는 1908년 〈대한매일신보〉에 수군제일위인 이순신(水軍第一偉人李舜臣)이라는 제목의 소설을 연재하였는데 이 소설에서 이순신은 충신보다 국가를 중심에 놓고 사유하는 영웅으로 묘사되었다. 그리고 소설가 이광수는 〈동아일보〉 편집국장 시절에 이순신의 역사적 행적으로 훑어보는 기행문과 역사소설《이순신》을 연재하였다. 이는 민족지도자의 출현을 고대하는 동시에 대중의 영웅 숭배적 태도를 촉구하기 위함이었다. 이러한 민족주의적 사고 증대를 위한 이순신의 영웅 만들기는 박정희 정권에서 꽃을 피운다.

박정희 정권은 국가 프로젝트 차원에서 이순신 장군을 영웅화하였다. 현충사 성역화 작업과 충무공탄신기념일 제정, 서울 광화문에 건립된 이순신 동상 등이 대표적이다. 또한 박정희 정권은 이순신 위인전, 난중일기 출판을 적극적으로 장려하였다. 뿐만 아니라, 박정희 정권은 1972년 4월《충무공 정신의 생활화》를 발간하기도 하였는데 이 과정에서 이순신 영웅 만들기가 전면적으로 드러난다. 이러한 이순신의 영웅화는 현대의 소설 속에서도 재현된다. 김훈의《칼의 노래》가 그러하다. 지난 2001년 출판된 이 소설에서는 "이순신의 영웅신화를 탈영토화하는 것처럼 보이지만, 실은 민족영웅으로서의 이순신을 재영토화하는 효과"를 불러일으킨다(이상록, 2005, 355쪽). 또한 지난 2004년 방송된 KBS 드라마 〈불멸의 이순신〉에서 이순신은 인간적 결점을 가진 영웅이다. 그 결과, 영웅 이순신은 대중과 훨씬 가까워진다. 특히, 다큐멘터리 영화는 실제 인물을 통해 메시지를 전달하기 때문에 영웅 만들기에 더욱 적절한 장르로 기능할 수 있다.

다큐멘터리의 아버지로 불리는, 존 그리어슨John Grierson은 다큐멘터리의 역할이 계몽적이고 교훈적이어야 함을 강조한다. 그는 다큐멘터리 영화가 단순한 기록이 아닌 사회적 메시지를 전달하여야 한다고 믿는다. 이러한 그리어슨의 전통은 아직까지도 다큐멘터리 현장에서 유효하다. 하지만 다큐멘터리가 드러나지 않은 진실을 전달하기 위한 것이 아닌, 수단이 될 때는 이야기가 달라진다. 이는 다큐멘터리 영화가 크라우드펀딩을 통해 제작하게 되면서 야기된 문제로 2024년 2월 〈건국전쟁〉이 개봉되면서 비롯된 담론전쟁은 많은 것을 시사한다.

크라우드펀딩을 통해 다큐멘터리 영화 제작이 활기를 띠면서 정치인을 다룬 다큐멘터리가 본격적으로 등장하였다. 앞서 서술했듯이 〈무현, 두 도시 이야기〉(2016)가 그 출발이다. 전인환 감독의 〈무현, 두 도시 이야기〉는 노무현 대통령 서거 7주년이 되는 5월 23일 영화의 개봉을 위한 크라우드펀딩을 본격 오픈했고, 총 1억 원을 모금하였다. 그리고 같은 시기에 이창재 감독도 크라우드펀딩을 통해 〈노무현입니다〉의 제작비를 마련하고 2017년 개봉하였다. 이때, 〈노무현입니다〉는 185만 명이라는 관람객을 동원하면서 한국 다큐멘터리 영화 중에서 역대 흥행 순위 2위라는 기염을 토했다. 정치인 다큐멘터리 영화로는 2024년 12월, 현재까지 정치인 다큐멘터리 중 흥행 성적 1위라는 압도적인 기록을 유지하고 있다. 그 이후로 정치인을 다룬 다큐멘터리 영화가 다수 제작되었다. 조국 전(前) 법무부 장관(이하 조국)을 조명한 이승준 감독의 〈그대가 조국〉(2022), 문재인 전(前) 대통령(이하 문재인)을 조명한 이창재 감독의 〈문재인입니다〉(2023) 등이 그것이다. 지난 2024년 1월, 김대중 탄생 100주년을 기념해 제작된 민환기 감독의 〈길위에 김대중〉(2024)이 개봉되었다. 그리고 2024년 2월 이승만의 업적을 다룬 김덕영 감독의 〈건국전쟁〉이 개봉되었다. 그야말로 정치인 다큐멘터리 영화의 전성시대가 개막된 것이다. 그런데 순수하게 기뻐할 상황만은 아닌 것이 분명하다. 여기에는 자본의 질서가 존재하기 때문이다.

보통, 다큐멘터리 영화의 손익 분기점은 상업영화보다 상대적으로 낮다. 이는 다큐멘터리 영화의 제작비가 상업영화보다 상대적으로 저렴하기 때문이다. 예를 들어서 〈노무현입니다〉의 순 제작비는 3억 원이지만, 누적 관객 수 185만 명을 기록하면서 145억 원의 매출액을 올렸고, 조국 사태를 다룬 〈그대가 조국〉(2022)의 제작비는 4억 원 정도지만, 크라우드펀딩을 통해 26억 천만 원을 모아서 누적 매출액이 31억 1,045만 원이다. 그리고 〈건국전쟁〉은 순 제작비 3억 원으로 117만 명의 관객을 동원함으로써 109억 원의 수익을 올렸다. 때로는 관객 동원보다 크라우드펀딩으로 더 많은 수익을 남긴 사례도 있다. 문제의 심각성은 크라우드펀딩을 통해 제작되는 정치인 다큐멘터리 영화가 영웅 만들기에 집중한다는 점에 있다. 이는 다큐멘터리가 정치적 맥락보다 인물에 서사를 집중하는 것에서 기인한다. 예를 들어서 〈노무현입니다〉(2017)는 '만년 꼴찌'로 통한 국회의원 노무현이 어떻게 대통령이 되었는지를 보여준다. 〈노회찬6411〉(2021)은 용접공에서 진보 정치인이 되기까지, 사회의 약자들을 위해 노력했던 노회찬 의원의 모습이 담겨 있다. 〈그대가 조국〉(2022)은 교수로 재직하던 조국 전(前) 민정수석이 법무부 장관에 지명된 순간부터 언론과 검찰의 숱한 의혹 제기로 겪게 된 상황과 사직서를 쓰기까지 67일간의 기록을 담고 있다. 〈건국전쟁〉은 오늘날 대한민국이 존재하게 된 근원으로 이승만을 보여준다. 이러한 식이라면 정치인을 담은 다큐멘터리 영화는 결국 영웅 이야기일 수밖에 없다. 이에 따라서 정치인들을 영웅화하는 다큐멘터리 영화 제작이 옳은 일인지 의문이 제기된다. 이는 궁극적으로 다큐멘터리가 진실을 전달하고 있는지에 대한 근본적인 질문이다. 이에 역대 정치인 다큐멘터리 영화 1, 2위를 차지하는 〈노무현입니다〉와 〈건국전쟁〉을 통해서 의문을 해소해 보고자 한다.

4 — 진보와 보수, 각자의 영웅 만들기: <노무현입니다>와 <건국전쟁>

다큐멘터리 전통은 사회적 목적에 그 가치를 두고 있는 그리어슨 모델과 텔레비전을 기반으로 한 저널리스틱 모델, 그리고 완전한 관찰자 역할을 강조하는 다이렉트 시네마 모델로 이루어졌다. 오늘날 다큐멘터리에서 인터뷰가 주효한 요소가 된 것은 저널리스틱 모델에 있다. 이는 객관성과 공정성 확보를 위해 '인터뷰'를 중요하게 여겼기 때문이다. 이러한 다큐멘터리의 전통은 다양한 양식으로 발전하였는데, 다큐멘터리 제작에서 가장 많이 쓰이는 양식은 설명적 양식이다. 이는 설명적 양식이 내레이션을 통해 사실과 정보를 전달하기에 용이하기 때문이다. 정치인 다큐멘터리 영화 흥행 1, 2위를 차지하는 〈노무현입니다〉와 〈건국전쟁〉도 설명적 양식으로 구성되었다. 이는 두 영화가 객관성과 공공성을 제공하는 토대로 인터뷰와 사실의 기록으로써 영상자료를 통해 서사를 전개한다는 것을 의미한다. 물론 〈노무현입니다〉는 내레이션이 없지만, 인터뷰와 영상자료를 통해서 그 서사가 충분히 설명되기 때문에 설명적 양식에 해당한다. 구체적인 분석을 위해 먼저 기승전결을 통한 서사를 확인하였다.

다큐멘터리 영화 〈노무현입니다〉와 〈건국전쟁〉 서사 비교

	〈노무현입니다〉	〈건국전쟁〉
기	• 1992년 제14대 국회의원 선거에서 낙선한 노무현 • 이어 부산시장에서 낙선하고 1996년 총선에서도 실패하지만, 노무현은 정치에 대한 끈질긴 의지를 다짐함 • 결국 1998년 노무현은 국회의원 보궐선거에서 당선되며 정치를 개척해 나가기 시작함	• 한반도 분단에 있어서 이승만에 대한 역사적 논쟁이 있음 • 이승만의 토지개혁은 대한민국의 민주주의 발전에 큰 영향을 미쳤음
승	• 1998년, 노무현은 정치인으로서 살아남기 위해 '결코 굴복하지 않고 결코 타협하지 않겠다'는 신념을 세움 • 노무현은 지역 간 갈등 해소와 동서통합을 주요 목표로 설정하고, 이러한 의지를 다각도로 추진해 나가며 정치적 기반을 다져감	• 이승만의 지성과 결단력이 없었다면 대한민국은 현재 존재하지 않았을 것임 • 이승만은 북한의 남침과 같은 위기도 막아냈다는 평이 있음 • 그런데 이승만이 4·19 혁명 당시, 권력을 유지하기 위한 결정들이 국민의 실망으로 이어졌다는 주장이 제기됨
전	• 2000년, 노무현은 본격적으로 대선 후보로 나서기 위해 16대 총선에서 지역 갈등을 넘어서자는 결단을 내림 • 노무현 캠프의 지지 세력이 확산되고 그의 정치적 인지도와 지지가 급등하기 시작하면서 '노풍'이 일어남	• 4·19 혁명은 이승만 정부에 대한 대중의 저항이 절정에 달한 시점 • 이 시기에 학생들과 국민들은 민주주의의 이상을 갈망하며 거리로 나섰음 • 이는 이승만의 앞서간 정책들에 대한 강한 반발의 결과로, 이승만은 역사의 주인공으로 남지 못하게 되었음
결	• 2002년, 대선에서 노무현은 성공적으로 당선되어 대한민국의 16대 대통령이 됨 • 그는 동서화합을 위한 의지를 지속적으로 표명하며 정책을 통해 국민과의 소통을 강화해 나감 • 노무현은 대통령 재임 기간 동안 여러 정책적 성과와 어려움이 있었는데, 그는 최선을 다하며 정치의 정직함과 정의를 추구한 정치인으로 남음	• 결국 이승만은 하와이로 망명하게 되며, 그의 유산은 현대 한국에서 여전히 논란의 중심에 있음 • 이승만의 꿈과 고난, 역사적 위치가 어떻게 오늘날까지 영향을 미치고 있는지를 살펴봐야 함 • 이승만의 정책과 그 역할에 대한 평가는 극단적으로 나뉘며 그에 대한 감정은 여전히 강렬함 • 오늘날 한국 사회에서 이승만은 여전히 다양한 평가를 받고 있으며 그에 대한 후속 연구가 필요함

앞의 표에서 확인되듯이 〈노무현입니다〉의 서사는 시간의 순서에 따른 선형적 구조를 따른다. 이 서사의 출발은 1992년 14대 국회의원 선거에 낙선한 정치 신인 고(故) 노무현 대통령이 1998년 15대 국회의원 보궐선거로 국회에 입성한 당시로 거슬러 올라간다. 그리고 2% 꼴찌의 지지율을 기록했던 여당 대통령 경선 후보가 대통령으로 당선되기까지의 여정과, 퇴임 후 갑작스러운 사망 소식을 전하는 것으로 이루어졌다. 그리고 서사는 다음과 같은 세 가지 특징을 보이며 전개된다. 첫 번째 특징은 내레이션이 없다는 점이다. 다큐멘터리에서 내레이션은 다큐멘터리의 주제와 관련된 중요한 정보를 전달하고, 화면에 나타나는 장면이나 인터뷰 내용을 보충 설명함으로써 시청자들이 내용을 더 쉽게 이해할 수 있도록 돕는다. 또한 내레이션은 특정 감정을 유도하기 위해 사용되며 주제를 전환할 때, 서사의 흐름이 끊어지지 않게 유도하는 역할을 한다. 그런데 〈노무현입니다〉는 내레이션을 아예 사용하지 않고 당시의 시대적 상황을 보여주는 영상자료와 인터뷰를 통해 서사를 전달함에도 서사 전달에 문제가 없다. 두 번째 특징은 인터뷰이interviewee로 등장하는 인물들이 노무현과 직·간접적으로 연결되었다는 점이다. 문재인을 비롯한 노무현의 주요 정관계인사들과 노무현을 사랑하는 모임 등 노무현의 운전기사에 이르기까지 모두 39명이 인터뷰이interviewee로 등장한다. 세 번째 특징은 서사의 전환이 이루어질 때마다 중앙정보부의 이화춘이 인터뷰이로 등장한다는 점이다. 이화춘은 노무현이 대통령으로 취임하기 전부터 노무현을 감시했던 정보부 요원이지만, 노무현의 인간적인 면모에 반해 친구가 된 인물이다. 이는 노무현이 적(敵)도 감화할 수 있는 뛰어난 인물임을 은연중에 강조하는 역할을 한다. 이러한 특징은 노무현의 인간적인 면모와 목표했던 정치 과제 수행의 여정을 부각한다.

〈노무현입니다〉의 인터뷰이들이 가장 많이 언급한 단어는 '노무현'이다. 총 50회가 언급되는데, 이는 그에 대한 대중의 기억을 충실히 소환한다. 그다음으로 많이 언급된 단어는 '정치'와 '대통령'으로 각각 25회와 30회가 언급되는데, 이는 노무현의 정치적 여정을 설명할 때 사용된다. 또 다음으로 많이 언급된 단어는 '선거'와 '지역'으로 각각 20회, 15회가 언급되는데, 이는 노무현이 중요하게 여겼던 갈등 해소와 동서 화합을 강조할 때 쓰인다. 그리고 인터뷰는 클로즈업Close up을 통해 전개된다. 클로즈업은 직접적인 진술이 없어도 인물의 감정을 읽을 수 있는 샷Shot이다. 따라서 클로즈업은 직접적인 진술 외에도 감정적인 진술까지 능동적으로 담으려고 할 때도 쓰인다. 이에 따라 〈노무현입니다〉의 클로즈업에는 기쁨과 슬픔, 눈물과 회한 등 노무현에 대한 수많은 정서가 넘쳐난다. 그에 따라 인간 노무현에 대한 그리움이 더욱 절절해진다. 하지만 진실을 전달하는 다큐멘터리 영화로서 〈노무현입니다〉는 노무현의 긍정적인 면만 전면에 내세웠다는 점에서 한계를 가진다. 예를 들어서 영화에서 대통령 후보 경선 시절에 지역주의를 타파하겠다는 외침은 있었지만, 대통령으로 취임한 후에 지역주의 타파를 위해 어떻게 노력했는지 서술되지 않는다. 더불어 그가 간절히 원했던 정치개혁이 실패한 이유도 전달하지 않는다. 단지, 그가 강력하게 원했다는 내용만 있을 뿐이다. 더불어 노무현과 직간접적으로 연관을 맺은 인물들을 중심으로 인터뷰가 이루어졌다는 점에서 다큐멘터리의 절대적인 객관성을 확보하지 못했다. 이 외에 〈노무현입니다〉의 영상자료와 음악은 기쁨과 슬픔 등의 정서를 배가시킴으로써 수용자들의 객관적인 판단을 유보하도록 한다. 이러한 요소들은 노무현을 영웅으로 위치시키기에 모자람이 없다.

한편, 〈건국전쟁〉은 영상자료와 인터뷰 그리고 내레이션을 통해서 서사를 전개하는 전형적인 설명적 양식을 취하고 있다. 서사는 '자유 민주주의 대한민국을 세우기 위해 애쓴 한 대통령의 이야기'라는 짧은 자막과 함께 시작된다. 그리고 '왜, 남북이 분단되어야만 했는지'라는 질문을 던지며 오늘날 대한민국이 존재한 근원으로 초대 대통령 이승만을 소개한다. 그리고 서사는 시간의 순서가 아닌 비선형 구조를 통해 이승만의 업적을 부각하는 특징을 보인다. 이에 따라 다큐멘터리의 서사는 이승만의 주요 업적으로 토지개혁과 분단 후 한국 안보 확립을 위한 한미상호방위조약 체결 등을 소개하는 데 집중한다. 그리고 이승만에 대한 평가가 폄훼된 것은 대한민국의 정통성을 부정하는 역사 전쟁의 일환이었다고 지적한다. 무엇보다 〈건국전쟁〉은 4·19 혁명 이후 이승만에 대한 기록은 비난과 왜곡으로 변했다고 설명한다. 이러한 서사는 김덕영 감독이 직접 내레이터로 참여해 전달하는데, 이는 〈건국전쟁〉의 가장 큰 특징이다. 다큐멘터리 감독의 직접적 참여는 다큐멘터리의 메시지를 더욱 효과적으로 전달하는 기능을 하기 때문이다. 또 〈건국전쟁〉은 흑백 기록 영상과 컬러 영상을 교차 편집함으로써 역사적 사실을 부각하는 특징도 보인다. 이승만이 뉴욕 맨해튼에서 카퍼레이드하는 장면은 한국 사회에 처음 공개된 흑백 자료화면으로 기록으로서 가치가 있다. 또한 〈건국전쟁〉은 배경음악으로 기독교 음악과 가곡, 동요 등을 사용하는데 이는 이승만에 대한 정서적 몰입을 활성화하는 효과를 가진다. 더불어 〈건국전쟁〉은 서사의 객관성 확보를 위해 류석춘 전(前) 연세대 이승만 연구원장을 비롯한 해외 학자들과 저널리스트 등 15명을 인터뷰한다. 이들은 이승만과 직접적인 관계를 맺고 있는 인물들이 아니다. 단 한 명 등장하는 사적인 관계의 인터뷰이는 바로 이승만 의 며느리이다. 하지만 직접 경험한 것이 아닌 전달받은 내용을 증언한다.* 〈건국전쟁〉에서 가장 많이 언급된 단어는 '이승만'이다. 그리고 다음으로는 '북한'과 '민주주의'란 단어이다. 이 단어들은 각각 20회씩 언급되는데 민주주의는 이승만에 대한 평가와 연관되어 사용되며 북한은 분단 상황을 설명할 때 등장한다. 이를

* 이승만 며느리 조혜자의 인터뷰는 서사가 시작된 후 10분 정도에 한 번 있다. 그 내용은 아래와 같다. 조혜자(이승만 며느리) 10:00 "아버님이 이제 학생들을 부상, 4·19에 부상당한 학생들을 위문하러 이제 서울대학병원에서 입원하고 나오시면서 아버님이 우시더래요. 내가 맞아야 할 총알을 우리 애들이 맞았다고 우리 귀한 젊은 애들이 맞았다고 그냥 아버님이 우시더래요. 근데 어머님이 그냥 가슴이 아주 미어지는 것 같았다고."

통해서 〈건국전쟁〉은 이승만의 반공주의를 강조한다. 결론적으로 〈건국전쟁〉은 오늘날 대한민국이 존재하게 된 배경에 이승만이 있음을 강조하였고 그를 영웅으로 재위치하도록 매진하였다.

5 — 다큐멘터리 영화, 무엇을 기록할 것인가?

다큐멘터리의 발전은 진실을 전달하고자 하는 끊임없는 노력에 있었다. 한국 다큐멘터리 영화 역시 1980년대 언론탄압에 항거하며 지배적 매체가 전하지 못하는, 혹은 하지 않는 진실을 전달하기 위해 출발하였다. 그리고 여성과 노동자, 장애인 등 소외된 약자의 이야기를 전달하면서 발전하였다. 또한 한국 다큐멘터리 영화는 "유난히 가난과 억압받는 자들에 대한 공감과 관심을 불러일으키는 휴먼 다큐의 전통이 강하다(이종수, 2015, 240쪽)." 그러나 다큐멘터리 영화는 흥행과 거리가 멀었기 때문에 제작이 활발하게 이루어지지 않았다. 하지만 크라우드펀딩이 도입되고, 다큐멘터리 영화의 대중성이 확인되면서 다큐멘터리 영화 제작이 활성화되었다. 그런데 크라우드펀딩을 통해 제작되고 대중성 획득에 성공한 영화들은 정치인을 조명한 경우가 많았다. 하지만 정치인을 조명한 다큐멘터리 영화는 그 인물들을 과도하게 영웅화하는 경향을 보이고 더 나아가 역사적으로 비판받은 인물까지 소환한다는 점에서 문제가 심각하다. 그로 인한 담론전쟁이 사회를 분열시켰기 때문이다.

사회에서 형성되는 담론은 사회적 변화를 촉진하는 효과를 가진다. 담론을 통해 비판적 사고가 형성되기 때문이다. 이는 애초에 한국 다큐멘터리 영화가 사회에서 이루고자 했던 목적이다. 하지만 오늘날 다큐멘터리 영화가 정치인을 다루기 시작하면서 다큐멘터리는 전혀 짐작하지 못했던 방향으로 흘러가고 있다. 한 연구는 〈건국전쟁〉이 특정한 정치적 목적을 위해 담론을 만들어 유통하는 권력투쟁의 한 수단으로 봐야 한다고 주장한다(김성해, 2024). 그렇다면 다큐멘터리 영화는 오염된 것이다.

주지하듯이 다큐멘터리는 기록으로서의 힘을 지닌다. 다시 말해서 다큐멘터리는 역사를 기록하는 작업이다. 그리고 역사를 기록하고자 하는 것은 진실을 알리고자 함에 있다. 하지만 오늘날 다큐멘터리 영화에서 그 전통이 전복되었다. 따라서 '다큐멘터리 영화를 통해 무엇을 기록할 것인가?' 이러한 질문은 절대 잊지 말아야 할 것이다.

참·고·문·헌

구보라 (2017, 8, 28). "왜곡된 방송 생태계 바꾸려면 방송사와 정부 적극 나서야". 〈PD저널〉. URL: https://www.pdjournal.com/news/articleView.html?idxno=60964

김고은 (2009, 1, 20). "반성문 쓰는 마음으로 만들었습니다". 〈PD저널〉. URL: https://www.pdjournal.com/news/articleView.html?idxno=20022

김성해 (2024, 5월). 〈'반공' 복합체의 권력투쟁: 국부 이승만 복원을 통한 한미동맹 수호 작전〉. 한국언론정보학회 봄철정기학술대회 논문집. 충북: 충북도립대학교.

김수안 (1999). 〈한국 텔레비전 다큐멘터리의 역사적 변천에 관한 연구〉. 충남대학교 대학원 석사학위 논문.

김슬기 (2011, 6, 14). 크라우드펀딩 원조 '인디고고' 현재 200여개 사이트로 확산. 〈매일경제〉. URL: https://www.mk.co.kr/news/culture/4935312

김현정 (2017). 영화 생산자 중심으로 본 크라우드 펀딩의 실태. 〈영화연구〉, 73호, 205-241.

남성우 (1992). TV다큐멘터리: 그 논의를 위한 사적 고찰. 〈방송시대〉, 2호(1992년 가을), 351-368.

문화일보 (2013, 8, 8). 모금 · 홍보 '두토끼'… 독립영화계에 소셜펀딩 바람. 〈문화일보〉, 24면. URL: https://www.munhwa.com/article/10856544

배장수 (2012, 4, 14). 〈스포츠경향〉[시네마錢쟁]관객의 이름으로. 〈경향신문〉. URL: https://v.daum.net/v/20120414230049721?f=p

송주희 (2014, 5, 1). 문화예술 살찌우는 십시일반의 힘. 〈서울경제〉. URL: https://www.sedaily.com/NewsView/1HVIZBSLUF

원성윤 (2009, 12, 1). '아이언 크로우즈' 암스테르담영화제 대상 수상. 〈PD저널〉. URL: https://www.pdjournal.com/news/articleView.html?idxno=25219

이상록 (2005). 이순신: '민족의 수호신' 만들기와 박정희 체제의 대중 규율화. 권형진 · 이종훈 (편), 〈대중독재의 영웅만들기〉 (311-359쪽). 서울: 휴머니스트.

이종수 (2015). 〈포스트 텔레비전 시대의 다큐멘터리 트렌드〉. 서울: 커뮤니케이션북스.

이진욱 (2016, 6, 13). "국정원 범죄 파헤친 '자백' 개봉에 시민의 힘 보태주세요". 〈노컷뉴스〉. URL: https://www.nocutnews.co.kr/news/4607237

임소연 · 이윤철 (2017). 다큐멘터리영화의 성공을 결정짓는 요인에 관한 비교사례연구: 〈님아, 그 강을 건너지 마오〉와 〈두 개의 문〉을 중심으로. 〈한국콘텐츠학회논문지〉, 17권 2호, 503-517.

정민아 (2021). 한국 다큐멘터리 영화의 양식적 진화. 〈인문사회21〉, 12권 2호, 3033-3048.
최현주 (2018). 〈다큐멘터리와 사실의 재현성〉. 파주: 한울아카데미.
홍석재 (2013, 6, 10). 티끌 모아 영화제작 돕는 '펀딩21' 문연다. 〈한겨레〉.
URL: https://www.hani.co.kr/arti/culture/movie/591227.html
KBS (1973). 〈KBS 연감〉. 서울: KBS.

Chapter 05

남남갈등, 통일이 필요한가?*

하승희

1 — 들어가며

남남갈등은 남한 내부에서 발생하는 남한 간의 이념적 대립을 지칭하는 표현으로, '북한'에 대응되는 '남한'이라는 명칭 사용을 통해 이 갈등이 영토적 분단 구도에서 비롯된 것임을 드러낸다. 이러한 남남갈등은 남한 사회 내부에 지역갈등, 세대갈등과 중첩되어 나타나는 가운데, 특히 북한을 보는 인식과 통일에 이르는 방법에 대한 대북관 및 통일관의 차이에 기인한다(주봉호, 2012).

갈등의 시작은 지난 반 세기 동안 한국 사회에 팽배했던 냉전 반공주의에 대한 갈등으로부터 시작한다(김갑식, 2007). 1997년 강준만 교수는 저서 《레드 콤플렉스》에서 '레드 콤플렉스'를 단순한 반공 이데올로기를 넘어 공산주의에 대한 과장된 공포와 이를 정당화 근거로 삼아 인권 침해를 용인하는 사회적 심리까지 포괄하는 개념으로 설명하였다(강준만, 1997).

* 이 글은 2021년 대한민국 교육부와 한국연구재단의 지원을 받아 수행된 연구임(NRF-2021S1A5B5A 16078516).

아직까지 한국 사회에 레드 콤플렉스는 침습해 있으나 '공산주의 위협'에 대한 과장되고 왜곡된 공포심은 옅어지고 '멸공'과 '승공', '반공교육'의 자리에는 '통일교육'이 자리 잡았다. '통일' 또한 이제는 오랜 세월을 거치며 의미가 퇴색되어 젊은 세대들의 무관심에 대한 대처방안을 강구하는 것이 시대적 소명이 되었을 정도로 시대 흐름에 맞춘 변화가 요구되고 있다.

그동안 학계를 비롯해 우리 사회 전반에서는 '통일'이라는 단어가 더 이상 우리 사회에 소구력이 없음을 인정하고 실리적 차원으로 이어져야 한다는 논의들이 계속 진행되어 왔다. '우리의 소원은 통일'이라는 담론이 이제는 실리적 차원에서 새롭게 논의되어야 한다는 논의들조차 힘을 얻지 못하고 다소 진부해진 어젠다가 된 것이다(권영승 · 이수정, 2011).

우리나라의 대북정책과 통일 담론은 정부의 이념적 성향에 따라 결정되고 존재해 왔다. 국내 통일 논의는 과거부터 현재까지 이념, 성별, 세대로 나뉘어 첨예하게 대립하며 국제정세와 남북관계의 부침을 겪는 과정에서 남한 내 통일에 대한 갈등도 계속되어 왔다. 이 글은 우리 사회에서 통일에 대한 남남갈등의 원인은 무엇이고, 이를 증폭시키는 것은 무엇인지 살펴본다. 이후 통일은 어떤 의미이고 우리는 어떠한 방향으로 나아갈지에 대해 논의해보고자 한다.

2 — 갈등의 원인

1) 통일 담론의 과잉

통일 담론은 '한민족'의 당위, 정치체제 특성에 따른 현실적 여건이라는 두 가지 상이한 필수적 의미들을 바탕으로 시대적 상황, 정치적 조건, 국제정치적 환경의 변화에 영향을 받으며 한국 사회의 통일 담론을 형성해 왔다. 특히 정부 주도로 등장한 통일 담론은 북한과의 적대관계, 정부의 독점적 대북 접촉, 국가보안법 등 냉전체제하에 반공주의 분위기 속에서 대항적 담론 형성을 주도하며 민간 영역의 통일 관련 논의에 제약을 가져왔다(강원택 외, 2021).

역대 정부의 통일 담론은 정권마다 새로운 통일 담론이 제기되어 통일 담론의 지속성이 약하다. 강원택(2021)은 그동안 대통령의 정책 방향이 유행어, 슬로건으로 그친 경우가 많았음을 지적하고, 이렇게 된 원인에 대해 ① 대통령제에서 대통령 간의 단절적 관계, ② 대내외적 정치용으로 이용된 통일정책, ③ 권력을 장악한 대통령과 집권세력에 의해 제기되는 방식, ④ '너무 어렵거나' '전문적이거나' 일반인들과 무관한 용어와 슬로건 등을 지적했다.

그동안 역대 정부는 정부 단위에서 해당 정부의 대북관을 반영한 담론을 구상해 왔다. 이러한 통일 담론은 각 정부의 대북정책과 긴밀하게 연계되며 정권이 바뀔 때마다 일관성, 필요성, 공감대 약화로 이어지는 문제가 반복적으로 발생하게 되었다. 이에 대해 정권 단위의 담론을 구상해야 한다는 강박이 통일 담론의 명멸을 가져왔다는 비판적 지적도 있어 왔다(이정철, 2021). 강원택(2021)은 정부의 통일 담론은 정파성이 개입되고 단기적이고 수단적 측면의 통일 담론이 많았다고 평가하며, 각 정부의 통일정책, 대북정책과 분리된 형태의 통일 담론이 논의, 유통될 수 있는 환경의 필요성, 통일 담론과 대북정책은 분리되어야 한다고 주장한다.

역대 정부의 통일 · 대북정책

구 분	주요 통일정책
이승만 정부	실지회복차원의 '북진 통일론' 유엔 감시하의 인구 비례에 의한 남북한 총선거
장면 정부	'선 경제건설 후 통일론' 유엔 감시하의 인구 비례에 의한 남북한 총선거
박정희 정부 (1960년대)	'선 건설 후 통일론' 자유민주주의 원칙에 의한 국토통일론
박정희 정부 (1970년대)	'평화통일 3대 기본원칙'(평화정착과 대화교류, 신뢰조성과 동질화 촉진, 총선거) 아래 선 평화 후 통일론
전두환 정부	'민족화합 민주통일방안'
노태우 정부	'민족자존과 통일번영을 위한 특별선언(7.7선언)', 「한민족공동체 통일방안」
김영삼 정부	「민족공동체 통일방안(한민족공동체 건설을 위한 3단계 통일방안)」
김대중 정부	'대북 화해협력 정책'
노무현 정부	'평화번영 정책'
이명박 정부	'상생공영의 대북정책'과 '비핵개방3000' 구상
박근혜 정부	'한반도 신뢰프로스세스'와 '한반도 평화통일을 위한 구상', '3대 통로' 제안
문재인 정부	'문재인의 한반도정책'과 '한반도 평화 프로세스'
윤석열 정부	「비핵 · 평화 · 번영의 한반도」, '8.15 통일 독트린'

출처: 통일부 국립통일교육원 (2025). 〈2025 통일문제 이해〉. 서울: 통일부 국립통일교육원, 64-65쪽 재구성.

그동안의 통일 담론에서는 북한을 통일과정을 함께할 주체가 아닌 대상으로 규정해 왔으며, 민족적 차원에서 통일의 당위성은 공감하나, 분단의 장기화로 서로 다른 민족이라는 인식이 증가하고 있는 추세이다. 역대 통일 담론들은 북한 내 다양한 주체들을 세분화하지 않고 북한 당국과 주민으로 통칭하고 있으며, 다양한 통일의 방식이 논의되고 있는 가운데 자유민주주의와 시장경제

체제를 전제로 한 남한 주도의 통일을 상정한다. 또한 통일은 '비정상적인' 북한이 '정상화'되는 과정을 규정하고 있으며, 통일이라는 궁극적으로 '하나'되는 것을 지향하되 그 과정에서 단계적으로 점진적으로 나아가야 한다고 주장한다.

통일은 헌법 제3조에 따라 북한이 남한 체제를 수용하는 형태로서 '자유민주주의'에 기반해야 한다는 원칙을 갖고 있으며, 분단으로 인해 발생한 문제들을 극복할 필요성에 대해서는 사회적 공감대가 형성되어 있다. 이처럼 통일 담론은 역대 정권들의 북한관을 파악하는 이념의 척도이자 북한에 대한 태도를 간접적으로 드러내는 정치적 수단으로 여겨지는 경향이 있으며, 통일 담론의 과잉은 일관성과 구체성의 결여로 혼재되고 정치적 성향에 따른 부침을 더욱 심화시켜 오히려 남남갈등의 원인으로 작용했다고 볼 수 있다.

2) 북한이라는 대상의 이중성

한국 사회의 역대 정권들은 통일 담론뿐만 아니라 '북한'을 대상화하는 데 있어서도 규정을 달리해 왔다. 국방부는 1967년부터 국방 정책 홍보와 군에 대한 이해 및 공감대 형성을 목적으로 《국방백서》를 발간하고 있다. 2004년부터 격년제로 정례화 되어 주기적으로 발간하고 있으며, 1967년부터 2022년까지 총 28권이 발간되었다.

1967년 처음 발간된 《국방백서》에서는 국방의 목표를 공산주의로부터의 위협에 대응하는 데 두고 있었다. 백서에 따르면 국방은 공산주의의 직접적인 침략을 억제하고 간접적인 침략을 분쇄하며, 만일 재침략이 발생할 경우 즉각 이를 격퇴함으로써 자유민주주의 이념 아래 국토를 통일하고 영구적인 독립을 유지하는 데 그 목적이 있다고 제시되었다. 당시 북한은 '傀儡(괴뢰)'로 표현되며 '공산권국가'의 하나로써 정세동향을 주시했다(국방부, 1967).

1967년《국방백서》국방목표

> 第4章 國防政策 및 施策
>
> 1. 政 策
>
> 우리 韓國의 國防目的은 「共產主義로부터의 直接侵略을 抑制하고 間接侵略을 粉碎하며 萬一再侵略을 敢行할 時는 即刻 이를 擊退하여 自由民主主義理念下에 國土를 統一하여 永久的인 獨立을 保存함」에 있는 것이다.

출처: 국방부 (1967). 〈국방백서〉.

1981년 11월 28일 국방부 정책회의에서는 국방의 목표를 적의 무력 침공으로부터 국가를 방어하고 평화통일을 지원하며 지역의 안정과 평화에 이바지하는 것으로 공식적으로 결정하였다. 이 국방목표는 이후 오랜 기간 동안 유지되다가 1994년 3월 10일에 이르러 새로운 시대적 환경에 맞춰 개정되었다. 1994년 국방목표의 개정 배경은 탈냉전시대 안보 환경의 급변에 따른 국제사회의 흐름을 반영하여 안보개념을 확대하여 국가보위의 대상, 안보대상의 범주를 확장한 것이다.

1994년 개정된 국방목표에서는 국가를 외부의 군사적 위협과 침략으로부터 방어하고, 평화통일을 지원하며 지역의 안정과 세계 평화에 기여하는 것이 제시되며 현재까지 기본 목표로 설정하고 있다(국방부, 1994). 그러나 이 중 '외부의 군사적 위협과 침략'이라는 표현에서 '외부'가 정확히 누구를 지칭하는지에 대한 해석은 정권에 따라 달라지는 경우가 많았고, 이로 인해 정책적 방향이나 대외 인식에 차이가 발생하면서 사회적 논란으로 이어지기도 했다.

특히 정권의 대북정책 기조에 따라 변화하고 있는 양상을 보이고 있는데, '외부'를 '북한'으로 특정하고 '적'으로 규정하거나, 반대로 대상에 대해 포괄적인 해석을 담는 경우가 나타난다. 국방목표의 해석에서 북한을 '주적'으로 상정하기 시작한 것은 1996년 발간된 《국방백서》부터이다(국방부, 1996). 1994년 3월 19일 특사교환을 위한 제8차 실무대표접촉에서 북측 박영수 단장이 '전쟁이 일어나면 서울은 불바다로 될 것'이라는 전쟁위협 발언(남북관계관리단) 이후 북한을 '적'으로 규정한 것이다. 이 외에도 장병 정신교육을 위한 대적관 교육에서는 북한을 주적으로 명시하면 정신전력이 강화될 것이라는 논리에 따라 북한을 '주적'으로 상정하고 있다(장공수, 2018).

북한이 '적' 또는 '주적'으로 규정되다가 적과 주적이 포괄적 개념으로 변화한 것은 2018년 때부터이다. 2018년은 남북 정상이 세 차례 회담을 갖고, 북미 정상회담이 처음으로 이루어진 해로, 남북관계에 있어 큰 전환점이 된 시기였다. 이에 발맞추어 2018년 《국방백서》에서도 남북 간의 군사적 긴장을 완화하고 상호 신뢰를 구축하기 위한 기반이 조성되었음을 강조하였다. 이러한 변화된 안보 환경을 반영하여, '적'에 대한 규정 역시 보다 포괄적으로 서술되었는데, 대한민국의 주권과 영토, 국민, 재산을 위협하거나 침해하는 모든 세력을 우리 군은 적으로 간주한다는 입장을 제시하였다(국방부, 2018). 이렇듯 남북관계와 정권의 대북관이 바뀔 때마다 국방백서에서의 '북한'에 대한 '적'의 규정 여부는 해당 정권의 이념적 성향을 대변하는 기준으로서 해당 정권의 대북성향을 재단하고 판별하는 기준으로 삼아 왔다.

반면 통일부의 경우 북한은 교류협력의 대상이 된다. 1990년 8월 1일 제정된 「남북교류협력에 관한 법률」에서는 남북 간 상호 교류와 협력 촉진을 위해 필요한 사항을 규정한 것으로 군사분계선 이북지역인 북한과의 교역, 반출반

입, 협력사업 등에 대한 내용을 담고 있다. 2005년 12월 29일 제정된 「남북관계 발전에 관한 법률」 중 제1장 제3조에서는 남한과 북한의 관계를 '국가 간의 관계가 아닌 통일을 지향하는 과정에서 잠정적으로 형성되는 특수관계'로 보고 있다(국가법령정보센터).

이처럼 정부 부처 간의 분리된 기능과 역할에 따라 북한의 대상화와 목표가 다르기 때문에 나타나는 업무상 충돌이 나타날 수 있다. 이러한 상황에서 파생되는 정책들 또한 북한을 바라보는 시각이 달라져 부처 간 업무에 대립이나 해석의 차이에서 나타날 수 있는 문제가 상존한다. 이는 북한을 규정하는 데 있어 대상의 이중성과 남북관계 규정에서 비롯된 갈등의 여지가 남남갈등 상황의 원인으로 작용하고 있다고 볼 수 있다.

3 — 갈등의 증폭

남한 사회에서 남남갈등은 통일 논쟁과 대북정책을 둘러싼 프레임 전쟁으로 확대되었다. 이는 앞서 논의한 '통일 담론의 과잉'과 '북한이라는 대상의 이중성'이 정치적 갈등을 구조화하는 방식으로 작동했기 때문이다. 역대 정부의 통일정책이 일관성을 유지하지 못한 가운데, 대북정책이 정치적 이해관계에 따라 활용되면서 보수와 진보 간의 극단적 대립을 초래했다. 역대 정부들은 각기 다른 통일 담론을 제시하며 이를 정권 유지의 도구로 삼아 왔다. 박정희 정부의 '반공통일', 김대중 정부의 '햇볕정책', 이명박 정부의 '비핵개방 3000', 박근혜 정부의 '통일대박론' 등이 대표적인 예이다. 그러나 이러한 담론들은 정권이 바뀔 때마다 폐기되거나 수정되었으며, 장기적인 통일 정책으로 이어지지 못했다. 이 과정에서 '통일'은 국가적 목표라기보다 정권의 정치적 정당성을 확보하는 수단으로 변질되었고, 이는 남남갈등의 주요 원인이 되었다.

특히 통일 담론이 정권에 따라 변화하면서 보수와 진보는 각자의 입장을 정당화하는 프레임을 구축하기 시작했다. 보수는 북한을 '위협적 존재'로 규정하고 강경 대응을 강조하는 반면, 진보는 '협력 가능한 대상'으로 바라보고 교류 확대를 주장했다. 이러한 프레임 전쟁은 대중의 인식에도 영향을 미치면서 통일 논쟁이 이념적 대립으로 심화되었다.

북한은 한국 사회에서 상반된 두 가지 시각으로 규정된다. 앞서 살펴본 것처럼, 국방부에서는 북한을 '적'으로 간주하며 군사적 경계를 유지하는 반면, 통일부에서는 '교류와 협력의 대상'으로 보고 협력 정책을 추진해 왔다. 이러한 모순된 접근 방식은 대북정책 논쟁에서 보수와 진보 간의 갈등을 심화시키는 요인이 되었다. 보수 진영은 북한을 신뢰할 수 없는 대상으로 규정하며 대북 강경책을 선호한다. 이들은 북한의 군사 도발과 협정 위반 사례를 강조하며 '흡수통일' 또는 '북한 붕괴'를 목표로 삼아야 한다고 주장한다. 반면, 진보 진영은 북한을 변화 가능한 협력 대상으로 보고 대화와 교류를 강조한다. 이들은 경제협력과 인도적 지원을 통해 북한을 점진적으로 변화시키는 것이 한반도 안정에 기여할 것이라고 주장한다. 이러한 이중적 시각은 정권이 바뀔 때마다 정책이 급변하는 원인이 되었으며, 이는 국민들 사이의 갈등을 더욱 증폭시키는 결과를 낳았다.

이러한 가운데, 대북정책을 둘러싼 프레임 전쟁은 남남갈등을 더욱 구조화하는 방향으로 작동했다. 보수와 진보는 각자의 입장을 강화하기 위해 다음과 같은 정치적 프레임을 적극적으로 활용했다. 보수 진영은 '빨갱이', '종북세력', '퍼주기', '굴종외교', '북한대변인', '위장평화쇼'와 같은 프레임을, 진보 진영은 '평화협력', '경제공동체', '공존', '남북화해'와 같은 프레임을 통해 대북정책을 논해 왔다. 보수 진영은 대북협력 정책을 북한 정권 유지에 기여한다는 논리를 강조하고 대북 대화를 '굴종외교'로 몰아가며, 남한이 북한에 끌려다닌다는 이미지를 형성했다. 반면, 진보 진영은 대화와 교류를 강조하며 보수의 강경책을 한반도의 긴장을 고조시키는 대결 정책으로 규정했다.

대북정책을 둘러싼 프레임 전쟁에서 보수 진영의 대부분 프레임들은 보수는 '북한은 위협'이라는 기조를 유지하며 이를 다양한 표현으로 확장하고 있으며, '북한과 협력하면 손해 본다'는 전제를 강조하고 있다. 이러한 프레임이 대중적으로 확산될 경우 대북협력 정책에 대한 여론이 부정적으로 변화할 가능성이 크다. 이에 반해 진보 진영의 프레임은 강력하게 작동하지 못한 것을 알 수 있다. 먼저 보수의 프레임이 대중적으로 확산될 수 있었던 것은 감성적으로 강렬하고 직관적이기 때문이다. 짧고 직관적 표현은 대중 감성에 즉각적으로 호소하며 북한에 대한 불신을 확대시키는 효과를 불러왔다. 또한 북한의 계속되는 합의 위반과 도발 및 강경 대응은 보수의 프레임이 설득력을 얻게 하는 역할을 하였다. 또한 보수 프레임이 강력한 이유는 북한은 '적'이라는 국가적 이데올로기가 이미 형성되어 있었기 때문이다. 이러한 상황에서 자연스럽게 진보의 대북정책 프레임은 위축될 수밖에 없다.

6·25 전쟁 이후 분단 체제가 고착화되면서 남한은 반공 이데올로기를 국가 정체성의 중심으로 삼았다. 북한은 공산주의 국가로 형성되면서 이념적 적대 관계가 심화되었다. 전쟁 이후 남한에게 북한은 '절대적인 적'으로 규정되었다. 이 과정에서 북한과 관련된 논의 자체가 금기시되었고, 북한을 협력의 대상으로 보는 인식 자체가 어려운 구조였다. 1958년 국가보안법이 개정되고 반공주의가 법적·사회적으로 확립되면서 북한을 옹호하거나 남북 협력을 주장하는 세력은 '반국가 행위'로 간주되었다. 이때부터 북한과의 관계 개선은 친북이자 반국가라는 공식이 사회적으로 자리 잡게 된 것이다. 이로 인해 진보 세력이 북한과의 관계 개선을 주장할 경우 '이적 행위'로 몰릴 위험이 커졌다.

1970~80년대 군부 독재 시기 강력한 반공 교육을 실시하면서 북한을 '절대 악'으로 규정했고, 북한은 우리의 적이라는 이미지가 강화되며 내면화하는 과정에서 대북협력을 주장하는 것은 국가 정체성을 흔드는 행위로 인식되었다. 이처럼 좌익은 반국가세력이라는 낙인이 한국 사회에 구조적으로 자리 잡았고, 이러한 분위기 속에서 대북협력 프레임을 강하게 밀어붙이는 것이 불가능한 환경이 조성되었다고 할 수 있다.

특히 이러한 프레임 전쟁은 언론을 통해 더욱 강화되었다. 보수 언론은 북한의 도발과 군사적 위협을 강조하며 강경책을 정당화하는 반면, 진보 언론은 남북 대화를 통한 평화 정착을 강조했다. 이에 따라 국민들은 대북정책을 객관적으로 평가하기보다는 이념적 성향에 따라 정책을 수용하는 경향이 강해졌다. 보수 언론은 북한 인권 문제를 강조하며 대북 강경책을 지지하는 경향이 강하다. 특히 북한 정권의 독재성과 주민들의 인권 실태를 부각시키면서, 북한 내부의 변화를 통한 통일 필요성을 주장한다. 반면, 진보 언론은 한반도 평화 정착을 강조하며 남북 대화를 통한 점진적 협력과 통일을 지지하는 경향을 보인다. 또한 남북 교류와 협력의 중요성을 부각시키며, 보수 정부의 대북 강경책이 갈등을 심화시킨다고 비판한다. 언론의 프레임 차이로 인해 정부의 대북정책과 통일 정책에 따라 찬반 논쟁이 갈리는 것은 물론, 통일에 대한 인식이 양극화되고 있는 것이다.

남남갈등을 해소하고 통일 논의를 생산적으로 발전시키기 위해서는 대북정책 논의를 정쟁의 도구가 아닌 정책적 관점에서 접근해야 한다. 감성적이거나 자극적인 프레임, 상대 논리를 반박하고 공격하기 위한 프레임이 아닌 정책의 실효성을 객관적으로 평가하는 방식으로 논의가 이루어져야 한다. 또한 정권이 바뀔 때마다 대북정책이 급격히 변화하는 것은 남북관계의 지속성과 국민 신뢰를 저해하는 요인이 된다. 따라서 정권을 초월한 장기적이고 안정적인 정책이 필요하기에 일관된 통일정책 수립과 초당적 협력이 무엇보다 시급하다. 이와 더불어 언론의 객관성을 강화하고 이념적 프레임에서 벗어난 균형 잡힌 보도를 촉진해야 한다. 언론이 대북정책을 이념적 대립의 도구로 활용하는 것이 아니라, 실질적 정책 평가와 국민적 합의 형성을 돕는 방향으로 보도하는 자세가 필요하다. 남남갈등을 완화하고 통일 논의를 현실적으로 발전시키기 위해서는 대북정책을 정치적 도구로 활용하는 관행을 지양해야 하며 감성적 프레임 전쟁을 넘어 정책의 실효성을 평가하는 합리적 논의가 이루어질 때, 한국 사회는 보다 생산적인 통일 논의를 전개할 수 있다.

4 — 나가며

그동안 우리는 통일에 대해 과거의 기억, 현재의 상황, 미래에 대한 기대가 혼재된 상태에서 각기 다른 방식으로 통일 개념을 정립해 왔다. 정부는 헌법에 명시된 자유민주적 기본 질서에 입각한 평화적 통일을 원칙으로 삼고 있지만, 국민들에게 통일은 여전히 막연하고 추상적인 미래의 일로 여겨진다. 국민적 합의를 바탕으로 한 통일 개념이나 방식은 부재한 상태이며, 이는 남남갈등을 심화시키는 주요 요인 중 하나이다. 더욱이 북한 김정은 위원장이 2023년 12월 '적대적 두 국가론'을 공식화하면서 북한 내부에서 통일과 한민족 개념 자체를 부정하는 움직임이 나타나고 있다. 남북이 함께 논의해야 할 통일의 해법이 점점 더 현실적으로 불가능한 방향으로 흘러가고 있는 것이다.

남남갈등은 한국 사회 내 서로 다른 역사적 기억과 경험이 충돌한 결과로 나타난다. 특히 뉴미디어 환경이 확증편향적 정보 소비를 강화하면서, 통일 논의는 이념적 논쟁으로 변질되고 있다. 개인들은 자신과 비슷한 생각을 가진 사람들과만 소통하면서 통일에 대한 사회적 합의는 점점 더 어려워지고 있다. 여기에 더해, 대북정책을 둘러싼 프레임 전쟁이 남남갈등을 더욱 증폭시키는 요인으로 작용하고 있다.

보수와 진보는 각기 다른 통일과 대북정책 프레임을 만들어내며, 통일 논의를 이념적 갈등으로 변질시켰다. 보수-진보 간 프레임 전쟁은 국민들에게 통일을 정책적 문제라기보다 정치적 대립의 도구로 인식하게 만들었고, 그 결과 통일 논의는 국민적 합의를 이루지 못한 채 정치적 성향에 따라 분열되는 양상을 보이게 되었다. 또한 과거의 아픈 기억이 치유되지 않은 채 반복되면서, 통일 논의는 과거의 감정적 프레임 속에서 재생산되고 있다. 이는 통일을 실체적 목표가 아니라 추상적인 개념으로 만들며, 국민들의 관심에서 멀어지게 했다. 현재 남북한이 모두 변화하고 있는 상황에서 우리는 통일을 과거의 기억이 아닌 미래의 관점에서 새롭게 정의할 필요가 있다.

지금까지 통일은 보수와 진보 정권의 이념적 성향에 따라 다르게 접근되어 왔다. 보수 정권은 강경한 대북정책을, 진보 정권은 화해 협력 기조를 유지하며 통일 담론을 각기 다르게 이끌어왔다. 그러나 이 과정에서 국민들은 정부가 생산한 담론을 수동적으로 받아들이는 구조가 형성되었고, 통일에 대한 직접적인 논의에 참여할 기회가 제한되었다. 또한 보수와 진보 간 프레임 전쟁이 격화되면서, 통일이 현실적 논의가 아니라 정치적 논쟁으로만 소비되는 상황이 되었다. 통일을 바라보는 시각이 정권과 언론에 의해 극단적으로 갈리면서 국민들은 실질적인 논의보다 이념적 대립 속에서 통일 문제를 바라보게 된 것이다.

특히, 북한에 대한 인식은 미디어 환경과 정치적 분위기에 따라 급격히 변화하면서 국민들 사이에서도 분열이 심화되었다. 보수 언론은 북한을 신뢰할 수 없는 적으로 규정하며 강경 대응을 정당화하고, 진보 언론은 남북 대화를 통한 평화 체제 구축을 강조하면서 협력 정책을 옹호하는 보도를 이어 왔다. 이에 따라 국민들은 통일을 실질적인 논의 대상으로 여기기보다, 정치적 · 이념적 입장에 따라 찬반을 가르는 도구로 인식하게 되었다.

이제 우리는 통일이라는 개념을 다시 질문해야 한다. 통일은 그것을 어떻게 정의하고 실현할 것인가에 대한 사회적 합의가 필요한 문제이지만, 현재의 남남갈등은 그러한 합의의 부재 속에서 더욱 증폭되고 있으며, 뉴미디어 환경 속에서 통일 논의는 더욱 양극화되고 있다. 이에 따라 통일을 기존의 당위적 명제에서 벗어나, 실질적이고 구체적인 질문으로 전환할 필요가 있다. 이제는 통일이 필요한가에 대한 찬반 논쟁이 아니라, 북한이 '적대적 두 국가론'을 공식화하며 통일을 부정하는 상황에서 통일을 당위적으로 주장하기보다 우리 사회에서 통일이 어떤 의미를 가지는지를 먼저 성찰해야 한다. 통일을 국가적 목표로 강요하기보다 남과 북이 어떠한 방식으로 관계를 설정하고 공존할 것인지에 대한 실질적인 논의가 필요한 시점이다.

통일은 고정된 목표가 아니라, 남북 관계의 변화 속에서 새롭게 정의되어야 하는 과정이다. 따라서 우리는 현재 한국 사회가 상정하는 통일의 모습을 면밀히 분석하고, 보다 현실적인 통일 개념을 구체화하는 작업을 시작해야 한다. 이를 위해 통일 논의를 정치적 이념이나 정부 주도의 정책 차원에서만 바라볼 것이 아니라, 국민 개개인의 일상적이고 실질적인 차원에서 재구성할 필요가 있다. 이를 위해서는 남북한 관계뿐만 아니라 한국 내에서 남남 간의 대화가 먼저 이루어져야 한다. 통일을 둘러싼 다양한 입장과 생각이 자유롭게 교류할 수 있는 공론장이 마련되어야 하며, 이를 통해 통일을 맹목적인 구호가 아니라 현실 속에서 논의할 수 있는 담론으로 변화시켜야 한다. 지금 우리에게 필요한 것은 통일의 필요성을 두고 단순히 논쟁하는 것이 아니라, 공존 가능한 미래를 현실적인 기반 위에서 논의하는 것이다.

참·고·문·헌

강원택 (2021). 통일담론의 전개: 정부 및 여야 정치권을 중심으로. 강원택 외 (편), 〈분단 이후 제기된 통일담론에 대한 정리와 성찰: 정부 및 여야 정치권 시민사회 학계 여성 및 생태〉. (10-110쪽). 서울: 통일부 통일교육원.

강원택 외 (2021). 〈분단 이후 제기된 통일담론에 대한 정리와 성찰: 정부 및 여야 정치권 시민사회 학계 여성 및 생태〉. 서울: 통일부 통일교육원.

강준만 (1997). 〈레드 콤플렉스: 광기가 남긴 아홉 개의 초상〉. 서울: 삼인.

국가법령정보센터 (*n.d.*). 〈남북교류협력에 관한 법률〉. Retrieved 7/1/25 from https://www.law.go.kr/법령/남북교류협력에관한법률

국방부 (1967). 〈국방백서〉. 서울: 대한민국 국방부.

국방부 (1994). 〈1994~1995 국방백서〉. 서울: 대한민국 국방부.

국방부 (1996). 〈1996~1997 국방백서〉. 서울: 대한민국 국방부.

국방부 (2018). 〈2018 국방백서〉. 서울: 대한민국 국방부.

권영승 · 이수정 (2011). 글로벌 · 다문화 사회의 통일의식: N세대 대학생을 중심으로. 〈현대사회와 다문화〉, 1권 2호, 1-38.

김갑식 (2007). 한국사회 남남갈등: 기원, 전개과정 그리고 특성. 〈한국과 국제정치〉, 23권 2호, 31-59.

이정철 (2021). [토론] 통일담론의 전개: 정부 및 여야 정치권을 중심으로. 강원택 외 (편), 〈분단 이후 제기된 통일담론에 대한 정리와 성찰: 정부 및 여야 정치권 시민사회 학계 여성 및 생태〉. (111-114쪽). 서울: 통일부 통일교육원.

장공수 (2018). 합동군사대학교 교육을 통한 정신전력 강화 방안: 적전술 교육과 연계된 對敵觀 확립을 중심으로. 〈국방정신전력원〉, 52호, 73-123.

주봉호 (2012). 남한사회 남남갈등의 양상과 해소방안 모색. 〈한국동북아논총〉, 64호, 145-169.

Chapter 06

누가 한류를 말하는가

국가주의 프레임과 팬덤 주체성의 충돌

이에스더

1 — 서론: 문화 현상인가, 국가 전략인가?

한류는 더 이상 단순한 문화 현상이 아니다. 누가 말하고 어떻게 말하느냐에 따라 그 의미가 달라지는 복합적인 담론 공간이 되었다. 국내 언론은 한류를 '문화 한국'의 승리로 보도하며 국가 브랜드를 강조해 왔고, 해외 언론은 한국 정부의 정책적 성공 사례로 해석하기도 했다. 반면, 팬덤은 한류를 자신들의 자율적인 문화 실천의 결과로 재해석하며 주체적인 목소리를 내고 있다. 1990년대 후반에 태동한 한류는 드라마, K-팝, 예능 등 장르를 확장하며 글로벌 차원으로 확장되었다. 초창기 한류에 대한 비판론과 종식론이 거론되었지만, 유튜브와 OTT 등 디지털 플랫폼 확산으로 오늘날 한류는 세계 젊은이들의 취향과 유행의 변화를 주도할 정도의 글로벌 문화 현상으로 자리 잡았다(김유정, 2024). 2012년에 926만 명이던 세계 한류 동호회원 수는 2023년에 2억 명을 넘어, 11년 만에 약 24배가 증가하였다. K-팝과 K-드라마에서 시작된 관심이 한국어 배우기, 음식 등 생활 한류 중심의 한류 4.0으로 변화하고 있다. 한류는 이제 더 이상 하위문화가 아니라, 글로벌 대중문화의 중심으로 도약하고 있다.

한류 1.0은 한국 드라마의 해외 수출과 인기로 시작되었다. 〈질투〉(1992)와 〈여명의 눈동자〉(1992)는 중국의 첫 공식 드라마 수입작으로 기록되었고, CCTV에서 방영된 〈사랑이 뭐길래〉(1997)는 높은 시청률을 기록했다. 일본에서는 〈겨울연가〉(2004)가 폭발적인 반향을 일으켰고 〈대장금〉(2003~2004)은 대만 인구의 절반이 시청하고 이란에서 80%의 열렬한 호응을 이끌어내며 한류의 초기 서사를 형성했다. 한류 2.0은 소녀시대와 원더걸스가 아시아를 넘어 북미 시장에 진출하고 싸이의 '강남스타일'이 유튜브 조회 수 10억을 돌파하는 등 디지털 플랫폼을 통한 팬덤 확산이 본격화된 시기다. 이 시기의 한류는 페이스북, 트위터, 유튜브와 같은 뉴미디어 플랫폼을 중심으로 확장되었으며, 수용자들이 콘텐츠의 생산과 유통 과정에 적극적으로 가담하며 팬덤 주체로 자리 잡았다. 한류 3.0은 2010년대 중반부터 K-팝이 미국과 유럽 시장으로 진출하면서 글로벌 문화지형을 새롭게 구성하는 시기다. 2018년 방탄소년단BTS의 'Love Yourself: Tear'가 빌보드 차트 1위를 기록하며 K-팝이 서구 대중문화의 중심부로 진입하였다. K-팝의 광범위한 인기에 이어 〈기생충〉, 〈오징어 게임〉 등 한국 콘텐츠의 인기와 함께 한국 문화 전반에 대한 관심이 전 지구적으로 확산되며 K-푸드, K-뷰티, K-관광 등 Korea의 이니셜 K를 접두어로 사용하는 이른바 K-현상이 부상하였다.

이러한 한류 확산은 경제적 효과로도 가시화되었다. 〈2023 한류의 경제적 파급효과 연구〉에 따르면 한류로 인한 총 수출액은 19조 5,000억으로 전년 대비 5.1% 증가하였다. 한국의 문화 콘텐츠 수출액은 2002년에 약 5억 달러에서 2018년에 95억 달러로 꾸준히 성장했다. 2020년대에 들어서는 K-팝과

K-드라마, 게임, 웹툰 등이 글로벌 인기를 끌며 2022년에 약 12조 3천억 원으로 급성장했다. '한류'는 한국 문화의 국제적 인기를 나타내는 용어로 출현했으나 이제 한국 정부와 산업계는 해외의 모든 한국 문화 소비와 이로 인해 파급되는 사회적 영향력에 이르기까지 광범위한 과정을 '한류'로 포괄하며, 한류를 국가 브랜드 강화와 경제적 파급효과의 핵심 전략으로 적극 규정하고 있다(박소정, 2022).

2 — 지배 담론: 국가 주도의 문화 패권 프레임

담론은 사회의 구성원들 간에 공유되며 체계적으로 생성 · 유통 · 발전되는 언어적 체계와 규칙의 총체로서, 특정 사회의 지식과 권력을 구성하고 재생산하는 구조적 메커니즘이다(이진우 · 박일우 · 김종환, 1996). 한편, 담론은 사회적 관계와 제도, 문화적 규범에 의해 형성되고, 동시에 그것들을 형성하는 사회적 맥락 속에서의 언어 사용으로서, 특정 주제에 대한 의견과 사고, 커뮤니케이션의 상호작용과 그 결과가 드러나는 방식이기도 하다(Gee, 2014). 푸코에 따르면, 담론 분석은 지식의 생산 과정에 권력이 어떻게 개입하는지를 추적하는 작업으로, 담론에는 필연적으로 계급적 성격과 권력의 형식이 깃들어 있다(이지행, 2020). 이러한 관점에서 볼 때, 지난 25여 년간 진화를 거듭하며 글로벌 문화현상으로 자리 잡은 한류에 대해 미디어가 어떤 담론을 지배적으로 형성했는지, 그리고 이에 맞서 팬덤과 해외 언론이 어떻게 대항적 담론을 구성했는지를 살펴볼 필요가 있다.

1) '문화 우수성'과 '국가 브랜드'의 동일시

한류 초기에 한국 드라마가 동아시아 지역에서 선풍적 인기를 끌자, 국내 언론은 이를 한국 문화의 우수성을 입증하는 문화 패권 담론으로 재구성하였다(최영묵, 2006). 일본 내 한류 열풍에 대해 '돈으로 못 따질 문화외교 톡톡히', '욘사마 열풍 한국 시각도 바꿨다' 등의 보도를 통해 한류 스타가 민간 외교관의 역할을 수행한다고 평가하였다(한영균, 2020). 한국 드라마의 인기를 '문화 한국'의 승리로 묘사하는 경향이 나타났고 한류를 통해 한국 문화의 우수성이 입증되었으며, 이를 통해 국가 브랜드와 소프트파워가 강화되었다는 담론이 대두되었다. 한국 TV 드라마에 대한 호감도가 한국 문화에 대한 호감도로 이어져 국가이미지에 긍정적인 영향을 미칠 수 있으며(한충민 외, 2011) 한류 콘텐츠가 해외의 한류 팬들에게 한국 문화를 친숙하게 만들어 국가이미지를 긍정적으로 만든다(손승혜, 2013)는 담론은 한류의 문화적 성공을 국가 브랜드 강화와 동일시하는 프레임을 형성했다.

해외 언론에서도 국내 언론의 이런 담론에 조응하는 반응이 발견된다. 프랑스 언론 역시 한류를 글로벌 문화 패권 현상으로 해석하며, 한국을 세계문화의 중심으로 재위치시켰다. 프랑스 일간지인 〈르몽드*Le Monde*〉는 "한류가 아시아를 넘어 세계문화의 중심에 있다."고 했는데, 이는 과거 아시아를 주변부로 보며 한국을 '이교도의 나라'로 묘사했던 것과 달리 글로벌 문화를 선도하는 역동적인 국가로 묘사한 것이다. 일부 프랑스 언론은 한류 현상이 중견 국가의 소프트파워 발전을 보여주는 가장 모범적인 사례라고 평가하였다(김유정, 2024). 일본 학자들의 연구에서도 한국 드라마, 영화 등 한류 소비가 일본인들의 한국과의 심리적 거리를 단축시키고 국가관계 개선에 긍정적으로 작용할 것이라는 논의가 발견된다(한영균, 2020). 한편, 국내에서는 한류를 민족적 쾌거로만 해석(심두보, 2007)하거나, 대중 소비 양상을 충분히 분석하지 못하는 일방향적인 담론이 강화되었다(윤선희, 2006)는 비판도 제기되었다. 한류를 단순한 외교적 성공이나 국가적 자부심의 상징으로만 소비하는 지배 담론은 문화 소비의 다층적 의미와 수용자의 능동성을 은폐하는 효과를 낳았다.

2) 정책 성공 서사와 한류의 제도화

한류의 성공을 정부의 문화 정책과 지원의 결과로 해석하는 '정책적 성과 담론'은 국내외 미디어 담론장에서 지속적으로 재생산되어 왔다. 한국 정부는 '2005년 한류의 지속, 확산 방안'을 발표하고, 2012년 '한류문화진흥단'을 발족하는 등 다양한 기구와 정책을 통해 한류를 전략적 국가 프로젝트로 체계화했다. K-팝 열풍이 주도하는 흐름을 '한류 3.0'으로 규정하고, 이러한 흐름이 한국 문화 전반을 아우르는 'K-컬처'로 이어지도록 지원하였다. 정권의 교체와 관계없이 '한류 3.0 위원회', '한류기획단' 등을 발족하여 한류 관련 정책을 지속적으로 진행하였다. '한류'와 'K-컬처'라는 명칭은 단순한 문화 흐름이 아니라, 정부 주도의 계획적 산업 육성 모델을 상징하는 키워드로 작동했다.

한국에서 한류는 부가가치가 높은 국가경제의 성장 동력으로 기대를 모았고, 정부 기관은 보도자료와 정책 발표를 통해 문화산업의 성공을 국가 주도의 계획성과 전략적 지원의 결과로 프레이밍하였다. 주류 언론은 이를 비판 없이 수용하여 '한류 수출', '콘텐츠 산업 매출 128조' 등 경제적 성취 지표를 반복적으로 강조했다. 한국 일간지의 '한류' 관련 기사 헤드라인에서 도출된 주요 단어들은 '수출', '산업', '기업' 등 경제산업적 성취의 의미를 부여하는 단어들과 함께 '경쟁', '최고', '열풍' 등의 단어들도 함께 사용됨으로써 한류 현상에 대한 보도가 경제산업적 영역에서의 경쟁과 성과지향주의적 의미를 형성하였다.

한류를 문화산업의 성공적인 수출 모델로 보는 프레이밍이 미디어에서 뚜렷이 나타난다.

한국 언론의 이러한 보도 방식은 일본 언론과 비교할 때 더욱 선명하게 드러난다. 일본 일간지는 한류 콘텐츠를 다룰 때 '마음', '매력', '여행', '공항'과 같은 정서적, 일상적 단어를 중심으로 팬덤과 대중문화 자체를 조명한 반면, 한국 언론은 한류를 산업성과와 국가적 경쟁력이라는 프레임 속에 가두었다(정수영 · 황경호, 2015). 문화산업의 진흥에 지나친 정부의 개입에 대한 비판과 탈국적 필요성이 역설되기도 하였으나, 여전히 정부와 주류 언론은 '한류'라는 용어에 큰 의미를 부여하고 있다(한영균, 2020).

정부 정책의 성과 담론은 해외에서도 유사하게 확산되었다. 영국 일간지 〈타임*Time*〉 지는 '한류! 한국 문화는 어떻게 세계를 정복했는가'라는 기사에서 한류의 성공을 수십 년에 걸친 한국 정부의 계획적인 노력의 결과로 해석하였다(김윤지, 2022, 5, 7). 프랑스 언론은 한류의 발전이 1990년 이래 대중문화를 꾸준히 지원해 온 한국 정부의 주도적인 역할에 주목하며 1997~98년 아시아 금융위기 시 한국 정부가 문화산업 발전을 위해 대중문화 육성 및 콘텐츠 개발을 주도적이고 체계적으로 지원한 것으로 보았다(김유정, 2024). BBC와 CNN의 K-팝 보도는 K-팝의 글로벌 성공 배경에 문화 수출을 확대하려는 한국 정부의 전략적 의도가 있었다며 한국 대중문화의 전 세계적 확산이 우연이 아니라 의도적인 정부 전략의 결과로 바라보는 관점이 드러났다(Moon, 2023).

한편, 홍석경(2021)은 한류를 수용자들의 자발적 현상으로 보았으며, 정부 지원에 의해 한류가 확대되었다는 해외 언론의 주장에는 반대 입장을 보였다. 한류는 기획된 전파 현상propagation이 아니라 자발적인 수용 현상reception으로 "미디어의 매개가 확산에 핵심적 영향을 미치는 미디어 문화 현상이라는 것" 이다(고현석, 2023, 10, 14). 한류 현상의 지속은 단순한 산업 정책만으로는 불가능하며 한국 사회 내부의 요인들과 관련이 있다. 정부 지원으로 한류가 확대되었다는 오해는 한국 정부가 대중문화의 해외 진출을 과도하게 지원하고 외교에 활용한 측면도 있지만 근본적으로는 서구의 식민주의적 사고방식 때문이라는 분석이다. 많은 서구 학자들이 아시아 국가를 바라볼 때 정부 주도의 발전 모델을 적용하며 한류의 성공도 정부 주도의 결과로 해석하는 경향이 있다는 점을 지적한다(홍석경, 2021). 한류 발생 초기에 한국 사회는 한류를 일시적 현상으로 여기거나 그 실체에 대해 의문을 갖기도 했으나 예상외로 한국 대중문화 유행이 지속되자 동아시아 지역 중심으로 '한류'라는 동일한 명칭이 사용되었다. 이는 1990년대 아시아 지역의 미디어 시장 개방으로 확대된 방송 시간을 보충할 프로그램을 찾던 중국, 베트남, 대만 등 방송국에서 비교적 저렴한 가격에 구매 가능한 한국 프로그램을 대안적으로 선택하며 그 유행이 시작된 것이다. 한국 정부가 외국 수용자의 기호를 장기간 왜곡하는 것은 불가능한 만큼 한류 태동이 한국 정부의 기획이라는 주장에는 오류가 있다(Shim, 2006). 한류는 수용자들에 의한 자발적 현상으로 한류의 시작과 확산 그리고 지속가능성에 이르기까지 모든 단계에서 적극적인 수용자의 역할이 대단히 컸다. 이런 관점의 차이에도 '정부 정책의 성과' 담론이 형성된 것은 한류 성공 초기에 이루어진 정부 정책 수립 과정에 대한 연구들이 여전히 영향을 미쳐, 이후 많은 변화가 있었음에도 불구하고 초기 연구 결과를 그대로 적용하여 정책 지원의 역할을 과대평가하는 경향이 형성된 것이다. 초기 성공 사례와 국가 발전 담론이 결합되면서 여전히 '정부 정책의 성과' 담론이 강력하게 유지되고 있다. 이명박, 박근혜 정부 시기에 한류는 국가 브랜드 제고, 창조 경제활성화, 일자리 창출 전략과 긴밀히 연결되었으며, 이로 인해 한류는 산업화, 국가주의 프레임 안에서 일관되게 재구성되었다.

푸코는 지식과 권력이 교차하는 지점에서 담론이 생산되며, 이 과정에서 특정 권력 질서가 힘을 발휘하고 권력은 담론을 통해 작동하여 사람들의 인식과 사회적 행동을 통제한다고 보았다. 푸코에 따르면 특정 담론에는 계급적 성격과 권력의 형식이 담기게 되므로 헤게모니를 둘러싼 긴장과 경쟁이 발생한다(이지행, 2020). 한국 정부가 주도한 한류 정책 담론 역시 단순한 문화 정책 홍보를 넘어, 국가 권력을 문화 영역에 확장하고 국민 인식을 통제하는 전략적 도구로 기능한다. 한류의 성공을 국가 주도적인 노력의 결과로 강조하면서 국가가 한류를 통해 자국의 경제적, 문화적 위상을 높이는 동시에 국가 주도의 문화산업을 정당화하는 수단으로 삼는 것이다. 정부 입장에서는, 한류가 외국에서 인정받고 확산되는 것이 정부의 의도적 지원 덕분이라는 담론이 정착될수록 문화산업에 대한 국가의 적극적인 개입과 지원이 정당화된다. 결과적으로 이러한 담론은 국가의 권력 유지를 위한 전략적 수단으로 기능하게 된다. 푸코의 담론 분석 이론을 적용할 때, 한류의 '정부의 지원과 정책' 담론은 단순히 한류의 성과를 설명하는 차원을 넘어 국가 권력과 연결되어, 국민에게 정부의 역할을 정당화하고 특정 문화적 정체성을 만들어 내는 방식으로 작용한다. 이 담론은 정부 주도의 발전 모델을 문화적 영역에까지 확대하여 국가 권력을 재생산하는 동시에, 한류가 한국 사회와 세계에서 특정한 방식으로 해석되도록 이끈다. 따라서 한류의 성공을 단순히 정부의 정책 성과로 보는 관점에는 정부가 사회 구성원들의 인식을 통제하려는 권력 의도가 내재해 있다고 볼 수 있다(원용진, 2019).

정부 주도 한류 담론이 미디어를 통해 형성되는 현상은, 미디어가 정부의 보도자료를 비판 없이 수용하여 보도할 때 뚜렷이 나타난다. 이러한 보도는 정부가 주도하는 한류의 국가주의 담론의 확산에 중요한 역할을 하며, 특정한 프레임을 고착시키는 데 기여한다. 이러한 담론이 어떻게 언론 보도를 통해 재현되는지를 보여주는 사례로, 뉴스 데이터 분석 플랫폼 '빅카인즈'를 통한 '한류'

관련 기사 15,187건의 분석 결과를 들 수 있다. 빅카인즈에서 국내 104개 언론사가 2023년 11월 10일부터 2024년 11월 10일까지 1년 동안 게재한 '한류' 관련 기사는 총 15,187건으로 뉴스 분류 항목상 문화(5,533건), 경제(4,616건), 지역(3,213건) 순으로 나타났다. 수집된 기사의 연관어 워드클라우드wordcloud 결과에 따르면 〈그림 1〉에서 볼 수 있듯이 한류 관련 가중치가 가장 높게 나타난 연관어는 '문화체육관광부'이며 'K-팝', 'K푸드' 그리고 'K-콘텐츠' 등 K 담론을 나타내는 단어들을 중심으로 '농림축산식품부', '경북', 'KOTRA' 등 정부 및 공공기관과 '대한민국', '우수성' 같은 단어들이 두드러진다.

그림 1 한류 기사 연관어 워드클라우드

15,187건의 한류 기사 중 정확도 상위 100건의 분석 뉴스에서 추출된 개체명(인물, 장소, 기관, 키워드) 사이의 관계를 네트워크 형태로 시각화한 결과는 〈그림 2〉와 같다. 관계도 가운데 '한류'를 중심으로 '문화체육관광부', '농림축산식품부', '중소벤처기업부' 등 중앙부처와 '한국관광공사', '한국문화관광연구원', '대한무역투자진흥공사', '한국콘텐츠진흥원' 등 정부 산하 기관들이 눈에 띈다.

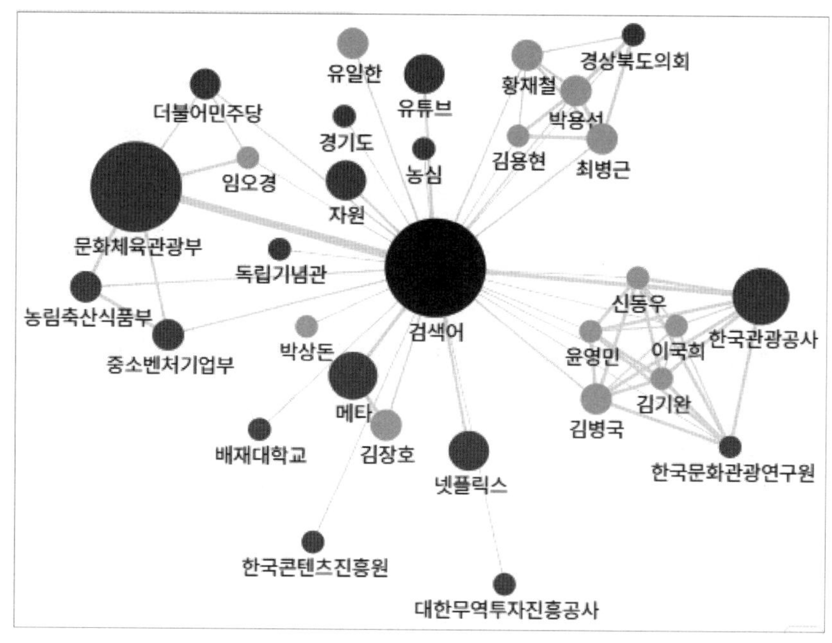

그림 2　한류 기사 키워드 관계도

관계도가 높은 인물로는 김장호 해외문화홍보원장, 임오경 더불어민주당 국회의원, 박상돈 천안시장, 대구정책연구원이 주최한 〈청년 · 쇼핑 · K-한류 중심 관광특구 발전방안 심포지엄〉에 참석한 이국희, 윤영민, 김기완 등이다. 김장호 해외문화홍보원장은 '재외 한국문화원, 문화 수출 전진 기지가 되도록 노력', 'K콘텐츠 세계적 파급력 계속될 것', '한국문화원 세계 33곳에 포진, K-컬처 영업사원으로 맹활약' 등 해외문화홍보원의 한류 확산 사업 뉴스에 자주 등장한다. 경상북도의회 한류확산특별위원회 의원인 최병근, 박용선, 황재철, 김용현 등은 'K한류확산특별위원회' 구성을 통해 경북의 풍부한 문화자원을 세계에 알리는 정책 개발 뉴스에 등장하고, 체계적 한류 지원정책의 법적 기반 마련을 위한 「한류산업진흥 기본법」의 발의자인 더불어민주당 임오경 의원도 한류와 관계성이 높은 인물로 등장하며, 천안시장 박상돈은 'K-컬처 박람회 성공적 개최 … 한류 문화 선도하는 천안 만들 것'이라는 기사에, 유인촌 문화체육부장관은 '프랑스 K-박람회', '한국문화 큰잔치' 등 문체부 행사에 자주 등장한다. 이처럼 중앙부처, 지방자치단체, 국회 등에 근무하는 공무원들이 노벨문학상을 수상한 작가 한강, 영화감독 봉준호, K-팝 뮤지션 뉴진스 등 문화예술인보다 한류 뉴스와 관계가 높은 것으로 나타났다.

위에서 살펴본 것처럼 한류 관련 뉴스에서 정부 부처가 주요 연관어로 등장하며 네트워크 관계도 역시 한류를 중심으로 한 정부 부처 및 산하기관들의 밀접한 연결망이 드러난 것은 곧, 한류는 정부 주도 프로젝트라는 프레임이 언론 보도 속에서 구조화되어 있음을 보여준다. 기사에 반복적으로 등장하는 주요 인물들 역시 문화예술인보다 해외문화홍보원장, 지자체장, 국회의원 등 정책 담당 공무원이 중심을 이루었다. 이러한 보도 관행은 한류를 자율적인 문화 창조와 소비의 결과로 보기보다는, 정책 기획과 행정 지원의 성과물로 위치시키는 미디어 재현 방식을 보여준다. 한국 정부는 경제개발 계획을 세우고 대기업을 중심으로 전략산업을 육성하며, 미디어를 통해 경제 성장의 성과를 강조해 온 발전주의 국가의 특성을 보인다. 1990년대부터 대중문화에 대한 산업적 측면을 강조하고 고부가 가치 산업으로 문화 정책 및 지원을 구체화하고 정권의 교체와 상관없이 한류에 대한 정책적 지원을 확장했다. 언론은 이같은 정부 주도 시각을 여과 없이 수용하여 보도함으로써, 대중의 국가주의적 상상과 문화산업 중심의 성장 담론을 강화하는 역할을 수행하고 있다. 이러한 담론이 대중과 사회로부터 더 적극적인 반응을 끌어낼 수 있기에 유사한 보도 양상을 반복하며 한류에 대한 국가주의 경향을 강화하는 효과가 있다(조영한 외, 2024, 262-265쪽). 결과적으로, 이러한 미디어 담론 생산 방식은 한류를 자생적인 문화 교류 현상으로 보기보다, 국가 발전 전략의 일부로 의미화하며 국가주의적 상상과 긴밀하게 연결시킨다. 이 과정에서 문화 소비자들의 주체적 해석과 문화적 다양성은 점차 축소되거나 배제되는 경향을 보인다. 그러나 이러한 일방적 담론 구성에 균열을 내는 움직임도 존재한다.

3 — 대항 담론: 팬덤과 해외 언론의 저항적 재구성

한류의 문화적 우수성과 정부 주도의 정책 성과를 강조하는 국가주의적 담론에 대항하여 해외에서는 중국과 일본을 중심으로 항한류(抗韓流), 혐한류(嫌韓流) 등 대항 담론이 대두되었다. 한편, 디지털 플랫폼의 성장으로 팬덤이 형성되며 레거시 미디어의 지배담론에 저항하는 팬덤 담론이 부상하였다.

1) 한류 팬덤의 능동적 담론 생산

기존의 대중문화에 대한 부정적 시각은 프랑크푸르트 학파의 문화산업 비판을 통해 오랫동안 지속되어 왔다. 그러나 스튜어트 홀Stuart Hall 이후 문화연구 전통에서는 수용자를 단순한 소비자가 아니라 능동적 해석자로 옹호하기 시작했다(이지행, 2020). 《텍스트 밀렵꾼들*Textual poachers*》에서 헨리 젠킨스Henry Jenkins는 팬덤을 지배적 헤게모니에 도전하는 참여적 하위문화sub-culture 공동체로 정의하며, 팬들의 활동을 창조적이고 비판적인 문화생산으로 평가하였다(이경여 · 박상현, 2023). 디지털 플랫폼과 스마트폰의 확산은 이러한 담론 변화를 가속시켰다. 유튜브와 트위터, 틱톡 등의 뉴미디어 환경 속에서 K-팝이 한류 중심으로 부상하면서 한류팬 층은 10~20대 여성으로 젊어지고 좋아하는 가수별로 팬클럽들이 형성되었다. 자국의 대중문화를 통해 충족할 수 없는 욕구와 눈높이를 K-팝에서 발견한 수용자들은 능동적, 자발적으로 팬덤 현상을 형성하며 언론사 뉴스를 통해 지배적으로 형성되던 한류에 관한 미디어 담론의 지형을 바꿔놓았다. 담론에 영향을 미치는 문화 매개자가 기존의 기자나 비평가에서 온라인 인플루언서로 바뀌는 미디어 변동이 일어나자 팬덤이 문화 매개자로서의 역할을 수행하며 담론장에 등장(이지행, 2020)한 것이다. 특히 방탄소년단의 팬클럽 아미Army는 K-컬처를 대표하는 담론의 중심에 떠올랐다. 아미에게 온라인 공간은 BTS에 대한 비평적 담론을 사이에 두고 지배적 헤게모니를 쥔 서구 미디어의 게이트키퍼로서의 '담론에 대한 영향력을 감시하고 관찰하며 투쟁하는 곳'으로, 팬덤 내 미디어 감시 계정들을 운영하며 자신들의 스타에 가해지는 '편견을 분해하고 긍정적인 새 담론을 입히는 작업'을 한다(이지행, 2020). 이러한 담론 생산 방식은 단순한 팬 활동을 넘어 비판적 언론 감시자이자 대중문화 텍스트의 공동 제작자로서의 정체성을 강화한다. 블랙핑크BLACKPINK의 팬클럽 블링크BLINK, EXO-L과 NCT 팬덤도 유사하게 온라인 상에서 뉴스 기사에 대한 분석과 재해석을 수행하는 능동적인 미디어 비평가의 역할을 하며 자신이 좋아하는 아티스트에 대한 미디어의 부정확하거나 편향된 보도에 대항하여 자체적인 담론을 형성한다.

국가 권력과 팬덤 간의 충돌도 나타나고 있다. 튀르키예에서는 정부 당국이 K-팝을 사회 문제로 지적하며 견제하자 K-팝 팬덤이 온라인 공간에서 조직적인 저항을 전개했다. 2021년 8월 이스탄불에서 가출한 10대 소녀 셋이 '한국에 가고 싶어서 가출했다'고 밝히면서 K-팝을 둘러싼 정부의 견제와 K-팝 문화를 자유롭게 소비하기를 원하는 팬덤의 의지가 충돌한 것이다. 튀르키예의 K-팝 팬덤은 트위터에서 해시태그(#kpopyasaklanmasn)를 통한 집단 트윗 운동으로 K-팝을 비판하는 논평가들을 공격하거나, K-팝 검열에 반대하는 등 온라인 공간에서 문화 투쟁에 나섰다(구기연 외, 2023). 중국의 경우, 팬덤 활동이 국가의 통제 대상이 되었다. 2021년에 중국 정부는 '무질서한 팬덤에 대한 관리 강화' 방안을 발표하며, 미성년자의 과도한 팬 활동과 소비를 제한하고 팬클럽 간의 경쟁을 규제하는 정책을 시행했다. 대표적으로 소셜 미디어 웨이보는 21개 한국 연예인 팬클럽 계정이 비이성적으로 스타를 추종하는 내용을 전파했다는 이유로 30일간 정지 조치(조준형, 2021. 9. 6)되었다. 이는 국가가 디지털 팬덤의 자율성과 확산을 위협 요소로 간주하고 개입하는 권력의 발동 사례라고 볼 수 있다.

최근 한류 팬덤 담론은 문화 전유cultural appropriation, 역사적 재현, 젠더 등 보다 복합적인 문화 정치 이슈로 확장되고 있다. 이는 단순한 팬 활동을 넘어 글로벌 담론장에서 수용자들이 어떤 의미를 재구성하고 어떤 권력 구조에 저항하는지를 보여주는 사례로 작동한다.

문화적 전유 혹은 혼종화

문화적 전유란 타문화의 정체성을 표현하는 핵심 요소를 해당 문화에 대한 이해나 존중 없이 차용하는 행위를 뜻하며, 지배적 문화가 소수 문화를 도용하는 양상에 대한 문제의식을 담고 있다. 그동안 K-팝의 글로벌 확산은 혼종성을 긍정적으로 인식해 왔지만, 최근에는 그 혼종성이 이러한 위험을 내포하고 있다는 비판적 담론이 확산되고 있다. 특히, 2019년을 전후로 4세대 K-팝의 글로벌 팬덤이 확장되면서, 국내에서는 관습화된 재현 양식이 국경을 넘어 유통되며 타문화권의 감수성과 충돌하게 되었다(박소정, 2023). 예를 들어, 2022년 10월 BTS의 뷔가 라이브 방송 중 흑인 문화에서 중요한 상징인 두랙durag을 착용하자 일부 팬들은 이를 문화적 전유라고 지적하며, 특정 문화의 상징을 맥락 없이 사용하는 것이 적절하지 않다는 문제를 제기했다. 반면, 의도적인 악의는 없었을 것이라는 팬들의 옹호 의견도 존재했다. 또한 2020년 10월, NCT U는 'Make A Wish' 무대에서 '알라딘' 콘셉트를 사용하며 아랍 문화를 단순화하고 왜곡했다는 비판을 받았다. 무대 배경에 이슬람 모스크 사원이 등장한 것이 종교적 모욕이라는 지적이 제기되었고, 블랙핑크의 'How you like that' 뮤직비디오에 힌두교의 가네샤 신상이 등장한 장면 역시 인도 네티즌들의 항의를 불러일으켰다. 이러한 사례들은 K-팝의 글로벌 영향력이 커지면서 문화적 감수성과 책임에 대한 인식이 높아지고 있음을 보여준다. K-팝은 이제 단순히 한국 내에 국한되지 않고 전 세계적으로 소비되고 영향을 미치는 문화 현상이 되었기 때문이다.

K-팝의 문화 전유 논란은 다양한 문화의 시각적, 음악적 요소를 혼합한 혼종적 구조 자체에서 비롯된 만큼, 구조적으로 피하기 어려운 측면이 있다. 다만, 감각적 자극을 위해 타문화의 정체성을 무비판적으로 차용하는 것은 문화적 책임의식 측면에서 부적절하다. K-팝은 외국인 멤버와 해외 아티스트 참여 등 국제화 전략을 지향하지만, 문화 요소가 결합된 안무와 콘셉트가 과연 진정한 문화적 다양성으로 이어지는지는 여전히 논란의 여지가 있다(박소정, 2023).

역사 재현에 관한 논란

최근 들어 K-드라마의 역사 재현 방식은 중국을 비롯한 해외 온라인 커뮤니티에서 활발히 논의되고 있다. 특히 중국에서는 한국 사극의 역사적 진실성과 자국 문화의 영향력에 대한 문제 제기가 두드러졌으며, 한국 방송 콘텐츠에서 중국 문화와 인물을 묘사하는 방식이 반한류 정서를 유발하는 요인으로 지적된 바 있다(김수정 · 김은준, 2016). 대표적인 사례로 2021년 SBS의 드라마 〈조선구마사〉는 중국풍 소품과 의상을 사용한 점이 비판을 받아 역사 왜곡 논란에 휘말렸고, 결국 방영이 중단되었다. 〈철인왕후〉 역시 《조선왕조실록》을 경시하는 발언이 논란이 되어 제작진이 공식 사과하고 해당 장면을 삭제했지만, 중국 온라인 커뮤니티에서는 여전히 역사 왜곡에 대한 비판이 이어졌다. 국내에서도 〈미스터 션샤인〉이 일제 강점기와 독립운동가에 대한 서사 구성 방식으로 일부 시청자들의 비판을 받았으며, 〈설강화〉는 1980년대 민주화 운동을 배경으로 하면서도 국가안전기획부의 탄압을 미화하거나, 스파이 캐릭터를 낭만화했다는 점에서 역사 왜곡 비판을 초래했다.

이러한 논란은 단순한 사실 오류나 설정 문제를 넘어, 콘텐츠 내 재현과 이념적 프레임이 문화 담론의 충돌 지점으로 부각되고 있음을 시사한다. 국내 팬덤은 역사적 사실에 대한 왜곡을 민감하게 비판하며 제작자의 책임과 윤리를 강조하는 반면, 해외 팬덤은 주로 드라마의 스토리텔링이나 캐릭터 중심의 감상에 집중하는 경향을 보인다. 결국, 이러한 논란들은 K-드라마가 글로벌 콘텐츠로 소비되는 현 시점에서 역사 재현의 방식과 문화적 감수성이 더 이상 국내적 맥락에만 머물러서는 안 되는 문제임을 보여준다.

2) 해외 미디어의 이중적 태도

해외 미디어는 한류의 확산을 경계하면서도 동시에 소비하고 보도하는 모순적 태도를 보여 왔다. 한류가 자국 문화산업에 위협이 된다고 인식하는 한편, 글로벌 콘텐츠로서의 가치를 부정하지 못하는 양가적 시선은 다양한 방식으로 드러난다. 이러한 이중성은 자국 문화 보호 논리와 상업주의 비판, 그리고 외교적 갈등 상황에 따라 변화하는 보도 태도 속에서 구체화된다.

자국 문화산업 보호 필요성 강조

1999년 '한류'라는 용어가 처음 사용된 중국에서는 2005년 〈대장금〉 방영 이후 한국 콘텐츠의 인기가 급상승하면서 수익 창출을 앞세운 한국 콘텐츠의 과잉 공급에 대한 반감이 형성되기 시작했다. 2010년대 초반까지 한국 방송 콘텐츠 수출은 일본, 대만, 중국 등 아시아 3국에 집중된 반면, 콘텐츠 수입은 미국 중심의 북미 시장에 편중되며 수출입 불균형 현상이 계속되었고 이는 한국 대중문화물의 유입에 대한 중국과 일본의 경계심을 자극하였다(정수영 · 유세경, 2013). 중국에서는 자국 대중문화 산업이 한류에 압도될 수 있다는 위기감에서 자국 문화산업 보호와 민족주의(김수정 · 김은준, 2016)의 발로로 반한류 정서가 형성되었다. 이에 따라 중국 정부는 해외 방송 콘텐츠 수입 규제를 강화했고, 주요 일간지들은 한류 스타와 현상을 부정적인 시각으로 보도하기 시작했다. 일본에서는 '2채널' 등 인터넷 커뮤니티를 중심으로 '혐한류'라는 용어가 사용되며 한국인과 한국 문화에 대한 부정적인 고정관념이 빠르게 확대 재생산되었다(한영균, 2020). 이 시기 국내에서는 한류를 경제성과 중심의 '신한류' 담론으로 확산시키는 반면, 한류 수용국에서는 한류의 일방적 확산에 대한 경계와 배척의 움직임이 나타났다(정수영 · 유세경, 2013). 필리핀, 태국, 싱가포르 등지에서도 한류 열풍이 심화되면서 자국 문화의 잠식에 대한 우려와 문화적 자존감이 함께 표출되었다.

문화적 획일화와 상업주의 비판

한류 문화산업이 이윤 창출을 우선시한다는 점은 미디어의 공공성과 문화의 자주성을 훼손하고 국내외 수용자를 착취할 수 있다는 비판을 낳았다. 한류 콘텐츠가 사회 현실이나 수용자의 일상과 유리된 채 상업적 서사만을 반복한다는 점이 지적되었다(김승수, 2012). 한류 확산 초기, 한국 드라마는 유교적 정서를 공유하는 중국 시청자에게 높은 호응을 얻었으나, 이후 상업성을 추구하는 콘텐츠의 천편일률적 구조로 인해 호감도가 저하되었다(김수정 · 김은준, 2016). 일본에서도 2010년대 중반 이후 전형적이고 반복적인 스토리 전개와 상업화된 콘텐츠 구성에 대한 피로감이 나타났으며, 베트남과 인도네시아 등 동남아시아에서도 현지 문화를 반영하지 못한 일방적 콘텐츠 수출에 대한 비판이 제기되었다. 한국 드라마가 사회문제보다는 '탈출구로서의 환상적 서사'에 집중한다는 지적도 존재한다(Baldacchino & Park, 2020). BTS가 빌보드 정상에 오르고 글로벌 팬덤을 형성한 데 반해, 서구 언론은 'K-팝 공장', '광적인 십 대 여자애들이 좋아하는 가수' 같은 표현을 사용하며 K-팝 시스템을 상품화된 노동 구조로 묘사했다. 노예 계약, 혹독한 연습, 감정적 · 육체적 착취 등 아이돌 시스템에 대한 비판이 반복되며, 자율성과 창의성이 억압된다고 지적된다. 이러한 담론은 K-팝에 대한 문화적 하위 인식을 강화하며, 서구 팝과 비교해 K-팝을 열등한 문화로 위치시키는 경향을 보인다(Jin, 2016). 예를 들어 BTS의 성공을 상업적 마케팅 때문으로 폄하하며 BTS를 '어린 소녀들의 특이한 취향'으로 취급하는 태도를 보이는데(이지행, 2020), 이러한 프레임은 서구 음악 시장 중심주의와 비영어권 음악에 대한 산업적 저항감에 기반한다.

정치적, 외교적 갈등의 영향

중국의 반한류 정서는 중화사상과 경쟁의식 속에서 확산되었으며, 이후 동북공정 논란 등 역사 외교 이슈와 결합되며 더욱 증폭되었다. 중국은 매체가 관영 중심으로 운영되기 때문에, 양국의 정치 상황에 따라 한류 보도에 강한 영향이 나타난다(김수정 · 김은준, 2016). 2016년 한국의 사드THAAD 배치에 반발한 중국은 드라마, 영화, K-팝 등 한국 문화 상품에 대한 사실상의 수입 금지 조치를 취했으며, 이로 인해 문화 콘텐츠 수출 흑자가 큰 타격을 받았다. 일본에서는 한류에 대한 인기에도 불구하고, 정치적 갈등이 발생할 때마다 보수 언론이 반한 감정을 부추기며 한류를 비판하는 논조를 강화했다. 2018년 강제징용 배상판결과 2019년 한일 무역분쟁 이후에는 한국 연예인의 출연 취소나 드라마 편성 중단 사례도 나타났다. 한편, 이란에서도 외교 관계의 변화가 한류 수용에 영향을 미쳤다. 2021년, 한국이 미국 제재로 인해 이란의 석유 수송 자금을 지급하지 못하면서 외교가 냉각되자, 이란 정부는 한국산 가전제품 수입을 금지하고 한류 콘텐츠를 '유해한 외래 문화'로 지정하는 조치를 취했다(구기연 외, 2023). 이처럼 정치, 외교적 갈등은 한류의 이미지와 수용 정책에 실질적 영향을 미치는 변수로 작동하며, 한류의 지속가능성을 위해 문화적 감수성과 외교적 균형 감각이 동시에 요구됨을 시사한다.

4 — 한류 담론의 충돌: 미디어는 무엇을 말하고, 무엇을 침묵하는가

한류를 둘러싼 지배 담론과 대항 담론은 문화의 의미와 권력을 놓고 서로 다른 방향에서 해석되며, 이 충돌은 구체적인 담론 쟁점들 속에서 더욱 분명하게 드러난다.

1) 문화적 우수성 vs. 문화적 전유와 혼종성

한류는 한국 문화의 우수성과 독창성을 보여주는 상징으로 자주 언급되었고, 국내 언론은 한류 초기에 이를 '문화 한국'의 승리로 묘사하며 한류를 통해 한국 문화의 우수성이 입증되었다는 식의 보도를 지속적으로 내보냈다. 이는 한류의 세계적 성공을 한국 문화 고유의 가치와 우수성에 기인한 것으로 해석하는 민족주의적 담론을 강화하였다. 그러나 이러한 문화 우월주의적 시각은 수용국의 문화적 맥락을 간과한 일방적인 해석으로, 한류 확산의 복잡한 요인들을 단순화시킨다는 비판을 받았다. 특히, K-팝 팬덤 담론이 글로벌 차원에서 확장되면서, K-팝의 혼종성을 강조하는 새로운 담론이 등장하였다. 이는 K-팝이 서구 팝, R&B, 힙합 등 다양한 장르에서 영향을 받고 새로운 음악적 언어를 창출했다는 해석으로, 한류를 단순한 한국 문화의 전파가 아닌 글로벌 문화 교류의 결과물로 보는 관점이다. 이와 같은 혼종성은 K-팝의 유연성과 창의성을 드러내지만, 동시에 한국 문화의 정체성을 희석시킬 수 있다는 우려도 제기된다. 일부 학자들은 K-팝이 서구 문화를 모방함으로써 한국 고유의 문화 정체성이 약화되고 있다고 비판하기도 한다(이수안, 2012). 결국, '문화적 우수성'과 '문화적 전유와 혼종성' 간의 담론 충돌은 한류의 의미를 둘러싼 해석 차이를 보여주며, 주류 담론이 한류를 민족주의적 관점에서 단순화했다면 대항 담론은 한류를 로컬과 글로벌이 상호작용하는 복합적 문화 현상으로 해석하려는 시도를 보여준다.

2) 정부 주도의 정책적 성과 vs. 자생적 문화 현상

한류의 성공은 정부의 체계적인 문화 정책과 전략적 지원의 결과로 해석되며, 국가 브랜드를 강화하는 외교 자산으로 인식되기도 한다. 실제로 한류 성장 과정에 정책 지원이 뒷받침된 것은 사실이나 정부가 지속적으로 기획해서 성과를 도출했다고 보기는 어렵다. 정부 주도의 한류 담론은 문화적 성과를 국가 이미지 제고와 경제 성장의 지표로 연결시키며, 문화 콘텐츠를 외교 자산이자 수출 전략으로 전환시킨다. 이러한 국가주의 프레임은 한류를 창의성과 자율성의 산물이 아니라, 기획된 성공 서사로 고정시키고 수용자의 역할을 축소하는 효과를 낳는다. 또한 국내 언론은 한류를 자생적 문화 확산보다는 정부 주도의 성과로 재구성하며, 수출 실적과 산업 기여도에 초점을 맞춘 보도 프레임을 반복하고 있다. 이로 인해 팬덤 중심의 문화 실천이나 수용자의 자율적 해석은 주변화되고, 한류는 여전히 국가가 말하는 성공 서사로 규정되는 경향이 강하다. 그러나 실제로는 디지털 플랫폼 성장과 팬덤의 능동적 참여가 한류의 글로벌 확산을 이끌었으며, 이로 인해 한류는 자생적인 문화 현상이라는 해석이 더 큰 설득력을 얻고 있다. 특히, 일본과 중국의 젊은 세대들은 한류를 정치적, 국가적 이미지와 분리된 순수한 문화 콘텐츠로 인식하는 경향이 뚜렷하며, '한류'라는 용어 자체에 대해서도 국가주의적 이미지를 경계하는 비판적 태도를 보이는 경우가 많다(한영균, 2020).

지금까지 살펴본 바와 같이, 한류를 둘러싼 지배 담론과 대항 담론은 뚜렷한 충돌 양상을 보여왔다. 한류 발생 초기부터 국내 언론은 한국의 문화적 우수성과 정부의 정책적 성과를 강조하며 국가주의적 담론을 형성했고, 이는 한류가 아시아의 대중문화에서 글로벌 대중문화로 진화하는 과정에서도 희석되지 않고 오히려 확대되어 왔다. 특히 코로나 팬데믹 이후 'K-방역'의 성공이 강조되며 'K-뷰티', 'K-의료' 등 다양한 분야에서 'K-담론'이 등장하고, 국가 중심의 보도 관행은 더욱 강화하는 경향을 보이고 있다. 이 같은 보도는 한류를 국가 주도의 성과로 고착시키는 프레임을 지속적으로 재생산하는 역할을 하고 있다.

5 — 결론: 지속 가능한 한류 담론을 위하여

한류에 대한 국내 미디어의 지배 담론, 해외의 대항 담론, 그리고 팬덤에서 새롭게 형성된 수용자 담론은 상호 충돌하며 영향을 주고받고 있다. 이 가운데 한류에서 정부의 역할을 강조하는 국가주의적 시각은 한류가 본질적으로 해외 팬들과 수용자들의 초국가적 소비와 유통을 통해 가능해졌다는 점을 간과한 해석이라고 할 수 있다(조영한 외, 2024). 한국 언론은 한류의 초국가적 특성을 인지하고 수용자 중심의 균형 잡힌 보도 태도를 지향할 필요가 있다. 감정적인 민족주의적 접근은 해외 수용자에게 거부감을 줄 수 있으며, 이를 신중히 재검토하는 것이 중요하다. 중국, 일본 등 인근 국가들 또한 국가주의적 성향이 강하므로, '혐한류'나 '항한류'와 같은 저항 담론이 재부상할 가능성을 배제할 수 없다. 한류의 지속 가능성을 위해서는 국가 중심의 지배 담론을 넘어, 수용자의 관점과 초국가적 문화 흐름을 반영하는 균형 잡힌 담론 전환이 필요하다.

아울러 한국의 미디어 종사자들은 타국 및 타문화에 대한 재현에 있어 현지 수용자의 감수성을 자극하지 않도록 더욱 주의를 기울여야 한다(김수정 · 김은준, 2016). 한류가 글로벌 문화 현상으로 지속적으로 발전하기 위해서는 한국 언론이 정부 보도자료를 무비판적으로 수용하는 관행에서 벗어나야 하며, 수용자들이 공감할 수 있는 한국적 가치를 전달하려는 새로운 관점과 서사 전략이 요구된다.

참·고·문·헌

고현석 (2023, 10, 14). 한류의 특성과 미래...한류는 전파 현상 아닌 수용 현상이자 미디어 문화 현상. 〈대학지성〉.
URL: https://www.unipress.co.kr/news/articleView.html?idxno=9276

구기연 · 한하은 · 안소연 (2023). 중동 주요 3개국 정부 정책 변화와 한류 수용 양상에 대한 고찰: 사우디아라비아, 이란, 튀르키예를 중심으로. 〈아시아 리뷰〉, 13권 3호, 111-156.

김수정 · 김은준 (2016). 동남아시아 반한류에 나타난 문화적 갈등과 특성: 인도네시아와 베트남을 중심으로. 〈동남아시아연구〉, 26권 3호, 1-50.

김승수 (2012). 한류문화산업의 비판적 이해. 〈지역사회연구〉, 20권 4호, 101-117.

김유정 (2024). 한류를 바라보는 프랑스 공적 담론 연구. 〈통합유럽연구〉, 107-144.

김윤지 (2022, 5, 7). 한류, 정책 산물인가 '설계되지 않은 성공'인가. 〈한겨레〉.
URL: https://www.hani.co.kr/arti/economy/economy_general/1041887.html

박소정 (2022). 확장하고 경합하는 K: 국내 언론 보도를 통해 본 K 담론에 대한 분석. 〈한국언론학보〉, 66권 4호, 144-186.

박소정 (2023). K팝이 세계와 조우하며 마주하는 인종과 젠더의 문제. 〈아시아 브리프〉, 3권 16호. 1-5.

빅카인즈 https://www.bigkinds.or.kr/

손승혜 (2013). 한국 문화의 수용과 국가 이미지 형성에 관한 탐색적 연구: 파리 한국문화원 한국어수강자들의 문화수용 과정과 의미. 〈문화정책논총〉, 27권 1호, 100-120.

심두보 (2007). 한류와 한국 드라마, 그리고 여성의 팬덤. 〈방송공학회논문지〉, 12권 5호, 414-421.

원용진 (2019). 한류: 수많은 담론, 하나의 관점. 윤태진 · 진달용 (편) 〈한류: 역사, 이론, 사례〉 (57-82쪽). 파주: 한울아카데미.

윤선희 (2006). 문화 간 커뮤니케이션과 뉴스 보도의 내러티브 분석. 〈한국언론정보학보〉, 162-197.

이경여 · 박상현 (2023). 한류 팬덤에 대한 인식과 이슈의 소셜 빅데이터 분석. 〈한국엔터테인먼트산업학회논문지〉, 17권 4호, 1-16.

이수안 (2012). 유럽의 '한류'를 통해 본 문화혼종화: K-pop 열풍을 중심으로. 〈한독사회과학논총〉, 22권 1호, 117-146.

이지행 (2020). 서구미디어의 지배담론에 대한 방탄소년단 글로벌 팬덤의 대항담론적 실천 연구. 〈여성문학연구〉, 50권, 79-114.

이진우 · 박일우 · 김종환 (1996). 담론이란 무엇인가: 담론개념에 관한 학제간 연구. 〈철학연구〉, 56권, 257-290.

정수영 · 유세경 (2013). 중국과 일본의 주요 일간지에 실린 대중문화 한류 관련 뉴스 분석. 〈언론정보연구〉, 50권 1호, 121-156.

정수영 · 황경호 (2015). 한 · 일 주요 일간지의 한류 관련 뉴스 프레임과 국가 이미지: 기사 헤드라인에 대한 의미연결망 분석을 중심으로. 〈한국언론학보〉, 59권 3호, 300-331.

조영한 · 김수아 · 이규탁 · 방희경 · 이성민 (2024). 〈한류 탐색: 역사와 이론〉. 서울: 컬처룩.

조준형 (2021, 9, 6). 中소셜미디어, 장원영 등 韓연예인 팬클럽 계정 21개 정지. 〈연합뉴스〉. URL: https://www.yna.co.kr/view/AKR20210906101300083

최영묵 (2006). 동북아시아 지역의 텔레비전 드라마 유통과 민족주의. 〈언론과학연구〉, 6권, 463-497.

한국국제문화교류진흥원 (2021). 〈2020 한류백서〉. 서울: 한국국제문화교류진흥원.

한국국제문화교류진흥원 (2023). 〈2022 한류의 경제적 파급효과 연구〉. 서울: 한국국제문화교류진흥원.

한영균 (2020). 일본 내 한류의 현황과 한일관계: 한류의 문화외교 기능을 중심으로. 〈국제학논총〉, 32권, 5-34.

한충민 · 진희 · 이상엽 (2011). 한류가 한국 화장품 브랜드의 이미지에 미치는 영향: 한류광고 vs 국가이미지효과. 〈경영학연구〉, 40권 4호, 1055-1074.

홍석경 (2021, 12월). 〈BTS와 Netflix 이후의 한류〉. 제37차 세종국가리더십포럼 자료집. 서울: 경제 · 인문사회연구회.

Baldacchino, J. P., & Park, E. J. (2020). Between fantasy and realism: Gender, identification and desire among Korean viewers of second-wave Korean dramas. *European Journal of East Asian Studies, 20*(2), 285-309.

Gee, J. P. (2014). *An Introduction to discourse analysis: Theory and method.*. New York, NY: Routledge.

Jin, D. Y. (2016). Critical discourse of K-pop within globalization. In D. Y. Jin (Eds.), *New Korean wave: Transnational cultural power in the age of social media* (pp. 111–130). London, UK: Routledge.

Moon, M. (2023). Media coverage of K-pop by BBC and CNN: A corpus-assisted discourse analysis. *Asian Communication Research, 20*(3), 234-249.

Shim, D. (2006). Hybridity and the rise of Korean popular culture in Asia. *Media, Culture & Society, 28*(1), 25-44.

Chapter 07

외국인 노동자와 일자리 미디어 담론

빅카인즈를 활용한 경제지와 진보지의 프레임분석

임종석

1 — 시작하는 말

전통적으로 민족적 단일성을 강조해 온 우리 사회는 1990년대 초반 이후 산업연수생 제도의 도입과 결혼이주민의 꾸준한 증가를 계기로, 어느새 다문화 이주민 사회로 변모하였다. 법무부의 〈출입국 · 외국인정책 통계월보〉에 따르면 2024년 9월 말 기준 체류 외국인은 268만 9천여 명으로 국내 전체 인구의 5%에 가깝다. 이들 가운데 외국인 노동자는 약 42만 6천여 명에 이르며, 심각한 저출산과 고령화로 노동인구가 급감하고 있는 우리나라에서 이들이 없으면 산업현장이나 농산어촌의 일터는 멈춰 설 수밖에 없다. 국내 노동시장에서 외국인 노동자가 차지하는 비중은 지속적인 증가세를 보이다가 코로나19 시기에 잠시 주춤했지만 이후 다시 가파르게 상승하고 있다. 고용노동부가 매월 발표하는 〈고용행정 통계로 본 노동시장 동향〉 자료에 따르면 2024년 9월 기준으로 고용보험에 가입한 외국인 수가 24만 4천 명 수준이다. 2021년 1월

1만 8천여 명이던 고용보험가입 외국인 노동자가 2023년 2월에 10만여 명, 2023년 9월에는 20만여 명으로 큰 폭으로 증가하였고 다시 1년 만에 4만여 명이 더 늘어난 것이다.* 외국인 노동자가 늘어나는 만큼 불법체류자를 비롯해 인권, 범죄, 취업률, 다문화가정 등 다양한 사회적 문제가 발생한다. 2024년 9월 말 현재 불법체류 외국인은 40만 8천여 명으로 전체 외국인의 15.2%를 차지하며 해마다 늘어나는 추세이다(법무부의 〈출입국 · 외국인정책 통계월보〉). 외국인 노동자가 국내 제조업의 빈자리를 채우는 효과가 분명함에도 내국인 고용보험 가입자는 지속적으로 줄고 외국인 가입자가 증가하면서 국내 노동시장 질서에 미칠 영향과 정부의 고용정책에 대한 논란이 커지고 있다. 현장에서 일할 사람이 없다며 구인난을 호소하면서 외국인 인력을 확대하려는 산업계와, 내국인들이 일할 기회를 빼앗고 국내 노동시장의 생태계를 파괴한다며 반발하는 노동계가 대립하고 있는 것이다.

현대 사회에서 다양한 이슈의 대립으로 갈등의 골이 깊어질수록 공론장 역할을 하는 미디어는 '세상을 향한 창문'과 같아서 현실을 어떻게 이해해야 할지를 안내해 주는 프레임으로 작동한다(Tuchman, 1978). 특정한 이슈에 관하여 대중에게 전달하는 정보를 포장하기 위해 미디어가 어떤 내용을 포함하고 뺄 것인지를 결정하고 거기에 더해 어떠한 의미를 부여하는 등의 적극적인 역할을 한다(Gitlin, 1980; Hall, 1982). 미디어가 어떠한 시각으로 바라보고 무엇을 강조하는지에 따라 수용자도 자연스럽게 그와 같은 관점 또는 인식을 갖게 되는 것이다. 마찬가지로 외국인 노동자에 대해 긍정적인 담론을 생산하면 일반 시민도 간접 경험을 통해 긍정적인 입장을 갖게 되지만 부정적인 담론을 강조

* 고용보험가입 외국인 노동자가 급증한 이유는 정부가 2019년 고용보험법을 개정하여 고용허가제 대상인 E-9(비전문취업)과 H-2(해외동포)비자 외국인에게 고용보험가입을 의무화하고 고용허가제 규모를 확대해 고용할 수 있는 외국인 수를 늘려왔기 때문이다. 2021년 5만 2천 명이던 고용허가 규모가 2024년에는 16만 5천 명으로 불과 3년 만에 3배 이상 확대되었다.

하면 이들에 대해 부정적인 이미지를 갖게 될 것이다. 지금까지 미디어가 외국인 노동자를 어떻게 바라보고 있는지에 관한 많은 연구가 이뤄졌다. 그러나 대부분 외국인이라는 관점에서만 접근하였고, 노동자라는 관점에서는 다소 소홀하였고 접근하는 방식도 현실과 동떨어져 있었다(김세은 · 김수아, 2008; 이인희 · 황경아, 2013). 정부의 정책이나 법 · 제도적인 차원에서 파악하고 기업주나 재계와 관련된 입장은 다뤄지지 않거나 노동자 계급의 차별 문제를 다문화주의 시각에서만 접근하였기 때문이다.

이 글에서는 최근 우리 사회에서 급증하고 있는 외국인 노동자와 관련된 다양한 사회문제에 대하여 미디어가 어떠한 형식과 내용으로 의제화하고 프레임을 전개하고 있는지, 그리고 그 속에서 작동하는 특정한 이데올로기와 권력 관계의 담론이 무엇인지를 살펴보고자 한다. 이를 위해 외국인 노동자 이슈의 핵심인 일자리 문제에 관하여 주로 사용자 측의 입장을 알리는 신문과, 주로 노동자 측의 목소리를 전달하는 신문이 어떠한 담론으로 논의를 이끌어가는지 파악해 보고자 한다. 이때 전자는 〈매일경제〉와 〈한국경제〉 신문을, 후자는 〈경향신문〉과 〈한겨레〉를 선정하여, 양자가 보도하는 관점과 의도가 얼마나 다른지 비교해 볼 것이다. 이 글에서는 외국인 노동자의 일자리 문제가 가진 상징적 의미를 풀어보기로 한다.

2 — 미디어가 보여준 모습들

지금까지 국내 신문과 방송이 결혼이주민이나 외국인 노동자를 보여주는 방식은 그들을 사회적 소수자로서, 우리와 매우 다르고 배타적인 존재로 인식하는 경향이 주를 이뤘다(채영길, 2010; 이인희 · 황경아, 2013). 특히 외국인 노동자에 대해 위협적인 집단으로 보도하거나, 그들을 다른 문화를 지닌 존재로 인정하기보다는 우리 사회에 동화되거나 흡수되어야 할 대상으로 묘사하는 경우가 많았다. 또한 신자유주의적 노동 담론의 영향으로 그들을 타자화하고 주변인으로 보는 경향이 많았다(김세은 · 김수아, 2008; 심훈, 2012).

최근의 연구에서 국내 지상파 TV 뉴스를 분석한 결과, 외국인 노동자들이 건설 인력 현장을 장악해 내국인이 일자리를 잃고 있다는 보도와 같이 외국인이 내국인에게 인적 · 물적 위협을 가하고 있다는 위협 가해 보도가 전체 뉴스의 30%가량을 차지하였다(김찬중 · 고흥석, 2019). 또 외국인 노동자가 내국인 고용주로부터 임금 착취와 인권침해 등 위협을 받고 있다는 위협 피해 보도 역시 전체 보도의 30% 정도를 보였다. 황경아(2017)의 연구에 따르면 외국인 노동자의 일자리 잠식과 임금 하락, 복지부담 증가 등과 관련해 보수 언론은 계급화 · 인종화 · 젠더화된 이주민의 위계질서를 활용해 외국인 노동자의 사회적 위치와 정체성을 규정하고, 효용적 가치와 경제적 논리에 따라 접근하면서 일자리와 복지를 둘러싼 내국인과 외국인의 경쟁 담론으로 의제화하였다. 이세희(2022)는 이민자에 대한 태도 결정 요인 분석 결과, 이민자로 인해 일자리가 위협된다고 인식할수록 탈북자, 결혼이민자, 조선족에 대해 한국민으로 느끼지 않을 확률이 높게 나타났고, 외국인 이주자에 따른 범죄율을 높게 인식할수록 이주노동자에 대해서만 부정적인 태도를 가진 것으로 확인되었다. 중국동포(조선족)에 대한 담론 분석 연구에 따르면, 기사 제목을 통해 중국동포가 사건의 주체임을 강조하는 방식으로 부정적 이미지를 부각시킨 보도가 대중의 편견을 강화하고, 중국동포 전체에 대한 부정적 인식을 확산시키는 데 일조하고 있었다(김지혜, 2018). 반면, 인권과 노동환경 등 열악한 조건 속에서 힘겹게 살아가는 중국동포의 현실을 직시하고 법과 정책 같은 제도적 뒷받침과 이들에 대한 부정적 인식의 변화를 촉구하는 보도는 연구 대상에 대하여 긍정적인 태도를 강화시킨다고 언급하였다. 이주민 혐오 표현 확산과 관련한 유튜브 영상의 의미연결망을 분석한 연구에 따르면, 난민, 다문화, 외국인 노동자, 조선족, 북한이탈주민 등 이주민은 어떤 집단이든지 외국인 노동자로서 대부분 경제적으로 위협을 가하는 존재로 부각되고 있었다(한희정, 2023).

그동안 외국인 노동자 등 다문화 이주민에 대한 보도 성향은 대부분 부정적인 시각에 기울어진 것을 알 수 있다. 일반 시민들은 외국인 노동자와 직접 마주할 기회보다는 신문과 방송의 뉴스, 드라마, 영화 속에서 그려지는 방식에 의해 인식하고 이미지화하게 된다. 그러므로 미디어가 외국인 노동자와 같이 소수자 계층을 보도할 때는 사회적 통합을 이룰 수 있는 관점에서 다루어야 할 것이다.

3 — 생각해 볼 문제들

1) 구체적인 문제들

저출산 고령화와 노동인구의 감소로 인구 소멸과 생산 현장의 위기감이 커지면서 지난 몇 년 동안 외국인 노동자 유입이 급격히 늘어나고 있다. 이렇게 급증하는 외국인 노동자와 관련하여 우리 사회는 현재 일자리를 비롯한 다양한 문제로 인해 첨예한 대립과 담론의 경합이 벌어지고 있다.

이 글의 목적은 외국인 노동자와 일자리에 관하여 국내 미디어가 보도하고 있는 프레임의 내용과 형식이 어떠하며 그 속에 작용하고 있는 담론이 무엇인지를 분석하고 그 함의를 이해하는 데 있다.

이 글에서 살펴보고자 하는 문제는 다음과 같다.

1. 외국인 노동자와 일자리에 관한 경제지와 진보지의 보도 형식과 내용은 어떠한가?

2. 외국인 노동자와 일자리 이슈에 관하여 경제지와 진보지는 어떠한 보도 프레임을 제시하는가?

3. 외국인 노동자와 일자리에 관하여 경제지와 진보지의 보도 담론은 무엇인가?

2) 문제에 접근하는 방식

외국인 노동자와 일자리 문제에 관한 미디어 재현을 살펴보기 위해 이 글에서는 먼저 우리나라 신문들이 위 문제를 어떻게 묘사하며 보도하고 있는지 파악하고자 내용분석을 시도하였다. 외국인 노동자와 일자리의 보도 프레임에 관한 담론 접근인 만큼 기존의 관행이었던 보수 신문 대 진보 신문이 아닌 사용자 측을 대변하는 경제지로서 〈매일경제〉와 〈한국경제〉를 선정하였고, 노동자 측을 대변하는 진보지로서 〈경향신문〉과 〈한겨레〉를 선정하였다. 전통적으로 경제일간지는 정치·경제·사회·문화 등 모든 분야를 다루는 종합일간지와 달리 국내외 경제에 관하여 기업 또는 기업가의 관점에서 정부의 경제 및 산업 정책을 전하고 주식시장과 소비자정보 등을 보도하고 있다(이완수·배정근, 2016). 진보 매체는 그동안 수많은 보도 분석연구에서 〈한겨레〉와 〈경향신문〉을 꼽고 있는데 이들 매체는 정부와 기업의 대척점에서 주로 노동자와 농어민, 장애인 등 사회적 약자와 시민단체NGO의 입장을 전달하는 논조를 보여 왔기 때문이다(최현주, 2010). 한국언론진흥재단이 제공하는 뉴스 빅데이터 분석 시스템인 빅카인즈BIGKinds를 활용하였다. 검색어는 '외국인 노동자' 또는 '외국인 근로자'를 포함한 '일자리'로서, 분석 기간은 2022년 1월 1일부터 2024년 10월 28일까지로 하였다. 위와 같이 분석 시기를 설정한 이유는 코로나19 사태가 끝나자 외국인의 입국이 다시 증가하기 시작한 시점이 2022년경부터이고 그해 5월 10일 새로 출범한 윤석열 정부가 역대 정권들보다 외국인 노동자 유입 정책을 적극적으로 펼쳐왔기 때문이다.

4 _ 문제들을 살펴본 결과

1) 외국인 노동자와 일자리에 관한 보도의 형식과 내용

보도기사의 양

미디어의 보도량이 얼마나 많거나 적은지, 또는 미디어가 보도대상을 다양한 관점에서 얼마나 자주 언급하는지에 따라 수용자들의 인식과 태도에 영향을 준다고 볼 수 있다. 외국인 노동자와 일자리에 대한 〈매일경제〉와 〈한국경제〉, 〈경향신문〉과 〈한겨레〉가 보도한 기사의 양은 다음과 같다(〈표 1〉 참조).

표 1 언론사별 외국인 노동자와 일자리 보도기사 양

경제지	매일경제	한국경제	전 체
보도건수	43	48	91
진보지	경향신문	한겨레	전 체
보도건수	73	36	109

분석기간에 외국인 노동자와 일자리에 관하여 보도한 기사 수를 보면 〈경향신문〉이 73건으로 가장 많았고, 이어서 〈한국경제〉 48건, 〈매일경제〉 43건, 〈한겨레〉 36건의 순이었는데 전체적으로는 진보지가 109건으로 보수지 91건보다 18건이 더 많았다. 이는 진보지가 사회적 이슈가 제기될 때마다 관련 기획기사를 자주 보도한 점, 그리고 경제지에 비해서 외국인 노동자 당사자를 비롯해 노동자단체, 진보성향의 전문가 등 좀 더 폭넓은 취재원을 활용한 점 등의 영향 때문으로 보인다.

보도기사의 유형

보도기사의 유형을 살펴보면 경제지는 이번 사안을 경제와 사회면에서 골고루 다루었다. 반면 진보지는 노동자의 입장을 대변하거나 고발성 기사가 많아 거의 사회면에서 보도한 것을 알 수 있다. 심층적인 분석을 위한 기획기사의 경우 진보지가 화성 아리셀 화재사고, 외국인 가사도우미 문제를 좀 더 깊이 있게 취급해 경제지보다 더 자주 보도를 한 것을 알 수 있다. 경제지는 정부가 외국인 노동자 유입을 늘리고 관련 대책을 발표하자 이에 관한 보도를 많이 한 것으로 나타났다(〈표 2〉 참조).

표 2 외국인 노동자와 일자리 보도기사 유형

경제지	경제	사회	기획	사설	칼럼	인터뷰	정치	국제	문화	총계
	19	22	7	7	11	7	10	6	2	91
진보지	사회	경제	기획	사설	칼럼	인터뷰	정치	국제	문화	총계
	42	6	12	4	17	8	2	10	8	109

보도기사 특성추출 시각화

빅카인즈가 텍스트 랭크Text Rank라는 알고리즘으로 뉴스에 등장하는 명사 중에서 해당 뉴스에서 중요하다고 판단하여 추출한 키워드를 특성추출이라고 한다. 이 글에서는 한국언론진흥재단 빅카인즈가 제공한 개별기사의 특성추출을 다시 워드클라우드(wordclouds.com)로 분석하여 자주 등장하는 단어들을 직관적으로 파악할 수 있도록 시각화하였다. 보도기사에서 3회 이상 등장한 단어들을 시각화한 결과 아래와 같이 나타났다(〈그림 1〉 참조).

특성추출을 시각화한 결과, 경제지는 검색어 외에 제조업(18), 미국(16), 중소기업(14), 인력난(9), 최저임금(8), 저출산(7), 가사도우미(6), 고령화(5), 아리셀(4) 등 기업체의 어려움과 시대적 상황을 반영하는 단어들이 많았다. 반면 진보지는 검색어 외에 이주민(20), 최저임금(19), 서울(15), 가사노동자(14), 중국(12), 아리셀(10), 고용허가제(9), 미등록(8), 사망자(7) 등과 같이 노동자의 권리를 주장하거나 열악한 환경을 상징하는 단어들이 많이 등장하였다(괄호 안은 중요키워드 빈도수).

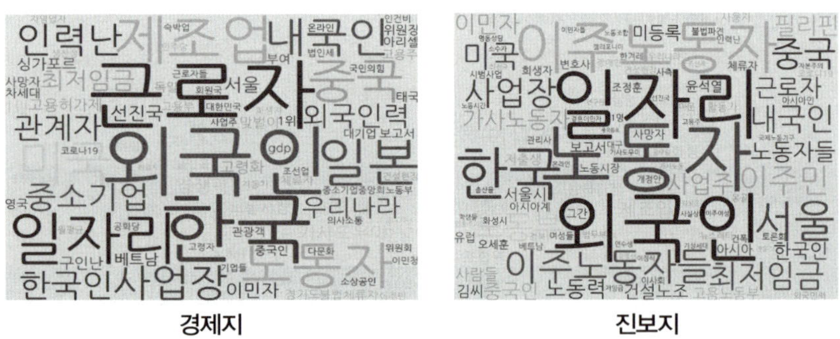

그림 1 보도기사 특성추출 시각화

2) 외국인 노동자와 일자리 이슈에 관한 보도 프레임

아리셀 화재사고 보도 프레임

이번 문제를 살펴본 기간 중 경제지와 진보지 모두 가장 많은 보도량을 기록한 기사는 2024년 6월 24일 경기도 화성시 일차리튬전지업체인 아리셀 공장의 화재사고 소식이다. 사망자 23명(한국인 5명, 중국인 17명, 라오스인 1명), 부상자 8명이 발생한 대형 참사였다. 경제지는 안전에 무방비한 외국인 노동자들의 산재사고를 지적하면서도 리튬전지산업의 필요성을 강조하거나 사고 여파로 2024년 초부터 확대 적용된 「중대재해 처벌 등에 관한 법률」(이하 중대재해처벌법)의 처벌강화 여론과 헌법소원제기 등 사업주들의 대응책이 힘을 잃게 됐다고 우려하였다. 특히 화재 참사에도 불구하고 많은 중국인이 노동환경이 훨씬 열악한 중국보다는 임금이 높은 한국에서 일하고 싶어 한다는 누리꾼들의 반응을 기사화하였다. 이에 반해 진보지는 대형 참사를 불러온 원인으로 불법파견과 비자문제, 임기응변적인 정부의 안전대책, 여성노동자의 취약한 노동조건 등을 제기하며 한 달 이상, 경제지보다 더 많은 보도를 이어갔다. 〈경향신문〉은 사설에서 한국인이 기피하는 3D업종과 안전관리가 소홀한 영세 소규모 업체에 외국인 노동자들이 종사하면서 결국 위험을 이들에게 전가하고 있다고 지적하였다(〈표 3〉 참조).

표 3 아리셀 화재사고 주요 보도기사

신문사	분 야	기사 제목	보도일
한국경제	사회	근로자 3% 외국인, 사망산재는 4배 많다	2024.06.25.
한국경제	국제	"그래도 한국 가고 싶어" 발칵…중국인들 폭발한 이유	2024.06.25.
매일경제	기업	'양날의 검' 리튬 전지…무작정 거부해선 안된다 [Science in biz]	2024.07.10.
매일경제	경제	아리셀화재 충격 '일파만파' 다시 보는 중대재해법 [스페셜리포트]	2024.07.18.
경향신문	사설	화성 참사의 민낯, '위험의 이주화' 국가적 대책 세워야	2024.06.25.
한겨레	사회	아무 때나 자르는 '일회용 인간'…이주노동자 불법파견 해놓곤	2024.06.26.
한겨레	칼럼	약한 고리 파고든 참사 [아침햇발]	2024.06.30.
경향신문	사회	이주여성 노동은 어쩌다 '위험의 최전선'에 놓였을까	2024.07.06.

외국인 가사노동자 도입 보도 프레임

2022년 9월 오세훈 서울시장이 국무회의에서 외국인 가사도우미를 도입하자는 의견에 이어 2023년 3월 조정훈 국회의원이 소위 '100만원 외국인 가사도우미' 법안을 대표발의한 뒤 2년여에 걸쳐 사회적 논란이 더 커졌다. 앞서 〈매일경제〉가 2022년 8월 말 3회에 걸친 특별기획 [외국인 가사도우미 물꼬 트자]를 기사화하며 제도 도입 후 합계출산율 1명대를 지켜낸 싱가포르와 여성들의 경제활동인구가 늘어난 홍콩의 사례를 소개하면서 최저임금 차등적용 없이는 맞벌이 부부들이 가사서비스를 저렴하게 이용할 수 없을 것이라고 보도하였다.* 실제로 정부가 외국인 가사도우미 시범사업을 채택하여 필리핀

* <매일경제>는 이 보도로 2023년 2월 28일 한국신문방송편집인협회가 수여한 제2회 대한민국 언론대상 특별상을 수상하였다. 신문은 저출산을 해결하기 위해 외국인 가사도우미를 적극 활용할 필요가 있다는 화두를 던졌고, 정부의 시범사업으로 채택되는 실효성을 거뒀기 때문이라고 수상배경을 밝혔다.
URL: https://www.mk.co.kr/news/culture/10663369

가사도우미 100명을 선발해 2024년 9월부터 현장에 투입하였다. 이에 대해 진보지는 최저임금은 노동자의 생계보장을 위한 것이므로 이를 업종과 국적, 세대별로 다르게 적용해서는 안 된다는 입장에서 보도하였다. 〈경향신문〉은 사설을 통해 저출생의 근본원인이 성차별적 문화와 사회구조에 있음을 외면하고 싼값에 가사노동을 대신하게 하는 방법은 탁상행정이라고 비판하였다(〈표 4〉 참조).

표 4 외국인 돌봄노동자 주요 보도기사

신문사	분 야	기사 제목	보도일
매일경제	경제	'가사도우미' 문호 연 싱가포르, 경단녀 확 줄었다	2022.08.21.
매일경제	사설	경단녀 · 저출산 해소위해 '외국인 가사도우미' 공론화 나서야	2022.08.25.
한국경제	정치	한 달에 100만원으로 가사도우미 쓸 수 있다고요?	2023.03.25.
한국경제	사회	맞벌이 부부들 "필리핀 가사관리사 대만족"	2024.10.01.
한겨레	사회	'100만원 외국인 가사도우미' 법안 논란…"노예 노동하란 거냐"	2023.03.21.
경향신문	사설	[아침을 열며] 외국인 가사도우미가 저출생 극복 대책이라는 정부	2023.03.27.
경향신문	사회	외국인 가사도우미 '조정훈의 오발탄'	2023.04.02.
한겨레	칼럼	필리핀 가사관리사, 글로벌 돌봄 체인의 비극 [똑똑! 한국사회]	2024.09.23.

고용허가제 보도 프레임

정부가 2004년 도입한 고용허가제가 어느새 20년이 넘었으나 사업장에서 기업주와 외국인 노동자의 의견이 대립하고 갈등으로 비화하면서 여러 가지 문제점이 발생하고 있다. 경제지는 중소기업 생산현장의 애로를 전달하며 정부가 역대 최대 규모로 고용허가 인원을 늘렸으나 내국인의 취업 기피로 현장에서는 아직도 일손이 모자란다는 의견 등을 보도하였다. 또한 고용허가제의 가장 시급한 개선과제로 사업장 변경횟수 축소 등 불성실한 외국 인력에 대한 제재방안 마련과 언어교육의 시급성을 제기하였다. 이에 대해 진보지는 일터에서 다치거나 사유가 생길 경우 외국인 노동자들이 사업장 변경을 할 수 있지만, 사업주의 허가 없이 사업장을 벗어나면 곧바로 미등록의 불법 신분이 되는 것에 대한 부당함을 보도하였다. 특히 외국인 노동자들의 노동 여건은 나아진 게 없는데도 근본적인 제도 개선 없이 신규 이주노동자만 늘리는 정책의 문제점을 지적하면서 노동자들의 임금체불을 막고 산업안전 대책을 마련할 것과 사업장 변경의 자유가 필요하다는 점을 기사화하였다(〈표 5〉 참조).

표 5 고용허가제 주요 보도기사

신문사	분 야	기사 제목	보도일
한국경제	경제	숙련 외국인 근로자, 출국 없이 국내서 최대 10년간 일한다	2022.12.29.
매일경제	경제	"외국인 월급 10년새 4배 올라"… 건설현장은 '최저임금 포비아'	2023.05.11.
한국경제	경제	"이직 시켜달라" 시비 걸더니…영상 찍어 협박하는 외국인 근로자	2023.07.03.
매일경제	사회	"시급 올려줘도 사람 못구해"…외국인 고용확 풀어야 숨통	2024.07.16.
경향신문	칼럼	철딱서니 없는 고용허가제, 이제 손절할 때	2023.01.27.
한겨레	사회	미등록 이주노동자 엄정 단속에도 더 늘었다	2023.06.20.
경향신문	사설	이주노동자 수·문호 확장, 반인권적 제도·인식도 바꿔야	2023.11.27.
한겨레	사회	'고용허가제 20년' 아직도 차별에 묶인 이주노동자들	2024.08.19.

3) 외국인 노동자와 일자리를 바라는 미디어의 프레임

이번 글을 통해 살펴본 결과 외국인 노동자와 일자리에 관하여 경제지와 진보지가 보도기사를 통해 인식하는 프레임의 차이가 극명한 것으로 드러났다. 경제지의 경우 대기업과 정부, 때로는 중소기업과 영세자영업자의 입장을 대변하는 논조를 보이면서도 노사관계의 상대인 노동자와 노동자단체 등의 권익보호와 열악한 노동환경에 대한 기사는 사건사고 기사 외에 거의 없었다. 수십 명의 사상자를 낸 아리셀 화재사고 보도에서도 외국인 노동자들의 피해보다는 배터리 산업을 육성할 필요성을 강조하거나 중대재해처벌법과 관련해 사고 여파로 여론에 밀려 법적용이 강화될 것을 우려하였다. 특히 사고발생 다음날 〈한국경제〉는 국제면에 "~한 중국 누리꾼은 '중국 공장에서 일하면 보통 시간당 10위안(약 1900원)을 받는다'며 '그러나 한국의 최저시급은 51.6위안(약 9800원)이다. 외국에서 일하려는 이유를 아직도 모르겠느냐'는 글을 남겨 수백 개의 '좋아요'를 받았다."는 기사를 실었다. 〈매일경제〉 도 나흘 뒤 사회면에 "~반면 중국 온라인 커뮤니티에서는 '그래도 한국에 가고 싶다'는 반응이 빗발치고 있다. 중국의 노동환경이 훨씬 열악한 상황에 따른 반발심리로 보인다."고 보도하였다. 이러한 경제지의 보도행태는 안전교육 미비와 열악한 근로환경으로 노동자들이 위험에 내몰리고 유가족들의 아픔으로 사회 전체가 고통을 분담하며 자숙하는 가운데도 기업가 이익과 산업경쟁력만을 우선시하는 자본의 도구화된 모습이다. 경제지 최대주주와 광고주가 자본가와 대기업 등이므로 자본권력에 의해 논조와 보도가 영향을 받고 정부 시책의 홍보도구임을 자임하는 결과로 해석할 수도 있다.

진보지는 한국의 민주화이후 노동자, 농민, 장애인, 시민단체 등 사회적 약자와 소수자 편에서 논조를 펴왔고 대체로 정부와 대기업, 기업가 등의 입장과는 대척점에 서 있다고 볼 수 있다. 아리셀 화재사고나 외국인 가사도우미 도입 문제에서 이들이 단지 저개발국가 출신이라는 이유로 저임금이나 차등을 강요하지 말 것과 인권보호 측면과 국제노동기구ILO 의장국으로서 그에 걸맞는 노동정책을 펼쳐야 한다고 보도하였다. 특히 외국인 가사도우미 도입에 관하여 저출산의 근본적 해결방식은 사회구조적 문제로서 성평등사회와 노동환경 개선, 양극화 해소 등이 우선시돼야 한다며 정부의 대책을 비판하였다. 진보지의 보도프레임이 사회적 약자의 목소리를 전달함은 물론 문제해결을 위한 근본적이고 원칙을 강조하는 논조로서 경청할 가치가 있다. 그러나 현실적인 대책 마련이 필요한 정부 입장이나 좀 더 저렴한 비용으로 돌봄서비스를 이용하기를 바라는 최저임금 수준 또는 그 이하에서 생활하는 내국인 노동자들을 외면하고 있다는 점과 그 실현 가능성도 희박한 추상적인 견해라는 비판이 나온다. 고용허가제에 관하여 〈경향신문〉은 칼럼(2023. 1. 27)을 통해 "~외국인 근로자를 사람으로 대접하되 노동력만 이용하는 대상으로 삼지 말아야 한다. 그러기 싫다면 국가 경제력 하락과 인구소멸을 담담히 받아들이면 될 일이다."고 주장하였다. 진보지의 이 같은 논지는 내국인의 고용기회 보장과 임금 상승에 따른 영세중소기업을 보호하려는 고용허가제의 도입 취지를 전면 부인하는 태도라고 볼 수 있고, 경제력 하락과 인구소멸이라도 받아들여야 한다는 대안 제시 없는 다소 극단적인 입장으로 들릴 수 있다.

5 — 글을 맺으면서

다양한 인종과 문화, 국적을 가진 외국인이 함께 공존하면서 전체 인구의 5%에 육박하고, 등록된 외국인 노동자가 42만 6천여 명에 이르고 있으나 한국은 이들을 다문화주의 모형 중 차별적 포섭과 배제 모형으로 대하고 있다고 볼 수 있다. 현행 고용허가제가 방문노동자 제도로 이들의 정착보다는 근로계약기간이 종료되면 귀국해야 하는 단기순환형이기 때문이다.

이번 글에서 살펴본 결과 보도량에서 외국인 노동자와 일자리에 관하여 〈경향신문〉 보도가 가장 많았고 아리셀 화재사고, 외국인 가사도우미 도입 등 이슈에 관한 기획보도와 사건사고 보도와 같이 전반적으로 진보지가 경제지보다 더 많이 기사화하였다. 경제지는 진보지처럼 사회면에 취급하기보다는 정치권과 정부 정책 등 정치면에서 다루면서 시대적 상황과 기업체의 입장을 보도하였다. 보도내용 면에서도 경제지는 철저하게 기업주와 정부의 관점에서 기업체와 산업을 보호하고 정부 정책의 당위성을 설명하는 태도를 보였다. 반면 진보지는 노동자와 노동단체의 목소리와 권리보호를 앞세우면서 기업가와 정부 측에 대해 대립적인 시각을 유지하였다. 취재 및 인터뷰대상자도 마찬가지여서 경제지가 기업가와 정부 관계자를 상대하였다면 진보지는 노동자, 노동단체, 진보적 지식인 등이었다. 아이러니하게도 그 반대의 경우는 거의 찾아볼 수 없었다. 외국인 노동자와 일자리에 관한 보도 담론을 살펴본 결과, 경제지는 언론사주의 철학을 강조하고 최대주주이자 광고주인 대기업 등의 자본권력에 의한 논조와 보도의 방향이 그대로 투영되고 있었다. 영세 소상공인과 자영업자의 어려움을 전달하고 대책 마련의 필요성을 강조하는 보도가 있으나 대기업 등 거대자본과 정부 정책의 당위성을 설명하는 기사량에 비하면 극히 적을 뿐이다. 진보지의 경우 보편적 민주주의와 인권을 앞세운 고발성의 비판적 보도가 많으나 실제 적용가능한 대안 제시 없이 추상적이거나 이상적인 구호와 같고 집권하는 정권의 성향에 따라 보도의 부침을 반복한다는 비판이 나오고 있다. 국가 경제는 물론 중소기업 등이 겪는 고용난, 인력난에 대해서는 극히 적은 보도와 함께 이들 기업집단을 적대시하는 정서를 표출하고 있다.

외국인 노동자 등 사회적 소수자를 미디어를 통해 경험하게 되는 수용자들이 이들 미디어가 보여주는 방식에 따라 생각하게 되므로 정확성과 공정성, 균형성을 갖춘 미디어의 사회적 책임이 크다. 그러나 이번 글에서 드러났듯이 경제지와 진보지의 보도 관점은 한국 언론의 고질적인 병폐인 보수지와 진보지 간의 정파성 문제가 그대로 반복되고 있음을 알 수 있다. 외국인 노동자가 더욱 늘어나면서 정부도 점차 다문화주의 모형안으로 이들을 수용하고 있는데, 미디어가 평행선과 같은 정파적인 갈등 담론의 확산을 자제하고 이번 사안 해결을 위해 사회적 소통 의무를 다해야 할 것 같다. 이 글은 지금까지 외국인 노동자 미디어 재현 연구가 노동자 계급 차별 문제와 다문화주의 시각으로만 접근한 것과 달리 외국인 노동자와 일자리 문제에 관하여 경제지와 진보지의 보도 관점과 담론을 분석한 탐색적 글이라는 점에서 의미가 있다. 앞으로도 지속적인 관심이 필요한 주제가 되지 않을까 싶다.

참·고·문·헌

경향신문 (2023, 1, 27). 오피니언 시론－철딱서니 없는 고용허가제, 이제 손절할 때. URL: https://www.khan.co.kr/article/202301270300005

고용노동부 (2024, 10, 14). 2024년 9월 고용행정 통계로 본 노동시장 동향. 서울: 고용노동부.
URL: https://www.moel.go.kr/news/enews/report/enewsView.do?news_seq=17147

김세은 · 김수아 (2008). 다문화사회와 미디어의 재현: 외국인 노동자 보도 분석. 〈다문화사회연구〉, 1권 1호, 39-73.

김지혜 (2018). 한국언론의 중국동포(조선족) 담론 분석: 조선, 동아, 경향, 한겨레신문의 프레임분석을 중심으로. 〈다문화사회연구〉, 11권 3호, 37-73.

김찬중 · 고흥석 (2019). 외국인 이주민 대상 TV방송 뉴스의 특성에 관한 내용 분석: 위협보도와 고정관념을 중심으로. 〈방송과 커뮤니케이션〉, 20권 4호, 51-81.

법무부 출입국 · 외국인정책본부 (2024, 10, 21). 출입국 · 외국인정책 통계월보. 과천: 법무부.
URL: https://www.immigration.go.kr/bbs/immigration/227/588712/artclView.do

심훈 (2012). KBS '인간극장'에 나타난 다문화 방영물 서사 분석. 〈한국언론학보〉, 56권 4호, 184-209.

이세희 (2022). 한국인의 이민자에 대한 태도 결정 요인 분석연구. 〈창의정보문화연구〉, 8권 4호, 251-259.

이완수 · 배정근 (2016). 경제 뉴스 품질에 미치는 다차원적 요인 탐구: 경제 뉴스 전문매체 생산자와 소비자 집단에 대한 표적 집단 면접(FGI). 〈미디어 경제와 문화〉, 14권 4호, 102-149.

이인희 · 황경아 (2013). 다문화 관련 미디어 보도 프레임 연구에 대한 메타분석. 〈다문화사회연구〉, 6권 2호, 83-132.

채영길 (2010). 미디어의 이주민 타자화 프레임 분석: 한겨레신문과 조선일보에 나타난 이주민 타자화 프레이밍의 시계열적 분석. 〈지역과 커뮤니케이션〉, 14권 2호, 205-241.

최현주 (2010). 한국 신문 보도의 이념적 다양성에 대한 고찰: 6개 종합일간지의 3개 주요 이슈에 대한 보도 성향 분석을 중심으로. 〈한국언론학보〉, 54권 3호, 399-426.

한희정 (2023). 이주민 혐오 표현 확산과 유형 연구: 유튜브를 중심으로. 〈한국콘텐츠학회논문지〉, 23권 6호, 170-189.

황경아 (2017). 반다문화 담론의 부상과 언론의 재현: 〈조선일보〉와 〈한겨레신문〉의 반다문화 관련 기사에 대한 텍스트분석을 중심으로. 〈미디어, 젠더 & 문화〉, 32권 4호, 143-191.

Gitlin, T. (1980). *The whole world is watching: Mass media in the making and unmaking of the new left*. Berkeley, CA: University of California Press.

Hall, S. (1982). The rediscovery of 'ideology': Return of the repressed in media studies. In M. Gurevitch, T. Bennett, J. Curran, & J. Woollacott (Eds.), *Culture, society and the media* (pp. 52-86). London, UK: Methuen.

Tuchman, G. (1978). *Making news: A study in the construction of reality*. New York, NY: Free Press.

Chapter **08**

디지털 미디어 속 '아바타'*

'디지털 자신'에 관한 담론

김연숙

1 — 가상이 거짓이라는 오해

우리는 현실과 가상이 융합된 시대에 살고 있다. 따로 가상세계를 논할 필요 없이 인터넷과 스마트폰으로 연결된 우리의 일상 대부분에서 가상이 융합된 삶을 경험하고 있다. 소셜 미디어를 통해 사람들과 소통하고, 앱application에서 필요한 물건을 구매하며, 음악과 영상 같은 디지털 콘텐츠를 너무도 자연스럽게 즐기고 있다. 그리고 AI(인공지능)와 VR(가상 현실), AR(증강 현실), XR(확장 현실) 등 가상 기술의 발달은 이러한 우리의 가상세계에 대한 경험을 더욱 풍부하게 만들어 가고 있다. 이렇듯 생활 곳곳에서 직접 경험하고 있는 가상세계를 여전히 '사실과 반대되는, 게임 속 세상'과 같이 우리의 삶과 동떨어진, 실재(實在)가 아닌 허구의 무엇인가로 생각하고 있는 것 또한 사실이다.

가상이란 허구일까 실재일까? 영영사전에서 '버추얼virtual'의 의미는 '실제

* 이 글은 본인의 <융합의 시대에 초월적 경험을 제공하는 메타브랜딩 연구>에서 '디지털 자신'과 관련된 내용을 바탕으로 재정리되었다.

로는 존재하지 않고 존재하는 것에 매우 가까운' 또는 '컴퓨터나 인터넷에서 존재하거나 발생하는'이다. 또한, 영한사전에서는 '사실상의, 거의 ~과 다름없는' 또는 '(컴퓨터를 이용한) 가상의'로 정의하고 있다. 그런데 유독 국어사전에서의 가상(假像)은 '실물처럼 보이는 거짓 형상' 또는 '주관적으로는 실제 있는 것처럼 보이나 객관적으로는 존재하지 않는 거짓 현상'이라 하며, 영어사전에서는 없는 '거짓'이란 의미가 더해져 있다. 영어의 '버추얼'이 우리말로 번역될 때 어떠한 이유로 거짓을 의미하는 '가(假)'가 사용되었을까?

일본의 버추얼 리얼리티 개발자 타니 타쿠오Tani Takuo는 메이지 시대 물리학자들이 실재 이미지real image와 가상 이미지virtual image의 차이를 설명하면서, 신개념인 virtual(버추얼)을 실재(real, 實在)와 정반대 관계인 대의어(對義語)로 번역한 것이 가상에 대한 오해를 키웠다고 말하였다(Tani, 2020). 이후 1954년 《학술용어집 물리학편》에서 버추얼이 '가상(假像)'으로 정의되었는데, 이를 참고하여 1972년 일본 IBM은 미국 IBM에서 개발한 버추얼 스토리지virtual storage를 '가상기억 장치'라고 번역 판매하였으며, 신문 등의 매스미디어를 통해 널리 알려져 일반화되었다고 설명한다. 우리나라는 한자 문화권으로 이러한 일본 한자어를 별다른 과정 없이 그대로 받아들여 사용하게 된 경우이다.

야나부 아키라Yanabu Akira는 그의 저서 《번역어의 성립》(2004/2011)에서 외국에서 들어온 새로운 의미의 단어에 대해 일본인에게 친숙한 단어를 사용하지 않음으로써 잘못된 이해를 피하고자 했던 것이 오히려 뜻이 명확하지 않은 단어를 만들어 내게 된 원인이라고 추측하였다. 일단 단어가 만들어지면, 사람들은 그 단어에 대해 의심하지 않고, 모든 말에는 명확한 뜻이 담겨 있겠다고 생각하며 사용하게 된다. 설령 의미가 적정하지 않더라도 당연히 어떤 관련이 있을 것이라는 믿음을 가지고 사용하기 때문에 이러한 오류가 일반화되는 것이다.

비단 번역상의 오류만은 아니다. 버추얼의 사전적 의미 역시 계속 발전하고 있는 현재의 가상에 대한 개념을 표현하고 설명하기에는 이미 부족함을 드러내고 있다. 모든 것이 시대와 환경에 따라 생성되고, 변화하며, 소멸하는 역사성을 갖는다. 그러한 역사성에 맞추어 개념의 정의도 맞추어져야 하지만 급속한 변화의 속도를 따라잡는 데에는 늘 한계가 있을 수밖에 없다. 따라서 우리는 정보에 대한 의심 없는 수용을 항상 경계해야 한다.

가상에 대한 개념적 오류는 미디어를 통해서 더욱 견고해진다. 가상은 SF 소설과 영화에서도 빼놓을 수 없는 인기 주제이다. 1982년에 상영된 〈트론*Tron*〉은 컴퓨터 속 세계를 상상하여 가상세계로 표현한 초기 영화였다. 윌리엄 깁슨William Gibson의 소설 《뉴로맨서*Neuromancer*》(1984/2005)에서 수십억 가상세계 사용자가 존재하는 사이버 공간이라는 용어가 처음 나타나 대중화되었지만, 당시에는 단지 디스토피아적 허구의 세계로 이해되는 것에 그쳤다. 메타버스 용어의 창시자인 닐 스티븐슨Neal Stephenson은 1992년 공상과학소설 《스노 크래시*Snow Crash*》에서 정부가 존재하지 않는 미래의 암울한 상황으로부터 도피하여 현실과 다른 세계인 메타버스의 아바타로 살아가는 인류의 모습을 상상하였다. 메타버스 진입을 위한 매개체로 등장한 헤드셋과 고글, 아바타 등은 이후 개발자들에게 영감을 주어 오늘날 가상과 연결하는 기술적 아이디어가 되기도 하였다. 1999년 영화 〈매트릭스*The Matrix*〉는 인공지능이 지배하는 가상세계를 보여주었는데, 이것은 장 보드리야르Jean Baudrillard의 진짜가 아닌 것이 현실을 대체한다는 '시뮬라크르simulacre' 개념을 표현한 것이다. 그리고 2018년 개봉한 스티븐 스필버그 감독의 SF 모험 영화 〈레디 플레이어 원*Ready Player One*〉도 《스노 크래시》의 영향을 받아 암울한 현실의 도피처로서 오아시스라는 게임 속 가상세계를 보여주었다.

소설과 영화는 우리의 관심과 상상력을 자극하여 새로운 기술로써 가상세계를 꿈꾸게 하는 한편, 가상을 허구의 세계, 도피의 공간, 상상의 세계, 게임 속 세계, 진짜가 아닌 것으로 묘사함으로써 가상이 현실이 아니거나 현실과 분리된 '또 다른 세상'이란 메시지를 반복적으로 전달하여 가상의 개념을 축소시키는 함정에 빠지게도 하였다. 지금 우리는 가상에 대한 올바른 개념적 이해를 하는 것이 매우 중요하다. 다가온 미래는 가상과의 융합으로 더욱 확장될 것이 자명하므로 가상에 대한 축소된 편견을 버리는 것은 미래 사회를 이해하기 위한 첫걸음이자 차세대 미디어 산업에서 성공 가능성을 모색하는 방법이다. 아울러, 미디어가 전달하는 편향성, 극단성, 허위 정보를 판단하기 위한 미디어 리터러시 역량의 함양 역시 병행되어야 할 것이다.

2 — 가상, 공간에서 사회적 장소로

코로나19 팬데믹으로 인한 사회적 거리두기의 확산은 현실세계의 접촉을 줄이는 대신 가상세계의 참여를 촉진시켰다. 게더타운, 제페토, 로블록스, 모여봐요 동물의 숲, 포트나이트 같은 다양한 가상세계에서 일상을 경험하게 되었다. 업무와 교육뿐만 아니라 친구들과 함께 좋아하는 가수의 라이브 공연을 관람하거나 글로벌 명품 패션 매장에 방문하여 쇼핑하고 유명인의 팬 미팅에 참석하는 등 말 그대로의 '일상'을 가상세계에서 체험하게 된 것이다. 그동안 정보의 저장과 제공을 주된 역할로 기능해 온 인터넷 공간이 가상세계로 확장되어 일상의 터전이 될 가능성이 다시 확인되는 계기였다.

인터넷 공간, 온라인 공간, 디지털 공간, 가상공간 등 우리는 가상세계를 주로 '공간'이라고 표현하는데, 이는 관념으로 존재하는 가상이라는 세계를 물리적 실체에 대응하여 이해할 수 있는 효과적인 방법이다. 한편, 우리는 '공간'과 '장소'를 구분하지 않고 사용하는 것에 익숙하다. 하지만 이제는 가상세계를 조금 더 정확히 알기 위해서 공간과 장소를 구분하여 이해할 필요가 있다.

공간(空間)의 사전적 정의는 '아무것도 없는 빈 곳'이며, 또한 장소(場所)는 '어떤 사건이 이루어지거나 발생하는 곳'이다. '공간'은 물리적, 추상적 환경이며, 정체성이 없는 이동상태movement로 본다. 이러한 공간의 이동상태를 두고 플루서(Flusser, 1993/2004)는 공간을 '흘러간 시간'으로, 시간을 '용해된 공간'으로 대입(代入)하여 시간과 공간을 동일화하였다. 여기서 이동상태가 멈춘 정지의 공간이 '장소'이다. 그리고 장소성에 대해 대부분 학자는 '물리적 공간'을 전제로 한다. 물리적 공간에 인간의 활동으로 사회・문화적 의미가 부여될 때 공간이 장소가 된다는 것이다. 르페브르(Lefebvre, 1974/2011)는 사회적 상호작용 관계의 존재 방식에 주목하였다. 그는 모든 공간을 사회적 관계로 끊임없이 생산되는 사회적 공간이라 하였다. 그중 생동The lived 공간은 상상・예술・문학이 중요한 역할을 하는데, 개인에 따라 달라지는 나다움의 체험이 재현되는 인식적 장소로 설명하였다. 오제(Augé, 1992/2017)는 사람들 사이의 관계, 역사성, 공유한 정체성이 결여된 장소를 비장소라 하고, 장소와 비장소의 관계는 긴밀히 얽혀 있으며 비장소는 언제라도 장소가 될 수 있는 잠재적 속성을 지닌다고 하였다.

진정한 장소 정체성에 따르면, 가상공간은 장소없음, 비장소의 공간이다. 그런데 소셜 미디어와 같은 가상공간에 인간의 활동으로 사람들 사이의 관계가 형성되고, 역사성이 생기고, 의미가 부여되고 있다. 물리적 공간이 아닌 점만 제외하면, 가상공간은 장소로서 가져야 할 자격이 차고 넘친다고 할 수 있다. 역으로 크리스티안 미쿤다Christian mikunda가 제시한 현대에서 출현한《제3의 공간》(2004/2005)은 일방적으로 주입된 피상적이고 대중적인 장소를 연출 · 변형 · 위장한 장소로 상상의 공간이다. 즉, 현실에서 만나는 가상공간이다. 체험은 언제라도 장소가 될 수 있는 공간의 잠재적 속성을 깨워 이해, 경탄 그리고 욕망을 포함하는 진정한 장소로 만든다. 인사동 카페 '웅녀의 신전'은 사방을 동굴처럼 꾸며 놓고, 쑥으로 만든 디저트와 음료를 팔았는데, 오픈 석 달 만에 입소문으로 1만 명 이상의 사람들이 다녀갔다. 그곳에서 사람들은 신화 속 웅녀가 쑥을 먹고 사람이 되었던 가상 체험을 할 수 있었기 때문이다. 장소의 정체성은 물리적 공간이 아니라 의미 부여에 있다는 것을 알 수 있는 재미있는 사례이다. 물리적 공간처럼 인간의 사회적 활동이 가상공간에서 이루어지게 되면서 사회적 관계가 가상으로 확장되었고, 그로 인해 의미가 부여되어 인류학적 장소와 함께 가상공간도 가상세계로 사회적 장소의 지위를 획득한 것이다. 사실 이메일을 주소라고 명명한 순간부터 가상공간의 장소화는 이미 대중적 공감과 암묵적 합의를 얻었던 것은 아닐까 한다.

3 — 가상세계의 자신은 아바타인가?

가상공간이 사회적 장소의 지위를 획득했음에도 불구하고, 메타버스 유행 이후 가상세계에서 활동하는 인간의 디지털화된 자신, '디지털 자신'을 게임 캐릭터처럼 아바타로 부르는 데 거부감이 없다. 오히려 메타버스는 디지털 자신을 아바타로 부르는 데 기여하고 있다. 우리는 가상세계에서 활동하는 AI NPCNone Player Character를 '가상인간'이라고 부르고, 정작 가상세계에서 활동하는 인간은 '아바타'라고 지칭한다. 비인간인 AI NPC에게 인간이라는 이름을 부여하면서, 인간은 오히려 객체화된 아바타로 표현하는 것이 과연 맞는 것일까?

아바타의 유래는 인도 신화에서 찾을 수 있다. 비슈누Viṣṇu는 브라흐마

Brahmā · 시바Śiva와 함께 힌두교의 세 주신(三主神, Trimurti)의 하나로, 우주의 창조 · 유지 · 파괴의 과정에서 우주의 질서 유지를 관장하고 있다. 신화에서 비슈누는 악의 무리를 평정하기 위해 인간과 동물 등의 다양한 모습으로 나타나는데 이를 아바타Avata라고 하며, 화신의 산스크리트어인 아바타르Avatar에서 유래한다(곽철환, 2003; 현경미, 2015).

아바타 신화를 살펴보면 숭배자들은 비슈누가 어떤 형상으로 화하든 비슈누 자체로 섬기며, 비슈누 또한 자신을 섬기는 숭배자들에게 영원한 부와 행복을 약속한다. 힌두교도에게 실제 숭배의 대상은 아바타란 껍데기가 아닌 비슈누의 신성이며, 아바타는 화신으로 신처럼 숭배받기도 하지만, 아바타의 형상 자체는 비슈누의 신성과 일치하지는 않는다. 따라서 아바타의 세계관은 신들이 살아가는 세계가 아닌 인간이 살아가는 다른 세계로 가기 위한 화신(化身)으로 그곳에서 활동하기 위해 단지 '몸을 빌리는 것'일 뿐이다. 신의 관점으로 생각해보면 다양한 형상의 아바타들은 결국 신의 정체성이 아닌 악의 무리를 평정할 당시의 시대와 상황에 맞추어 선택된 '수단'과 '도구'일 뿐이다.

그렇다면, 우리가 자신의 분신, 가상의 자아로 여기는 캐릭터 아바타는 어떠한가? 캐릭터 아바타는 소셜 미디어의 프로필에 사용하는 캐릭터 아바타와 게임에 등장하는 캐릭터 아바타로 나눌 수 있다. 소셜 미디어의 프로필용 아바타는 채팅 사이트 세이클럽, 싸이월드 등의 캐릭터 꾸미기로 시작되었다. 당시 국내에서 열풍을 일으키며 주목받았고, 이후 인스타그램 등에서 캐릭터 이외에 사진 등으로 사용자의 개성을 표현하는 도구로 발전하였다. 게임 속 캐릭터 아바타는 플레이어가 조종하는 캐릭터 아바타와 플레이어가 조종하지 않는 에이전트형 캐릭터NPC가 있다. 캐릭터 아바타는 마리오네트, 핸들과 같다. NPC는 인공 감정artificial emotions 등을 적용하여 스스로 목적과 의지를 갖고 행동하는 존재처럼 보이기도 하지만, 인간과 기계 간의 상호작용에 대한 몰입 및 관계를 최적화하기 위해 적용된 컴퓨터 게임 내 도구라는 점은 소셜 미디어의 프로필용 아바타와 같다고 볼 수 있다.

최근 인간과의 경계가 흐릿해지고 있는 가상인간은 AI와 NPC가 결합한 대화형 아바타이다. 가상인간은 인간을 모방하여 실재 인간과 점차 구별할 수 없는 단계에 이르고 있다. NPC의 활동 영역이 게임 속으로 한정되었다면, 가상인간은 활동 영역을 가상부터 현실까지 거의 모든 인간의 사회적 활동으로 확대하여 모방하고, 학습하며, 발전하고 있다. 2016년 등장한 릴 미켈라Lil Miquela는 가상 인플루언서의 시초로서 가장 대표적인 사례 중 하나이다. 미켈라는 미국 LA에 거주하는 19세 여성이고, 직업은 가수이자 모델이며, LGBTLesbian, Gay, Bisexual, and Transgender 성향의 인격을 가졌다. 심지어 소셜 미디어에서 최신 트렌드에 민감한 MZ세대 대상의 인플루언서 활동으로 인스타그램에서만 241만여 명의 팔로워를 보유하고 있다(2025년 8월 기준).

사람들은 가상인간이 실재가 아닌 것을 알면서도 사람처럼 대하는 데 거부감이 없고 가상인간의 인기에 편승한 미디어도 이러한 상황을 적극적으로 수용하고 있다. 2018년 〈타임*Time*〉 지는 미켈라를 가장 영향력 있는 25인 중 한 명으로 선정하였고, 미켈라는 자신의 소셜 미디어 계정에 이 기사와 함께 "나는 울었어. 처음으로 사람으로 인정받았어(I cried. For the first time, I was recognized as a PERSON)"라고 게시하였다(〈그림 1〉). 대중과 미디어가 가상인간을 사람처럼 대하는 대중의 심리에 대해 나스 등(Nass et al., 1994)은 '사회적 행위자로서 컴퓨터(Computers are Social Actors, CASA)' 이론으로 설명한다. CASA 이론에 따르면, 사람들은 가상인간이 사람이 아닌 것을 알면서도 가상인간에 부여된 인격, 실제 브랜드와의 협업, 유명인과의 상호작용과 같이 사회적 실재감을 주는 활동들 때문에 가상인간을 실제 사람처럼 느끼고 판단하는 것이다.

타임지 선정 '인터넷에서 가장 영향력 있는 25인'!!!

"나는 울었어.
처음으로 내가 '사람'으로
인정받았기 때문이야."

그림 1　CASA 이론 사례

출처: 미퀼라의 트위터(@lilmiquela 2022년 10월 28일)
URL: https://x.com/lilmiquela/status/1585732750728138752

그러나 현재의 가상인간은 독립된 존재가 아닌 프로그래밍 된 반응을 기반으로 특정 목적과 범위 내에 제한적 자율성을 가졌다는 점에서 아직은 캐릭터 아바타 단계에 머물고 있다. 최근 오픈AI의 샘 알트먼Sam Altman은 자신의 블로그를 통해 "2025년에는 최초의 AI 에이전트가 인력에 합류하여 기업의 생산량을 크게 변화시킬 수 있을 것"이라고 전망했다. 그는 '가상인간'이란 표현 대신 AI 에이전트를 사용하여 '훌륭한 도구great tools'라고 지칭했다. 기술 발전의 속도를 고려할 때, 이 도구적 존재는 길지 않은 시간 안에 스스로 판단하고 행동하는 새로운 존재로 진화할 가능성이 크다. 그때가 되면 AI 관점에서 인간과 상호작용하기 위해 인간의 형상을 빌린 '가상인간' 혹은 'AI 에이전트'를 아바타라고 부르지 않을까?

지금까지 살펴본 바에 따르면, 소셜 미디어의 프로필용 캐릭터 아바타, 게임 속 캐릭터 아바타, 그리고 가상인간은 아바타 세계관을 적용한 자아 정체성이 없는 껍데기에 불과하다. 마치 마리오네트나 자동차 핸들을 자신이 조종한다고 해서 그것이 곧 자아 정체성이 되지 않듯 아바타 역시 수단이자 도구에 불과하다. 그런데 우리는 왜 가상에서 활동하는 디지털 자신을 아무렇지 않게 아바타라고 부르는 걸까? 사전에서조차 아바타를 '가상의 자아', '또 다른 나 자신', '자아 정체성의 시각화', '현실의 자아가 아닌 가상세계에서 자신의 분신처럼 사용되는 것'으로 정의하고 있음에도 우리가 거부감을 느끼지 않는 이유는 무엇 때문일까? 이에 대해 다음과 같이 정리해 보았다.

첫째, 아바타에 담긴 인간의 원초적 욕망에 기인한다. 고대 신화에서 신이 인간세계에 내려올 때 인간과 동물의 형상으로 활동하는 것을 아바타라고 불렀다. 이 개념을 차용하여 인간이 게임세계에 입장할 때 게임 캐릭터로 활동하는 것 역시 아바타라고 불리게 되었다. 이는 곧 신과 같이 되고 싶은 인간의 오래된 욕망, 즉 선악과의 유혹을 뿌리치지 못한 원초적 욕망에 뿌리를 두고 있다. 아바타를 통해 신적인 존재가 되고 싶은 무의식적 욕망이 아바타의 본질이 '껍데기'에 불과하다는 사실, 즉 정체성의 부재라는 오류를 외면하게 만든다.

둘째, 초기 메타버스가 게임 세계를 빌려 시작하였기 때문이다. 게임에서 캐릭터를 아바타로 부르는 것은 아바타 세계관과 어긋나지 않는다. 오히려 신박하기까지 하다. 그러나 코로나19 팬데믹 시기, 아직 미성숙한 기술을 배경으로 시작된 메타버스에 이러한 게임세계의 아바타 개념이 그대로 차용되었다. 그로 인해 의미의 오류를 부른 것이다. 사람들은 초기 메타버스를 게임세계의 연장선으로 인식하였고, 그 안에서 활동하는 '디지털 자신'을 자신의 자아 정체성을 가진 주체가 아닌 아바타로 받아들인 것이다.

셋째, 아바타의 꾸미기 기능에서 기인한다. 가상세계에서 디지털 자신은 다양한 모습으로 자신을 확장할 수 있다. 얼굴뿐 아니라 신체 전신에 걸쳐 자유로운 표현이 가능하며, 심지어 다른 사람의 외모를 복제할 수도 있다. 이러한 기술적 특징이 아바타의 화신이라는 인식을 더욱 공고히 하여 디지털 자신을 아바타로 받아들이도록 만들었다.

수단이자 도구의 아바타는 가상세계 속 '디지털 자신'을 지칭하는 데 적절한 용어가 아니다. 왜냐하면, 우리가 마주한 가상세계는 더는 게임세계와 같은 허구가 아니기 때문이다. 산업사회가 기계와 전기 기반의 산업혁명으로 물리세계를 확장해 왔다면, 정보사회는 반도체와 IT 기반의 정보기술혁명으로 가상공간을 탄생시켰다. 그리고 오늘날 사이버물리시스템(Cyber-Physical System, CPS)과 AI를 기반으로 하는 기술융합혁명은 물리세계와 가상세계가 결합된 융합사회라는 새로운 세계를 출현시켰다. 가상은 거짓이 아닌 실재이며, 무의미한 공간이 아닌 유의미한 장소로 자리 잡았고, 가상세계는 물리세계와 연결되어 인간이 생활하는 새로운 인류학적 장소가 되었다.

4 — 디지털 자신은 가상의 사회적 자아다

가상세계에서 활동하는 인간의 '디지털 자신'은 자신의 디지털화이기 때문에 아바타가 아닌 가상의 사회적 자아다. 이를 사회적 자아 이론을 배경으로 하여 디지털 자신이 가상세계라는 외부세계에 적응하기 위한 행동 양식으로서 가상의 사회적 자아임을 설명하고자 한다.

인간의 자아에 관하여 쿨리(Cooley, 1902)는 개인과 사회를 분리하여 생각할 수 없고, 개인의 모든 속성은 어떤 식으로든 일반 생활과 연결되어 있으며 집단적 발전의 일부이기 때문에 개인의 자아는 본질적으로 사회적 자아와 같다고 강조한다. 따라서 개인의 사회적 자아는 타인과의 접촉과 의사소통으로 비로소 의미가 부여되고 발전된 사고를 갖게 되는 것이다. 인간이 갖는 자기 감정의 종류는 주변의 평가에 영향을 받아 결정되는데, 이러한 사회적 자아를 '반사된 자아' 또는 '거울 자아'라고 하였다. 거울을 보듯 상상 속에서 타인의 시선으로 자신의 외모, 태도, 목표, 행동, 성격, 친구 등에 대해 인지하고 영향을 받아 사회적 자아가 형성되기 때문이다. 미드(Mead, 1934) 역시 자아는 본질적으로 사회적 구조이며, 사회적 경험을 통해서 생겨나기 때문에 사회적 경험 밖에서 발생하는 자아를 상상하는 것은 불가능하다고 주장하였다. 칼 융Carl G. Jung은 자아란 정신이 스스로를 보고 인식할 수 있게 하는 거울이며, 배우의 가면을 의미하는 페르소나persona를 사교적 세계에 직면할 때 걸치는 얼굴이라고 하였다. 이러한 사회적 자아는 외부세계에 의한 영향이 크므로 가정과 사회, 직장, 학교 등 장소에 따라 다른 무한한 페르소나, 즉 다중의 사회적 자아가 존재한다고 보았다(Stein, 1998/2015).

그런데 다중의 페르소나는 오랫동안 이중인격과 자아분열의 가면으로 인식되어 왔다. 시대가 바뀌면서 페르소나의 사회적 인식도 변화하고 있다. 어빙 고프먼Erving Goffman의 《자아 연출의 사회학》(1959/2021)은 사회적 자아를 연극공연에 비유했는데, 그는 공연자가 연기에 완전히 몰입하여 진심으로 자기가 연출하는 배역이야말로 자신의 진정한 실체라고 주장하였다. 이러한 배역에 대한 믿음을 파크(Park, 1950)는 사람person이라는 단어에 내포된 가면persona은 우리의 얼굴이 살아있는 가면이란 것을 뜻하며, 물론 얼굴이 내면의 감정을 반영하기도 하지만, 가면은 우리가 가장하려는 유형에 점점 더 가까워지려는 경향이 있다고 했다. 가면이 우리가 스스로에 대해 원하는 모습을 나타내는 한, 우리가 이 가면에 따라 살려고 노력하는 역할은 우리의 진정한 자아, 우리가 되고 싶은 자아이기 때문이다. 하위징아(Huizinga, 1938/2011)도 얼굴이나 몸차림 따위를 알아보지 못하게 바꾸어 꾸미는 가장(假裝) 또는 가면을 쓴 개인은 또 다른 역할, 또 다른 존재를 놀이하므로 또 다른 존재가 되어 버린다고 하였다. 그리고 어린 시절의 공포, 가슴을 탁 열어 놓는 쾌활함, 신비한 환상, 성스러운 외경심 등이 가면과 위장의 기이한 놀이 속에 촘촘하게 스며들어서 새로운 문화를 만든다고 하였다.

인터넷과 소셜 미디어에서 다중 ID로 활동하는 다중 인격의 멀티태스킹 multitasking은 무한한 다중 페르소나, 다중 사회적 자아로 볼 수 있다. 라이언(Lyon, 2015)은 역사적, 물리적, 윤리적 측면을 동시에 지닌 사이버 공간의 사회성에 주목하면서 새로운 사회적 관계의 확장을 주장하였다. 우리는 평범한 회사원이 인터넷과 소셜 미디어에서 소설가, 블로그 기자, 패션 유튜버, 쇼핑몰 운영자 등으로 다중의 사회적 자아를 가지고 활동하며 경제적 가치를 창출하고 현실과 통합하는 세상에서 살고 있다. 인터넷과 소셜 미디어에서 우리는 사회적 상호작용의 주체로 우리가 되고 싶은 자아를 표출하고, 또 다른 존재를 놀이하면서 또 다른 존재가 되어 버리는 부캐 문화를 만들었다. 그런데 '인터넷과 소셜 미디어'의 다중 사회적 자아는 전통 페르소나처럼 관념적으로만 존재한다. 즉 하나의 신체에 다중 페르소나를 갖는데, 그것을 아이디ID로 구분하는 것뿐이다. 가상세계에서 활동하는 인간의 '디지털 자신'은 가상 신체를 갖는다. 즉, ID 대신 가상 신체로 구분할 수 있는 메타 페르소나이다. 하나의 신체로 사회적, 물리적 환경의 한계를 갖던 전통 페르소나와 달리 메타 페르소나는 다중의 가상 신체를 갖고 사회적, 물리적 한계를 넘어 다른 장소에서 활동할 수 있는 것이 차이점이다. 〈그림 2〉는 전통 페르소나와 메타 페르소나를 도식화 한 것이다.

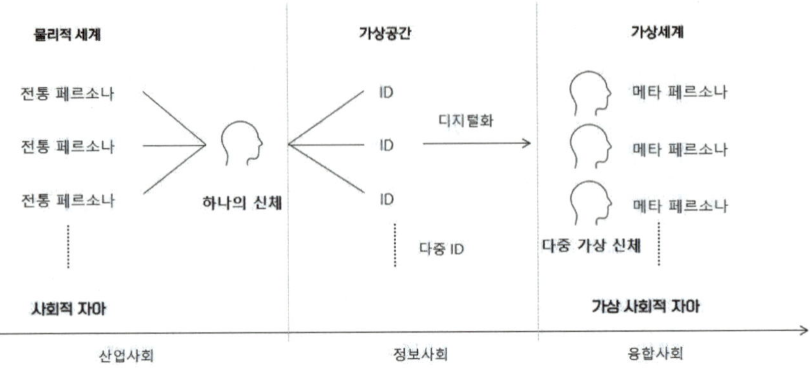

그림 2 **전통 페르소나(사회적 자아)와 메타 페르소나(가상 사회적 자아)**

5 — 상상을 실현하는 초월적 존재, 메타 휴먼

성경에 따르면, 인간이 행사한 최초의 자유의지 행위 중 하나는 이름 짓기였고 우리는 그 이후로 계속해서 이를 행하여 왔다(namestories.com).

> "아담은 그의 아내의 이름을 하와라 불렀으니
> 이는 그녀가 모든 산 자의 어머니가 되었기 때문이니라." (창 3:20)

명명(命名)이란 개인적 영역을 넘어 사용되며 그 사람의 사회적 자아의 일부로서 공적 영역에 속한다고 할 수 있다. 자신의 이름이 발음되는 소리와 자신이 동일시되는 것으로 자신의 이름과 '같은 존재'가 되는 것이다. 자긍심과 소속감은 물론 자신의 모든 정체성과 현실감을 사회적 자아에 의존하게 된다(Stein, 1998/2015). 이름을 지어 부른다는 것은 구체화 된 사회적 행동방식이라고 할 수 있다. 또한, 사회적 자아의 정체성 형성, 주체화, 정체성 경계의 중심적 역할을 하므로 매우 중요하다. 가상세계에서 활동하는 디지털 자신이라는 가상의 사회적 자아를 수단과 도구의 뜻을 내포한 아바타로 부른다는 것은 인간 스스로 존엄성을 실추시키는 것이라고 할 수 있다. 따라서 가상세계에서 활동하는 디지털 자신의 명칭에 대한 명예회복이 필요하다. 그것은 디지털 자신이 핸들과 마리오네트와 같은 아바타로 불리는 것이 적정하지 않다는 인식과 더불어 가상의 사회적 자아로서 그에 어울리는 새로운 명칭을 부여하는 것이며, 그 명명에는 인간이 반드시 포함되어야 한다.

디지털 자신의 명명을 위해 AI 유행 속에서 지금은 다소 소원해진 용어, 메타에 대해 이야기해 보려 한다. 메타는 뒤, 다음을 의미이기도 하지만, 너머의, 초월의 뜻도 가지고 있다. 보통 초월이라고 하면 종교적이거나 초자연적 힘, 현상으로 기묘하고 신비한 오컬트the occult적 이야기를 떠올리기 쉽다. 그러나 가상세계는 초자연적 세계가 아니다. 칸트 철학에서 초월은 의식 너머 그 밖에 있는 대상이고, 사전적 정의는 어떠한 한계나 표준을 뛰어넘는 것이다. 이를 적용하면, 가상세계는 우리가 알고 있는 물리적 세계라는 의식 너머의 세계이며, 물리적 세계의 한계를 뛰어넘는 시공간이 압축된 세계로서 인간의 상상을 실현한 판타시아phantasia* 세계이기도 하다. 하여 초월의 메타를 '인간의 상상을 실현하여 실재로 만드는 것'이라고 정의하고자 한다. 그리고 가상세계에서 활동하는 가상의 사회적 자아, 디지털 자신을 포함한 인간을 '메타 휴먼'이라고 제안한다. 왜냐하면, 사회적 관계를 맺기 위해 자신을 치장하고Makeup, 다른 사람과의 차이를 보고View, 함께 어울려 노는Play 인간의 본능적인 행위

* 판타시아(phantasia)란 고대 희랍어로 상상력(imagination)의 어원인 라틴어 imaginatio에서 유래한다. 판타시아의 의미는 플라톤의 모방, 아리스토텔레스의 감각과 사유를 매개하는 능력, 스토아 학파의 우리의 의식 내용을 구성하는 것, 플로티누스의 이미지를 만들어 보존하는 능력으로 기억의 자리로서 그 의미가 새롭게 확장됐다(이상봉·김재철, 2003).

M.V.P가 가상세계에서 상상을 실현하는 메타로 확장되기 때문이다.

첫째, 사회적 관계를 위한 '치장하다'는 '~처럼 보이기 위해서'이다. 치장Makeup은 신분표시, 자기보호, 종교의식, 장식 등으로 시작되었다. 치장에 담긴 욕망은 더 나은 자신을 만드는 것이다. 치장이란 오래된 관습은 가상세계에서 가속화되고 있다. 뷰티 필터와 같은 기술을 사용하여 원하는 대로 이상적인 커스터마이징customizing을 할 수 있는 '메타적 치장Meta Makeup'을 실현할 수 있다.

둘째, 사회적 관계에서 '보다'는 '~과 다른 차이를 발견하는 것'이다. 보다View는 인종, 성별, 나이 등 가시적 차이의 다양성을 발견하는 것이다. 가시적 다양성의 구분은 사회가 발달하며 사고방식, 종교, 정치 성향, 취향 등의 비가시적 다양성을 포함하여 차별과 갈등을 유발하고 있다. 가상세계에서 '보다'라는 행위는 위장과 창조로 표면적 차이를 구별할 수 없고, 개성의 차이를 확장하여 보여주는 '메타적 보다Meta View'를 실현할 수 있다.

셋째, 사회적 관계에서 '놀다'는 '새로운 문화를 만드는 것'이다. 놀다Play는 낭비되는 시간, 노동의 반대 개념, 일상과 구분된 시간과 장소의 제약을 받는 행위로 설명되었다. 가상세계에서의 놀이는 숏폼short-form 등으로 일상을 놀이로 만들고, 낭비가 아닌 생산적 행위가 되어 창작자 경제라는 새로운 문화를 만드는 '메타적 놀다Meta Play'를 실현할 수 있다.

이제 가상은 허구가 아니라 현실과 긴밀하게 연결된 실재의 개념이다. 가상의 공간이 사회적 장소로 기능하게 되면서 가상세계로 발전하였다. 따라서 가상세계에서 활동하는 인간, 디지털 자신을 단순한 도구적 개념인 아바타로 부르는 것은 적절하지 않다. 가상세계 속 디지털 자신은 가상의 사회적 자아로 존재하며, 현실의 정체성과도 밀접한 관계를 맺고 있기 때문이다. 또한, 가상세계에서 디지털 자신은 인간의 상상을 실현하는 판타시아로서 초월적인 존재이다. 그러므로 디지털 자신의 명칭은 아바타가 아닌 초월의 의미를 가진 메타를 활용한 판타시아 인간으로 '메타 휴먼'이 적정하지 않을까 한다.

6 _ 결론

가상에 대한 번역어의 오류로 인해 가상은 '거짓'이라는 일반화된 편견이 형성되었고, 이는 미디어를 통해 더욱 견고해져서 가상세계를 '현실이 아니거나 현실과 분리된 또 다른 세상'으로 인식되게 만들었다. 정보화혁명은 관념적 가상세계를 탄생시켰고, 기술융합혁명은 실재적 가상세계를 만들어 내고 있다. 이러한 변화 속에서 가상세계의 거주자인 디지털 자신을 일반화된 편견의 틀 안에서 바라본다면, 우리는 우리가 마주할 미래를 제대로 준비하기 어려울 것이다. 최근에는 첨단 미래 사회의 변화를 선도하고자 국가 차원에서 가상융합 산업 추진에 박차를 가하고 있으며, 국제적 흐름에 발맞추어 가상자산의 제도화도 속도를 내는 상황이다. 이제 우리는 디지털 자신을 사회적 자아로 인지하고, 아바타와 같은 디지털 아티팩트artifact로 인식해서는 곤란하다. 디지털 자신에 대한 인식과 명명이 중요한 까닭은 그것이 가상융합경제에서 경제활동의 핵심 주체일 뿐 아니라 신원인증, 소유권, 윤리적 책임 문제 등 다양한 영역에서 법적, 윤리적 주체로서 지위를 갖기 때문이다. 따라서 디지털 자신은 단순히 디지털 복제라는 기술적 관점에서만 바라볼 것이 아니라 정체성과 관련하여 논의되어야 할 중요한 사회적 이슈로서의 관심이 요구된다. 이상으로 디지털 미디어 속 아바타와 디지털 자신에 관한 담론을 마치고자 한다.

참·고·문·헌

곽철환 (2003). 〈시공불교사전〉. 서울: 시공사.

이상봉 · 김재철 (2003). 서양 고대 철학에서의 판타시아 개념. 〈철학논총〉, 33집, 265-294.

현경미 (2015). 〈인도, 신화로 말하다〉. 서울: 도래.

Akira, Y. (2004). *The ideas of modern Japanese: The situation of the establishment of translation style*. Tokyo, Japan: Hosei University Press. 김옥희 (역) (2011). 〈번역어의 성립: 서구어가 일본 근대를 만나 새로운 언어가 되기까지〉. 서울: 마음산책.

Altman, S. (2025). *Sam Altman's blog*. URL: https://blog.samaltman.com

Augé, M. (1992). *Non-lieux: Introduction à une anthropologie de la surmodernité*. Paris: Le Seuil. 이상길 · 이윤영 (공역) (2017). 〈비장소: 초근대성의 인류학 입문〉. 서울: 아카넷.

Cooley, C. H. (1902). *Human nature and the social order*. New York, NY: Charles Scribner's Sons.

Flusser, V. (1993). *Lob der Oberflächlichkeit: Für eine Phänomenologie der Medien*. (Writings 1). Bensheim: Bollmann. 김성재 (역) (2004). 〈피상성예찬: 매체 현상학을 위하여〉. 서울: 커뮤니케이션북스.

Gibson, W. (1984). *Neuromancer*. New York, NY: Ace Books. 김창규 (역) (2005). 〈뉴로맨서〉. 서울: 황금가지.

Goffman, E. (1956). *The presentation of self in everyday life*. Edinburgh: University of Edinburgh Social Sciences Research Centre. 진수미 (역) (2021). 〈자아연출의 사회학: 일상이라는 무대에서 우리는 어떻게 연기하는가〉. 서울: 현암사.

Huizinga, J. (1938). *Homo ludens: Proeve eener bepaling van het spel-element der cultuur*. Haarlem: H.D. Tjeenk Willink & Zoon. 이종인 (역) (2011). 〈호모 루덴스: 놀이하는 인간〉. 서울: 연암서가.

Lefebvre, H. (1974). *La production de l'espace*. Paris: Anthropos. 양영란 (역) (2011). 〈공간의 생산〉. 서울: 에코리브르.

Lyon, D. (2015). Beyond cyberspace: Digital dreams and social bodies. *Information Technology, Education and Society, 16*(1), 21-32.

Mead, G. H. (1934). *Mind, self, and society: From the standpoint of a social behaviorist*. Chicago, IL: University of Chicago Press.

Mikunda, C. (2004). *Brand lands, hot spots & cool spaces: Welcome to the third place and the total marketing experience*. London: Kogan Page. 최기철 · 박성신 (공역) (2005). 〈제3의 공간〉. 서울: 미래의 창.

Miquela, L. [@lilmiquela]. (2022, 10, 28). I cried. *For the first time, I was recognized as a PERSON* [Tweet]. X.
URL: https://x.com/lilmiquela/status/1585732750728138752

Namestory. (*n.d.*). *History of naming*. URL: https://namestories.com

Nass, C., Steuer, J., & Siminoff, E. (1994). Computers are social actors. In *Proceedings of the SIGCHI Conference on Human Factors in Computing Systems* (pp. 24-28). New York, NY: ACM Press.

Park, R. E. (1950). *Race and culture: Essays in the sociology of contemporary man*. Glencoe, IL: Free Press.

Relph, E. (1976). *Place and pacelessness*. London: Pion.

Stein, M. (1998). *Jung's map of the soul: An introduction*. Chicago, IL: Open Court Publishing. 김창한 (역) (2015). 〈융의 영혼의 지도〉. 서울: 문예출판사.

Stephenson, N. (1992). *Snow crash*. New York, NY: Bantam Books. 남명성 (역) (2021). 〈스노 크래시〉. 서울: 문학세계사.

Tani, T. (2020). VR＝バーチャルリアリティーは「仮想」現実か: “virtual”の訳語からVRの本質を考える. 〈放送研究と調査〉, *70*(1), 46–58.

Chapter 09

종교와 과학, 신념과 사실에 대한 담론

한국 개신교와 창조론에 대한 자기민속지학적 경험과 인식

김해영

1 — 들어가며: 사회과학으로서 종교 담론의 필요성

인간은 불완전한 존재이다. 이에 무엇인가에 의지하려는 심리는 모든 인간이 가진 본성이라고 할 수 있다. 그 대상이 돈이나 재화와 같은 물질적인 것일 수도 있고, 종교나 신념, 과학, 철학이나 개인적인 가치관과 같은 형이상학적인 것일 수도 있으며, 가족이나 연인, 친구나 동료 등 다른 인간과의 관계일 수도 있다. 다수 사람은 이와 같은 다양한 존재에 대한 인식, 혹은 존재와의 관계 맺음이나 소통을 통해 스스로 인지하는 불완전성을 해소하고, 다차원적인 욕구를 실현하려고 한다. 사회가 발전하고, 인간이 성장할수록 관계와 욕구는 다양해진다. 공동체가 문명화되고 사회적 협력이 증진함에 따라 개인의 자아실현 가능성이 커지고 있다. 그러나 반대로, 과학과 합리로 해결할 수 없는 욕구도 나타난다. 종교적인 욕구가 대표적이다. 인간은 유한한 생명을 가진 존재인 까닭에 신이나 절대적인 존재와의 관계 맺음을 통해 불안정성을 해소하고, 삶의 의미를 찾아가게 된다.

이에 대해 신의 존재를 부정하는 무신론자나 불가지론자(不可知論者), 비종교인은 종교나 신앙이 아니더라도 개인의 가치관이나 철학 등으로 삶의 불확실성에 대응할 수 있다고 반박한다. 현실에서 삶의 의미를 찾는 것에 집중해야 하며, 삶과 죽음의 문제에 대해서도 실존주의적 수용이나 자연주의적 순응, 낙관주의적 해석이 가능하다는 시각이다. 따라서 종교의 무용론 혹은 특정 종교의 절대적 가치를 부정하는 견해도 상존한다.

그러나 다시 '특정 종교를 넘어서는 보편적인 신앙'이 비종교인에게도 존재할 수 있다는 반론이 제기된다. 신앙faith이란 종종 종교의 교리를 넘어서는 개인의 신념이나 가치관, 세계관 등의 형식으로 존재할 수 있기 때문이다. 실상 신앙이 무엇인지 정의하기는 어렵다. 사전적인 의미에서 신앙이란 초자연적인 절대자, 창조자 및 종교적 대상에 대한 신자 자신의 태도로서, 두려워하고 경건히 여기며, 자비 · 사랑 · 의뢰심을 갖는 일을 뜻한다. 또한 다른 의미로 단순히 영적이거나 초자연적인 것을 아우르는 믿음이나 신뢰를 의미하기도 한다. 따라서 무신론이나 불가지론 역시 하나의 신념 체계로서 신앙이 될 수 있으며, 신앙의 부재는 자아의 불안정성을 심화시킨다고 할 수 있다. 이에 종교와 달리 신앙은 지극히 개인적인 것이며, 신앙의 문제는 삶과 분리할 수 없는 문제로 생각된다.

그럼에도 종교와 신앙은 우리 사회의 주된 화두가 되지 못했다. 종교계나 일부 기독교 신학 연구자들이 종교적 대립이나 교리의 의미 등에 관한 연구를 활발히 진행하고 있으나, 특정 종교의 관점에서 논거를 제시하거나 의미를 해석하는 사례가 대다수이다. 즉, 특정 종교나 비교종교학 등의 학제적 시선을 넘어서 종교에 대한 사회적 논의나 신앙의 의미를 탐색한 연구는 충분치 않은 상황이다. 이와 같은 논의의 지체에 대해 몇 가지 원인을 제시할 수 있을 것이다. 첫째, 종교적 논의를 금기시하는 인식이다. 종교 선택의 자유를 고려할 때, 관련한 논의 자체가 불필요하거나 효용성이 떨어진다는 시각이다. 본질적으로 종교의 교리는 절대적이고 배타적인 성격을 가지는 까닭에, 종교를 벗어난 사회적 논의의 대상이 될 수 없다고 볼 수도 있다. 둘째, 종교적 갈등을 회피하려는 시도이다. 종교의 교리나 신앙에 대한 논의 필요성을 인정하지만, 관련 논의가 사회적 화합보다 갈등을 촉발할 가능성을 우려한 까닭이다. 특히 성적 정체성이나 정치, 노동, 환경 등 사회적 문제에 종교 단체나 종교인이 목소리를 낼 경우 종교에 대한 부정적인 인식이 커질 것이라는 우려가 크다. 셋째, 종교나 신앙을 사회과학적 논의의 대상으로 생각하지 않는 경향이다. 특정 종교의 교리를 절대적인 가치로 평가하거나, 반대로 관습 혹은 개인적인 선택으로 판단하는 시각이다. 문화상대주의를 적용해 전통이나 관례와 같이 개입할 수 없는 영역으로 보기도 한다.

무엇보다도 지금까지 한국 사회에서 종교와 신앙에 관한 논의들이 화합을 도모하기보다는 갈등을 촉발한 것으로 해석될 여지가 크다. 지금까지 종교적 논의는 종교 간의 대화나 종교인과 비종교인 간의 대화가 아닌, 교리적 논쟁이나 정당성을 강조함으로써 특정 종교의 우월성을 주장하는 것에 가까웠음을 주목할 필요가 있다. 개인적인 신앙이 아닌 정형화된 종교의 기준에 따라 교리의 타당성을 입증하려는 움직임이다. 선교사적인 시각에서 교리를 전파하거나 교육하려는 사례도 많다. 이에 종교의 교리나 종교적 가치를 과학적 진리로 입증하려는 주장도 제기된다. 종교에 대한 논의는 대화가 아닌 논쟁의 양상으로 전개되는 상황이다.

종교적 논의는 특정한 종교 안에서만 가능하며, 일반화가 어려운 까닭에 종교와 과학 간의 대화가 무의미하다는 의견도 제기된다. 종교가 과학적 논의의 대상이 아니라는 지적은 과학계에서 일반화되어 있다. 지난 2008년 미국 국립

과학아카데미(National Academy of Sciences)는 과학은 자연 세계를 설명하고 이해하기 위한 방법론과 증거를 기반으로 하지만, 종교적 믿음은 과학의 목적과 다르게 개인의 영적 요구와 윤리적 지침을 충족하기 위한 것이라고 선언했다. 또 진화생물학자인 스티븐 제이 굴드Stephen Jay Gould에 따르면 사실과 이론적 설명을 다루는 과학과 궁극적인 의미와 도덕적 가치를 다루는 종교는 상호 간의 진위에 대한 평가와 대체가 불가능하다.

그러나 이와 같은 불가침성의 천명은 종교와 과학의 대화가 불가능하다는 지적이 아니라, 양립 가능성과 상호 발전을 타진하려는 시도이다. 이에 보다 포괄적인 시각에서 종교와 신앙에 대한 합리적인 논의를 전개할 필요가 있다. 종교를 과학적으로 입증하거나, 과학을 종교적으로 해석하기보다는 가치관 간의 충돌을 억지하고 공존을 모색하는 것이다. 이 글은 우리 사회의 신앙과 종교에 대한 논의를 촉진하기 위해 기획되었다. 특정한 종교를 정당화하거나 배격하는 것이 아니라 종교와 신앙 그리고 과학 간의 건전한 논의를 촉진하고, 사회적 소통을 증진하고자 한다. 이 글에서는 종교와 과학의 대표적 논쟁인 창조론과 진화론 간의 논의를 살펴보고, 대안적인 입장으로서 창조과학에 대한 개신교계와 과학계의 논의를 검토한다. 이를 통해 건전한 신앙의 발전 가능성을 도모하고, 종교에 대한 이해를 증진하고자 한다.

2 — 기독교와 과학의 관계에 대한 기존 논의들

종교와 과학 간의 관계에 대한 논의를 시작하기에 앞서 종교 또는 신앙의 개념을 정립할 필요가 있다. 기존의 종교와 과학에 관한 담론들이 일반적으로 종교에 대한 과학적 설명을 시도하거나 특정 종교의 입장에서 교리를 정당화하는 것, 혹은 과학을 통해 종교의 한계를 부각하는 것이기 때문이다. 곧, 상대적으로 정치한 개념인 과학을 통해 추상적이고 형이상학적인 개념인 종교를 설명하거나, 해석하는 경향이다. 반복적인 실험을 통해 명확한 개념적 정의나 일관성을 확보한 과학과 달리, 종교와 신앙은 그 정의가 분명치 않아 혼란이 가중되고 있다. 종교는 때때로 신화나 관습, 미신 등과 관련성을 가지는 까닭에 혼용되며, 신앙은 개인적인 신념이나 가치관, 철학 등과 구분하기 어렵다. 또한 종교마다 형식과 교리가 다른 까닭에 일관된 정의를 내리는 것은 불가능에 가까울 것이다. 이에 종교와 과학 담론을 논의하기에 앞서 대상이 되는 종교의 범주를 획정하고 구체화해야 할 필요가 크다. 특정한 종교의 사례를 중심으로 과학과 종교 간의 담론을 살펴보는 것도 유용한 방법이다.

이에 본 글에서는 한국의 기독교, 특히 개신교를 중심으로 종교와 과학에 대한 논의를 살펴본다. 과거 진화론의 도입 이후 서구 사회에서 기독교를 중심으로 종교와 과학의 논쟁이 심화하였으며, 한국 사회에서도 개신교계를 중심으로 성경을 과학적으로 입증하려는 시도가 지속되고 있기 때문이다. 한국 개신교의 진화론과 창조론 논쟁이 종교와 과학 담론을 대표한다고는 할 수 없겠으나, 형이상학적 가치를 추구하는 종교와 관찰할 수 있는 자연현상을 설명하는 과학 간의 논의 양상을 잘 보여주는 사례로 판단했다. 다만 본 논의는 기독교와 과학의 대립을 부각하거나, 특정 종교를 비판하기 위한 것이 아니다. 종교와 과학의 개념 및 관련 논의의 범주가 매우 넓은 까닭에 대표적인 논의 사례를 살펴보는 것이며, 기독교의 창조론과 주류 과학계의 진화론 간의 논의로 검토 대상을 한정함은 본 연구의 한계임을 먼저 밝혀둔다.

1) 창조론과 진화론에 대한 논의와 갈등의 양상

종교(宗敎)는 본래 가장 높은 가르침, 곧 진리나 진리에 관한 가르침을 뜻한다. 대다수 종교는 교리를 절대화하여 신이나 절대자에 대한 복종을 확인하고, 종교의 영속성을 강화한다. 예컨대 기독교의 성경은 태초에 하나님이 천지를 창조하신 사건에서 시작하며, 성경에 거짓이 없음을 설파한다. 신의 존재와 신에 의한 창조를 설명하며, 경전과 그 해석인 교리가 진리임을 강조한다. 기독교인이 아닌 사람은 이에 기독교의 배타성을 비판하기도 하지만, 근본적으로 종교가 형이상학적인 현상을 포함해 인간의 삶과 죽음 전반을 아우르는 절대적인 가치관임을 고려할 때, 배타성은 대다수 종교에서 불가피하게 발생하는 요소라고 볼 수 있다. 즉, 한 사람은 동시에 다른 종교를 가질 수 없으며 특정 종교의 교리는 종교 안에서 세계관이자 가치관으로 통용되는 것이기에 이를 비판하기는 어렵다.

과거 종교의 자유가 보장되지 않던 시기에는 종교가 다른 종교나 과학적 진리를 억압하는 도구로 사용된 것이 사실이다. 충격적인 발상의 전환을 뜻하는 '코페르니쿠스적 전환' 혹은 '코페르니쿠스적'이라는 관용어는 중세 기독교가 지배적 담론이자 억압적인 담론으로 기능했음을 보여주며, 정상 과학 역시 종교의 지배를 받았던 것이 사실이다. 근대 이후에도 기독교의 교리와 과학에 대한 논쟁은 이어지는데, 대표적인 사례가 창조론과 진화론에 관한 논란이다.

종교의 자유가 강조된 근대 이후 대다수 국가에서 기독교에 대한 논의는 개인의 신념이나 선택의 문제로 평가되었다. 그러나 19세기 다윈 등에 의해 진화론이 과학적 이론으로 체계화되며 다시 과학적인 차원에서 기독교에 대한 논쟁이 확산된다. 특히 20세기 이후 국민교육이 일반화되면서 기독교 국가의 공립학교 교육 과정에 어느 것을 포함해야 할 것인지에 대한 논쟁이 다시 촉발된 바 있다. 지난 1789년 수정헌법 제1조를 통해 종교적 자유를 헌법적으로 보장한 미국에서 1925년 벌어진 '스코프스 재판The State of Tennessee vs. John Thomas Scopes'이 대표적 사례이다. 보수적인 개신교인이 다수인 테네시주에서 공공학교나 대중을 상대로 성서의 신의 창조를 부인하는 행위, 혹은 인간이 열등한 동물에서 기원하였다는 내용을 가르치는 것을 금지한 「버틀러 법Butler Act」이 제정되었다. 그러자 생물 교사인 스코프스Scopes가 자신을 고소한 것이다. 최초 1심과 2심에서 피고 스코프스는 패소하였으며, 연방대법원의 최종 판결이 내려진 1968년까지 테네시주에서는 「버틀러 법」이 존속된 바 있다. 스코프스 재판은 흔히 '스코프스 원숭이 재판Scopes Monkey Trial'으로도 불린다. 현재 진화론이 인간이 원숭이로부터 진화한 것이라는 주장을 포함하고 있지 않음에도 불구하고, 창조론자들이 진화론에 대한 '허수아비 공격의 오류'를 범한 사례로 언급되기도 한다. 미국에서는 이후에도 1968년 아칸소주에서 진화론 교육을 금지하는 법에 대한 소송이 제기되었으며, 1987년에는 진화론과 창조론을 반드시 함께 가르쳐야 한다는 법에 대한 소송이 제기되었으나 모두 관련법에 대해 위헌 판결이 내려졌다. 또 영국에서는 교육부와 왕립 과학학회가 2014년과 2006년에 각각 창조론이나 지적 설계론이 과학적 이론이 아니라고 규정하며 과학 교육에서 제외한다고 밝혔다. 이에 미국 등 해외의 경우 오랜 기간 논의와 법적 분쟁을 통해 특정한 종교적 신념에 기초한 창조론이나 지적 설계론을 공립학교의 과학 교육 과정에 포함하는 것을 금지하는 실정이다. 또한 관찰과 실험, 검증 가능성에 기반한 이론만이 과학 교육의 대상이 될 수 있으며, 창조론은 사립학교 등의 종교 교육을 통해서만 가능하다고 명시한다.

그러나 여전히 '원숭이 재판'의 영향력이 지속되고 있다. 진화론의 교육을 금지하지는 않으나, 반대로 과학 교육 과정에 창조론과 진화론을 고르게 포함해야 한다는 주장이 제기된다. 터키에서는 2017년 창조론을 포함하고 진화론을 배제하는 새로운 교육 과정을 도입해 논란이 되었으며, 국내에서도 여전히 종교계를 중심으로 창조론을 과학 교육에 포함할 필요가 있다는 주장이 제기되고 있다. 창조론과 진화론을 같은 차원에서 평가해 지적 설계론과 창조론 등을 모두 가르치되, 학생의 종교적 선택을 보장해야 한다는 의견도 상존한다. 이에 교육제도와 관련한 공식적인 판결과 별개로 때때로 과학이 종교를 배격하는 사례가 나타나며, 종교 간의 갈등으로 논쟁이 확산되기도 한다.

창조와 진화에 대한 해묵은 논쟁은 실상 종교와 과학에 논의를 대표하기보다 종교와 과학 간의 대립을 보여주는 사례이다. 애초에 과학과 종교는 서로 다른 영역에서 기능하며 종교는 과학적으로 검증될 수 없음에도 불구하고, 양자 간 선택을 요구하는 것이다. 하지만 종교의 비과학적 진술은 과학의 논의 대상이 아니므로 상반된 것, 혹은 상호배타적으로 보이는 창조론과 진화론은 다른 수준의 견해나 주장이라고 생각된다. 창조론은 신학적이거나 종교적인 믿음에 기초한 상징적 해석이나 신학적 교리인 까닭에 초자연적인 설명이 요구된다. 이에 신학적인 논증이 가능할 뿐 과학적인 논의의 대상이 되지 않으며 존재의 목적과 의미를 부여하는 목적을 가진다. 반면 진화론은 자연계에서 생물의 변화와 다양성을 설명하기 위한 이론으로 관찰과 실험, 분석을 통한 증거 제시에 기반한다. 두 관점은 출발점과 목적, 방법론에서 근본적인 차이를 가진다는 것이다. 따라서 창조론과 진화론 모두 다른 주장이나 가설을 배격하기보다는 종교와 과학적 관점에서 각각의 해석과 설명을 위한 것으로 인식하는 것이 타당하다.

결국, 창조론과 진화론은 상호배타적인 것으로 단정하기 어렵고, 관련 논쟁이 종교적 대화나 신앙과 종교에 관한 담론의 핵심이라고 보기도 어렵다. 하지만 여전히 종교와 과학을 같은 수준에서 논의하거나 창조론 및 진화론에 대해 반론을 제시하는 사례가 많다. 학제적 차원에서도 도킨스의 유전자 중심적 사고, 곧 미메틱스Mimetics나 종교 비판에 대한 반박이나 분석이 이뤄지고 있으며, 이는 창조과학이나 창조론을 정당화하는 논거로 활용되기도 한다. 종교와 과학 간의 논의는 인간 경험의 이해와 윤리에 대한 통찰, 다양한 관점 간의 소통을 목표로 한다. 그러나 양립할 수 없는 첨예한 논쟁이 건전한 논의를 저해하고 있는 실정이다. 이에 이 글에서는 종교와 과학에 대한 학제적 논의를 검토하는 한편, 개신교인들의 관련 인식을 살펴본다.

2) 종교와 과학의 대화와 공존에 관한 학제적 연구들

지난 19세기 다윈이 《종의 기원》을 통해 진화에 대한 과학적 이론을 체계화한 이후 종교와 과학 간의 논제는 오랫동안 갈등적 양상으로 나타났다. 그러나 사회과학의 학제 안에서 종교와 과학의 논제는 1990년대 이후 역사적 상호작용을 포함한 복합적인 논제로 발전했다는 평가이다(신재식, 2011). 대화와 협력을 전제하여 단일 학제로서 종교학이나 과학이 설명하기 어려운 신앙적 행위나, 비판적 실재론, 세계의 변화 등을 논의하는 것이다. 과학에 근거해 종교적 의미를 해석하거나 종교 행위에 대한 심리학이나 생물학적 논의 등은 이에 포함된다.

기독교나 종교학 연구에서도 이와 같은 변화의 움직임이 나타나는데, 호트(Haught, 2010)는 종교와 과학을 다른 수준의 책 읽기와 같이 이해해야 한다고 주장한다. 과학은 양적인 읽기인 반면, 종교는 질적인 읽기인 까닭에 중층적인 해석이 필요하다는 것이다. 그는 창조과학이나 지적 설계론이 성경을 문자주의적으로 해석하는 것이지만, 진화생물학은 우주를 문자주의적으로 해석하는 것으로 이해해 양자의 한계를 비판한다. 과학이 성경을 해석할 수 없는 것처럼 진화론이 성경 비판이나 무신론의 근거가 될 수 없다는 의미이다. 반면, 판넨베르크(Pannenberg, 1989)는 '왜'를 다루는 종교와 '어떻게'를 다루는 과학을 분리할 수 없다고 주장했다. 그는 종교를 다루는 신학과 자연과학을 대등한 것으로 여기지는 않으나, 신 혹은 실재를 다룬다는 측면에서 관련성을 가진다고 설명했다. 과학은 규칙성을 추구하지만, 신학은 우발성을 설명하며 더 큰 포괄성을 가진다는 것이다.

그러나 종교적 관점에서 제시하는 절충론에 대해 다시 과학자들의 비판이 제기되기도 한다. 리처드 도킨스Richard Dawkins는 《만들어진 신*The God Delusion*》 등의 저서를 통해 '인격화된 신'을 섬기는 종교를 비판한다. 초자연적인 존재 곧 창조주는 존재하지 않으며 종교가 망상에 가깝다는 주장을 펼쳐 널리 알려져 있다. 그는 단순히 무신론을 주장할 뿐 아니라 종교적 갈등이 사회에 끼치는 해악을 강조한다. 이후 관련한 비판과 옹호론이 이어지면서 논쟁이 심화되고 있다.

대표적으로 맥그래스McGrath 와 같은 신학자는 종교의 폐해나 무용론을 강조한 도킨스를 직접적으로 반박한다. 진화론의 귀결이 무신론이라는 도킨스의 주장을 반박하며 유신론적 진화론의 타당성을 전개한 것이다. 성경의 문자주의적 해석을 거부함으로써 진화론으로 대표되는 과학과 창조론으로 대표되는 종교의 공존 가능성을 타진한다. 국내에서도 관련 연구가 다수 진행되었는데, 전진권(2020)은 도킨스의 진화생물학적 주장, 곧 모방이론Mimetics의 한계를 지적한다. 종교는 밈meme이 아닐 뿐만 아니라, 밈의 작용은 과학적으로 검증되지 않았다. 이에 도킨스의 주장은 지나친 과학만능주의이며 종교를 비판하기 위한 목적이라고 하였다. 한편 도킨스의 주장에서 신학적 무지나 확대해석의 오류를 비판한 연구도 있다. 이창호(2022)는 맥그래스와 김기석 목사의 도킨스에 대한 비판을 소개하며 도킨스가 의도적으로 기독교에 대한 편협

한 해석을 시도한다고 지적한다. 성경이나 교리의 무오류성을 지적하기 위해 스스로 오류를 범하고 있다는 것이다.

결국 종교와 과학의 관계성에 관한 연구는 비판 자체를 목적하지 않는다. 각각의 특수한 역할과 한계를 인정하며, 상호 존중을 통한 공동선의 실천을 목표로 한다(이창호, 2022). 이때 공동선이란 윤리적 가치를 넘어서 인류가 가진 사회적 문제의 해결 방안 또는 해결 방안의 모색을 뜻한다. 사실과 가치는 밀접한 연관성을 가지고 있지만, 같은 차원에서 논의되기 어렵다. 이에 과학과 종교는 상호 간에 한계를 인정하고 공존을 모색해야 한다. 물론 현재 종교가 가치만을 다루지 않을 뿐만 아니라, 과학이 설명만을 다루지도 않는다. 과학이 전적으로 객관성을 추구하는 것일 수 없으며, 종교도 전적으로 주관적인 가치라고 볼 수 없다(홍성욱 · 전철, 2018). 이에 과학과 종교는 차이를 인정하되 화합을 모색해야 한다. 과학과 종교의 대화가 더욱 필요한 이유이다.

3) 종교와 과학, 믿음과 설명이 만들어 내는 담론적 구조

종교는 흔히 초월적인 믿음의 영역이라 여겨지지만, 신앙과 믿음은 구체적인 언어를 통해 형성되고 전파된다. '믿는다'는 말은 단지 내면의 확신을 드러내는 것이 아니라, 어떤 공동체의 언어적 관습과 상호작용 속에서 형성된 사고방식과 표현 형식의 일부이다. 그 점에서 종교는 사적인 감정이 아니라, 공적인 소통과 해석의 틀 안에서 지속적으로 구성되는 사회적 담론으로 이해되기도 한다.

이러한 시각에서 보면, 신학적 교리는 단순히 믿음의 내용이라기보다 역사적 · 사회적 맥락 속에서 형성된 규범적 언어체계였다. 경전의 내용 자체가 담론인가에 대한 논란이 제기될 수 있으나, 교리의 해석은 문화와 언어 그리고 인간의 사유에 따라 형성되기 때문이다. 이와 같은 해석의 여지는 일반적으로 '신앙의 성격' 혹은 신앙적 자유로 용인되고 있다. 예정설이나 금욕주의와 같이 경전에 직접적으로 언급되지 않은 논거는 더욱 언어와 관념적 인식의 지배를 받는다. 예컨대 예정설은 '신의 선택'이라는 교리로 출발하지만, 삶 속에서는 구원의 확신을 스스로 증명하려는 도덕적 · 심리적 실천으로 나타났고, 절제나 근면은 신앙의 징표로서 기능했다(MacIntyre, 1981/2021). 다시 말해, 종교적 교리는 단지 가르침이 아니라, 사회적 질서와 정체성을 유지하는 언어적 실천의 틀이었다.

이러한 담론화는 기독교만의 문제가 아니다. 종교와 믿음에 대응되는 과학은 일반적으로 관찰과 증거를 기반으로 한 설명 체계로 존재한다. 그러나 과학 역시 특정한 문화적 전제와 인식론적 기준을 기반으로 한다. 과학이 담론으로 기능한다는 말은 과학의 객관성을 부정하는 것이 아니라, 그 설명 방식 또한 사회적으로 구성되고 인정되는 형식이라는 점을 말한다. 종교와 과학은 서로 다른 방식으로 세계를 설명하고 해석하지만, 결국은 각자의 언어를 가진 인식 체계로, 사회 속에서 기능하고 논의되는 상황이다.

이런 맥락에서 창조론 역시 단순한 신학적 해석을 넘어, 신앙 공동체 내부에서 '어떻게 설명할 것인가'를 둘러싼 언어적 실천으로 볼 수 있다. 창조론을 믿는다는 말은 자연의 기원에 대한 설명이자, 동시에 자신이 속한 신앙 체계의 질서와 일치하는 방식으로 사고하고 표현한다는 선택이기도 하다. 그것은 과학적 반론에 대응하는 신앙적 해석일 수도 있고, 혹은 공동체 내부의 정체성을 재확인하는 담론일 수 있다.

결국 우리는 종교든 과학이든, 모두 일정한 해석의 틀 속에서 작동하는 사회적 담론의 형식이라는 점을 인식할 필요가 있다. 중요한 것은 어느 한 쪽이 진리이고 다른 쪽이 오류라는 이분법적 구도가 아니라, 그 언어와 논리가 어떤 사회적 맥락 속에서 작동하며, 어떻게 정당화되고 수용되는지 살펴보는 것이다. 이에 다음 장에서는 개신교 신자들의 창조론 및 진화론 인식이 어떤 방식으로 표출되고 주저되며 구성되는지 논의한다.

3 — 개신교인의 창조과학과 진화론 인식

1) 창조과학과 《창조론 연대기》에 대한 인식

종교는 존재의 불확실성이나 유한성에서 기인한 것이기에, 필연적으로 초자연적이거나 절대적인 존재에 대한 논의를 포함한다. 곧, 신의 존재에 대한 논의이다. 반면 과학은 자연계의 관찰 가능한 현상의 설명에 집중한다. 이에 과학과 종교가 대립적 논의의 대상이 아니며 공존할 수 있다는 인식이 일반화되어 있다. 주류 과학계가 종교를 과학적 논증의 대상에서 제외하고, 종교계는 과학이 종교의 교리를 배격하기보다는 종교에 대한 이해를 도울 수 있는 상보적인 수단으로 평가해 상호 이해를 도모하는 시각이다.

그러나 여전히 우리 사회에서 종교와 과학 간의 대립을 강조하는 인식이 강하다. 진화론을 배격하는 근본주의적 기독교 교리와 도킨스로 대표되는 무신론적 과학주의자의 견해가 일반의 인식에 영향을 준 것으로 판단된다. 이에 종교와 과학의 논의는 해묵은 창조론과 진화론 간의 논쟁으로, 또 기독교 신앙과 과학주의 혹은 과학만능주의의 대립으로 전개되는 경우가 다수이다. 이와 같은 논쟁이 바람직하다고 할 수는 없겠으나, 종교와 과학 담론의 양상을 잘 보여주는 것이기도 하다.

이에 이 글에서는 '창조과학'과 창조론을 다룬 만화 《창조론 연대기》(김민석,

2017)와 이를 감상한 개신교인들의 의견을 간략히 소개한다. 창조과학이란 기독교계 일부에서 창조론을 과학적인 방법으로 해석하려는 시도이자 가설이다. 창조과학은 일반적인 창조론과 구분되며, 형이상학적인 대상에 대한 분석을 시도한다는 점에서 '창조설'로 불리기도 한다. 명칭에 과학을 포함하고 있지만, 주류과학계에서는 기독교 성경의 문자적인 해석과 무오류설을 정당화하는 유사과학으로 비판받기도 한다. 지구의 역사를 6,000년에서 12,000년으로 설정하고 창조가 최초의 6일에 모두 이뤄졌다는 주장을 진리로 역설하는 등 과학적 이론은 아니지만 과학과 양립할 수 없는 주장을 펼친다는 것이다.

다만 창조과학은 과학적 타당성과 별개로 창조론을 지지하지만, 과학적 근거와 이해를 원하는 기독교인들에게 지지를 얻고 있다. 창조과학은 본래 주류 기독교계의 견해가 아니며, 정상 과학과 양립할 수 없다는 문제점을 가지고 있다. 그러나 과학이라는 호명과 기독교 근본주의자들, 그리고 일부 과학자들의 지지에 힘입어 여전히 하나의 주장으로 힘을 얻고 있다. 관련한 포커스 그룹 인터뷰(Focus Group Interview, FGI)에 활용한 《창조론 연대기》의 주요 내용은 창조과학을 입증하거나 정당화하지 않는다.

《창조론 연대기》는 창조론에 관한 논쟁, 그리고 창조론의 유형과 역사를 정리한 《창조론자들*Creationists*》에 기초해 학생들의 사랑 이야기로 재구성한 만화책이다. 《창조론자들》은 보편타당한 교리처럼 확산한 창조과학이 본래 정통 기독교의 역사적-신학적 산물이 아니라 20세기 초 미국에서 시작된 특정 교회에서 비롯되었음을 밝히고, 관련 논거가 어떻게 생성되고, 발전, 약화, 재도약의 과정을 거듭하면서 마치 하나의 과학적 이론처럼 자리매김했는지 정리한 책이다. 이에 《창조론 연대기》 역시 창조과학을 옹호하기보다는 기독교인의 입장에서 창조과학과 비판적인 시각을 함께 정리한 책이다.

한국 개신교 교회의 소그룹을 중심으로 기독교인들의 감상평과 의견을 취합했다. 그룹 인터뷰에 참여한 개신교인들은 30~40대 남성과 여성 10명으로 구성되었으며, 평소 연구자와 기독교에 대해 소통하던 사람들이다. 이 글에서는 지면의 한계상 각 참여자의 종교적 배경이나 사회경제적 지위 등은 생략하며, 발언을 구분하지도 않는다. 이들의 의견은 대표성을 가지는 것이 아니지만, 《창조론 연대기》에 대한 간략한 감상평을 통해 개신교인들의 창조론 논쟁에 관한 생각을 알아보고자 했다.

2) 종교적 진리는 과학을 전제하는가?

신앙적인 성숙의 정도를 측정한 파울러Fowler에 따르면, 일반적인 신앙은 6단계의 발달과정을 거친다. 첫 단계는 직관적이고 투사적인 신앙이다. 발달단계 이론상 유아기 및 초기 아동 단계에 해당하는 신앙으로서 부모나 교사 등 권위자의 영향을 받으며, 신앙적 상징을 직관적으로 받아들인다. 이 단계에서는 긍정적인 희망과 공포심이 공존하며 신앙의 개념이 형성된다. 둘째는 신화적이고 문자적인 신앙이다. 종교적인 이야기를 문자 그대로 받아들이며, 선악관이 형성되고 기복적인 성향이 나타난다. 셋째는 동조적이고 집단적인 신앙이다. 교회나 가족, 문화의 영향을 받아 주변인이 믿는 것을 따르는 경향이 나타나는 것이다. 비판적 사고나 기존 신념에 대한 도전이 꺼려진다. 넷째는 개별적이고 반성적인 신앙이다. 종교적 교리에 대한 개인적인 해석을 강조하며, 자신의 경험과 논리에 따라 신앙을 이해한다. 이때 비판적인 사고로 인해 신앙을 버리거나 새로운 신념 체계를 형성하기도 한다. 다섯째는 결합적 신앙이다. 자신의 신앙뿐만 아니라 다른 신앙 체계나 관점을 수용할 수 있게 된 단계이다. 신앙의 복합성과 모순을 인정하면서도 자신의 신념을 구체화하기 위해 다양한 신념과 철학을 통합하려는 경향이 나타난다. 여섯째는 보편적 신앙이다.

모든 인류를 위한 보편적 가치를 실천하기 위해 노력하며, 개인적인 이익이나 특정 종교의 틀을 초월한다. 이 단계에서는 삶과 신앙이 일치하며 초월적인 가치를 강조한다.

《창조론 연대기》를 중심으로 창조론과 진화론, 그리고 창조과학에 대한 논의를 살펴본 결과, 다수의 개신교인은 창조과학과 진화론 양자 모두에 대해 포용적인 태도를 보였다. 창조론이나 진화론 혹은 대안적인 관점으로서 창조과학을 전폭적으로 지지하고 다른 입장을 배격하기보다는 각자의 개인적인 판단 영역으로 남겨둔 것이다. 파울러의 신앙 발달단계 이론에 비추어 볼 때, 이와 같은 태도는 4단계 이상의 반성적인 신앙의 발현으로 볼 수도 있다.

> "창조론이냐, 진화론이냐가 중요하지는 않다. 신앙적인 논의 자체가 바람직하고 모두가 과정을 거치는 것이라고 생각된다." (40대 남성 A)

> "나는 진화론이나 창조과학을 지지하지 않으나, 관련 내용은 신앙과 관련된 논의에서 지엽적인 부분이라고 여겨진다. 누가 틀렸다고 비난하는 것이 문제일 뿐, 무엇이 문제인지 심각하게 받아들일 필요가 없을 듯하다." (40대 여성 B)

그러나 이와 같은 경향을 고차원적인 신앙관의 발현으로 보기 어려울 수도 있다. 일부 인터뷰 참여자들은 도킨스로 대표되는 진화론 지지자들의 의견에 대해 비판적인 견해를 드러냈다. 진화론 자체를 배격하지는 않으나, 진화론자들의 기독교에 대한 공격 또는 비판적 견해를 다시 반박하는 태도를 보였다. 이와 같은 논의는 종교와 과학 담론의 과정에서 필수적이지만, 본 심층 집단면접의 핵심적 주제를 벗어난 것이기도 하다.

"기독교를 공격하는 것이 아니라면, 신앙의 본질에 어긋나는 것이 아니라면 수용될 수 있다고 판단된다. 그러나 도킨스와 같은 사람들의 의견은 비판을 위한 비판에 그치는 부분이 있다." (30대 남성 C)

"나는 창조과학을 믿지는 않지만, 창조과학에 관심을 가진 적이 있다. 무리한 주장이 있지만 창조과학이 발생한 배경이 내용보다 중요하다고 생각된다." (40대 여성 D)

결국 면접 참여자들은 개인적인 선택을 존중하지만, 개신교 내집단의 일반적인 의견에 영향을 받음을 확인할 수 있었다. 이와 같은 인식은 창조과학이 주류 기독교계에서 인정받지 못하는 상황을 반영한 것일 수 있으며, 동시에 본 면접이 교회 내 집단에서 이루어진 한계에 따른 것으로 판단된다. 다수 응답자는 자신의 의견을 적극적으로 드러내기보다는 종교의 절대성을 침해할 수 있는 논의를 무용하거나, 의미 없는 것으로 치부하기도 했다.

"창조론연대기 속의 수영과 준의 대화는 개신교인들이 한 번쯤 가져봤을 의문에 대한 것이다. 그렇지만 결국 신앙적 미성숙이 문제인 것 같다." (40대 남성 E)

"맥그래스(McGrath, A. E.)나 루이스(Lewis, C. S.)의 주장에 동의하는 편이다. 진화론이나 창조의 원리에 지나치게 집착하기보다는 대화를 지속하는 것이 중요한 것 아닐까?" (40대 남성 A)

이와 같은 견해는 집단 내 학습의 결과물일 가능성이 있으며, 유신론과 무신론에 대한 논쟁에서 발생하는 피로감을 반영한 것으로 생각된다. 물론, 신학자나 관련 연구자가 아닌 평신도 입장에서 창조와 진화 논쟁이 중요한 종교적 의제가 아닐 수 있으며, 관련 논쟁이 교리에 대한 비판과 재반박의 양상으로 나타나기도 했다. 그러나 이에 따라 관련 논의를 소모적인 것으로 인식하는 경향이 확산되고 있다. 종교와 과학 논쟁의 한계가 관련한 논의나 사고 자체를 가로막는 현상이다.

본 초점집단 면접이 제한된 인원과 주제, 시간에 한정한바 충분한 논의가 이뤄지지 못했을 가능성도 크다. 파울러의 신앙발달 단계 이론은 다년간 수백명 이상의 사람들을 대상으로 진행한 면접 결과에 따라 도출된 것인바, 창조과학에 대한 단편적인 논의를 통해 개인의 신앙적 발달 수준이나 인식을 파악하는 것은 한계가 분명할 것이다.

다만 이 글에서는 종교와 과학 담론의 단면으로 기독교의 창조론과 진화론, 창조과학에 대한 논의 가능성을 확인해 보고자 했다. 창조론과 진화론에 대한 논쟁이 종교와 과학의 대립으로, 또한 흑백논리로 귀결된다는 일반적인 편견을 부정하는 동시에, 종교와 과학의 논의를 가로막는 제약 요소가 무엇인지 탐색해 보려는 시도이다.

파울러 등 신학자들이 강조하는 성숙한 신앙이란 보편적이고 포용적이다. 물론 이와 같이 보편적인 신앙의 단계에 도달하는 것은 매우 어려우며, 실제로 그 단계에 도달하는 사람의 비율도 극히 낮다. 또한 관련 이론이 기독교 신앙에 한정하며, 일반화가 어렵다는 비판도 제기된다. 그러나 포용적인 태도가 발전적인 대화와 소통의 전제조건일 뿐만 아니라 결과물이라는 점에 주목할 필요가 크다. 종교와 과학 간의 단절이 아닌 상호 발전적인 소통을 어떻게 촉진할 것인지 고민해야 할 시점이다.

4 — 나오며: 신앙에 대한 다원주의적 담론과 소통의 필요성

종교와 신앙은 한계에 대한 인지에서 출발한다. 사회 공동체의 발전에 따라 인간의 역량이 증가해 왔으며 공동체의 필요성이 커지고 있지만, 해결할 수 없는 문제점과 갈등도 커지고 있다. 수명과 능력이 제한된 인간은 필연적으로 한계에 봉착하며, 한계에 대한 인식도 사회 발전과 인식의 확장에 따라 커지기 때문이다. 종교는 본질적으로 개인과 공동체가 해결할 수 없는 문제에 대한 해법을 찾기 위한 노력이라고 볼 수 있으며, 종교와 신앙에 대한 논의도 마찬가지이다.

그러나 애초에 과학과 같은 명확한 진리나 확정적인 답을 찾기 어려운 논의인 까닭에 종교와 과학에 대한 논의가 오히려 갈등을 유발하기도 한다. 과학과 종교 모두 불확실성을 배제하고, 진리의 발견을 목적으로 하기 때문이다. 인간은 본성적으로 과학과 종교를 통해 삶의 문제를 해결하고자 하며, 필연적으로 두 영역에서 가치 충돌이 발생할 수 있다.

과거 종교와 과학에 대한 논의는 기독교에서 창조론과 진화론, 창조과학 등으로 대표되는 논쟁의 양상으로 전개되었고, 여전히 명확한 답을 구하지 못하는 상황이다. 학계에서는 종교와 과학의 상호 존중과 공존이 가능하다는 의견이 제시되고 있지만, 개인별로 신앙의 발달 정도나 유형이 다르고 때때로 교리의 문자적 해석을 강조하는 근본주의의 영향으로 국지적인 논쟁이 지속되고 있다.

이 글에서는 학계의 기존 논의와 함께, 한국 개신교인들을 대상으로 창조과학과 종교의 공존 가능성을 다룬 만화 《창조론 연대기》에 대한 포커스 그룹 인터뷰FGI를 수행했다. 그 결과 과학과 종교 간의 공존과 논의 가능성이 나타나기도 했지만, 기존의 대립적 사고가 드러나기도 했다. 여전히 종교의 교리를 문자적으로 해석하여 과학적 이론을 선별적으로 수용하거나, 과학적 이론을 종교와 무관하다고 판단하는 경향, 혹은 논의 자체가 무용하다는 의견이다.

한계에 대한 답을 구하고, 절대자와의 소통을 추구하는 종교의 교리가 애초에 절대적인 진리를 역설하기 때문에 논의 자체가 좌절되는 경향도 나타났다. 논의에 참여한 기독교인 중 다수는 창조과학이나 창조설을 적극적으로 지지하거나 반박하기보다는 종교와 과학 간의 논의를 개인적인 영역으로 판단했다. 한국 개신교는 '믿음'을 최우선적 가치로 설정하며, 이에 개인의 종교적 신념과 과학적 가치나 지식의 충돌을 사전에 억지하는 성향이다. 이에 대해 다원주의적 가치의 수용과 인정으로 판단할 수 있으나, 여전히 종교나 과학 중 하나의 영향력에 따라 다른 관점을 배제하는 것으로 이해할 수도 있다. 이와 같은 견해는 종교와 관련한 논의를 금기시하는 사회적 인식, 그리고 기존의 종교와 과학에 대한 담론들이 종교적 논쟁으로 전개된 점에 영향을 받은 것으로 판단된다.

종교의 목적이나 가치는 다양하지만, 크게 자아의 안정성 및 평안을 추구하는 것과 현실의 모순과 문제점을 해결하는 것이 있을 수 있다. 그러나 종교와 과학에 대한 담론들이 우리 사회의 문제점을 어떻게 해결할 수 있는가에 대해서는 논란이 여전하다. 사회적 차원에서 종교 간의 갈등이나 종교로 인한 갈등이 더욱 부각되기 때문이다. 이에 종교에 대한 논의나 종교 간의 대화가 터부시되는 경향이 심화된다.

실상 종교를 과학적으로 이해하거나, 과학을 종교와 같은 절대적인 가치로 신봉하는 것은 부적절하다고도 볼 수 있다. 다만, 한계와 문제점에도 불구하고 종교와 과학에 대한 논의 자체가 무의미한 것은 아니라고 생각된다. 종교는 개인적인 선택으로 사적 영역이지만, 종교의 선택에 영향을 주는 사회적 맥락과 심리적 요인을 분석함으로써 종교와 과학의 상호 발전을 도모할 수 있기 때문이다.

종교의 순기능은 죽음이나 인간의 한계 극복, 영적 평안의 추구와 같은 형이상학적 영역은 물론, 사회공동체의 결속과 안녕을 도모함에 있다. 또 개개인이 특정한 종교에 귀의하지 않더라도 우리는 인간의 한계에 대한 인식과 대처 방식으로서 신앙을 가질 필요를 느낀다. 이때 신앙이란 절대적이고 초자연적인 대상에 대한 신념 체계를 의미하는 것으로 무신론자나 불가지론을 배격하는 것이 아니며, 오히려 무신론이나 불가지론, 실존적 회의주의 등을 포함하는 것이 될 수 있다. 따라서 종교는 과학과 마찬가지로 인간의 삶을 더욱 가치 있게 만들어야 한다. 이에 종교와 과학 간의 대화 혹은 종교와 과학 담론의 목표는 우리의 인식의 한계를 극복하고, 종교와 과학 상호 간의 발전을 도모하는 것이다. 소모적인 논쟁을 지양하고 학제적 영역은 물론 우리의 일상을 포함하는 사회 각 분야에서 종교와 과학 간 인정과 화합에 기초한 대화를 지속해 나갈 필요가 있다.

참·고·문·헌

김민석 (2017). 〈창조론 연대기〉. 서울: 새물결플러스.

신재식 (2011). 현대 기독교 신학자들의 종교와 과학 담론. 〈종교연구〉, 64집, 77-108.

이창호 (2022). 리처드 도킨스의 무신론 논증과 기독교적 반론 탐색: 김기석과 알리스터 맥그래스를 중심으로. 〈장신논단〉, 54권 2호, 67-101.

전진권 (2020). 도킨스의 종교진화론 비판: 과학과 종교의 대화를 위하여. 〈한국기독교신학논총〉, 118집, 591-619.

홍성욱·전철 (2018). 과학기술학(STS)의 관점에서 본 종교와 과학: 과학적 사실과 종교적 가치의 만남에 관한 연구. 〈신학연구〉, 55권 2호, 29-53.

Gould, S. J. (2002). *Rocks of ages: Science and religion in the fullness of life*. New York, NY: Random House Publishing Group.

Haught, J. F. (2010). *Making sense of evolution: Darwin, God, and the drama of life*. Louisville, KY: Westminster John Knox Press.

MacIntyre, A. (1981). *After virtue: A study in moral theory*. London: Duckworth. 이진우 (역) (2021). 〈덕의 상실〉. 서울: 문예출판사.

National Academy of Sciences & Institute of Medicine (2008). *Science, evolution, and creationism*. Washington. DC: The National Academies Press.

Pannenberg, W. (1989). Theological appropriation of scientific understandings: Response to Hefner, Wicken, Eaves, and Tipler. *Zygon: Journal of Religion and Science, 24*(2), 255-271.

Scopes, J. T. (1997). *The world's most famous court trial, Tennessee evolution case: A complete stenographic report of the famous court test of the Tennessee anti-evolution act, at Dayton, July 10 to 21, 1925, including speeches and arguments of attorneys*. Union, NJ: Lawbook Exchange.

Chapter 10

지방대학 문제를 틀 짓는 미디어 담론

김활빈

1 — 인구감소와 지방대학 위기

대한민국을 비롯한 많은 국가들이 인구감소를 겪고 있다. 인구감소는 출산율이 줄어들고 사망자가 출생자보다 많아지면서 발생하는 현상이다. 최근 출산율이 급격히 떨어지고 있고 의료와 사회 복지가 발전하면서 사망률도 하락하고 있기 때문에 인구감소가 가속화되는 실정이다. 이에 행정안전부는 2021년부터 인구감소지역을 지정하여 해당 지역을 대상으로 행정적・재정적 정책과 지원을 마련하고 있다. 2021년 최초 지정되고 5년 주기로 지정되는 인구감소지역은 2024년 현재 89개 지역인데, 전남과 경북이 16곳으로 가장 많고, 강원 12곳, 경남 11곳, 전북 10곳, 충남 9곳 등의 순이다(김병규, 2021, 10, 18). 인구가 감소하는 것이 자연적인 현상이라고 설명하는 사람들도 있지만, 인구감소에 따른 부작용이나 사회적 문제가 발생하고 있어 이에 대한 대책이 필요하다. 정부 역시 인구감소지역을 지정 고시하여 지표를 관리하고 정책적 대응을 하고 있는 것이다.

인구감소가 가져오는 사회적 문제는 다양하다. 먼저 생산연령 인구의 감소를 가져와 경제문제를 일으킬 수 있다. 즉 경제활동 인구가 줄어들어 생산과 소비 모두에서 문제가 발생할 수 있는 것이다. 또한 고령사회가 심화되면서 사회 복지 및 의료 비용이 증가하는데 이를 감당해 줄 젊은 세대가 부족한 문제도 있다. 그리고 지역소멸이 확산되는 문제가 발생하는데, 이는 우리보다 앞서 인구감소와 고령사회를 겪고 있는 일본에서 잘 나타나고 있다. 젊은 사람들이 일자리가 많은 수도권으로 이주하면서 광역시와 일부 시·군을 제외하고 젊은 사람들을 찾아보기 어렵다. 빈집도 늘어나고 있고 지역에 위치한 기업과 상가도 어려움을 겪고 있다. 여기에는 대학도 예외가 아니다. 인구감소로 야기된 지방소멸이 지역대학 위기와 직접적으로 연결되어 있는 것이다.

지역대학은 심각한 위기를 겪고 있다. 지역에 소재한 대부분의 대학들이 학령인구 감소로 인하여 신입생을 다 못 채우고 있는 실정이다. 지방대학에 입학한 학생들도 중간에 휴학을 하거나 수도권 대학으로 편입을 하는 사례가 많아 재학생 충원율 역시 수도권 대학에 비해 매우 낮은 수준이다. 대학 재정의 많은 부분을 등록금 수입에 의존하고 있기 때문에 신입생 및 재학생 충원율 감소는 대학의 위기로 이어질 수밖에 없다. 일자리를 찾아 수도권으로 이동하는 것을 넘어, 대학도 수도권에서 나와야 취업에 도움이 된다는 인식이 강하게 자리하고 있다. 이러한 사회적 인식으로 인해 지역의 대학들이 더 큰 어려움을 겪고 있다. 지역대학의 위기로 말미암아 결국 지역의 경제활동 인구가 점차 빠져나가게 되어 지역 경제의 활력을 떨어뜨린다.

한편 지방대학은 단순히 교육과 연구 기능을 수행하는 교육기관에 그치지 않고, 지역사회와 연계하여 많은 사회적 기능을 담당하고 있다. 지역 인재를 양성하여 이들이 지역 사회에서 활동할 수 있도록 지원하고, 이러한 지역 인재가 지역에 뿌리 내릴 경우 지역 경제의 활성화로 이어질 수 있다. 또한 지역에 소재한 대학은 해당 지역에서 발생하는 다양한 사회・경제적 문제를 해결하기 위해 연구를 수행하고 해결책을 제시하며, 지방자치단체 및 공공기관과 협력하여 지역 맞춤형 정책을 개발하거나 실행하는 데 기여하기도 한다. 이처럼 지방대학은 지역사회와의 긴밀한 상호작용을 통해 경제적・사회적・문화적 발전에 핵심적인 역할을 다하고 있다. 하지만 지금의 지방대학은 이러한 기능을 제대로 수행하기 어려운 지경에 있고, 수도권 대학과의 격차도 점차 벌어지고 있다. 이러한 격차는 수도권 대학 선호 현상을 더욱 가속화시키고 있다.

지방대학의 위기 그리고 수도권 대학 선호는 현실에서 벌어지는 현상이기도 하지만 사람들의 생각이나 의식 속에 자리 잡고 있는 것이기도 하다. 이러한 생각과 의식은 본인의 경험과 다른 사람들과의 대화를 통해서 형성되기도 하지만, 많은 경우 미디어를 통해 얻은 정보에 영향을 받고 있다. 다른 사람들과의 대화도 얼굴을 마주하며 이루어지기도 하지만, 많은 경우 모바일 메신저나 소셜 미디어 등을 매개로 이루어지고 있다. 사회 현상을 바라보고 특정 이슈나 문제에 대한 생각을 형성하는 데 미디어의 영향은 여전히 강력하다. 본 장에서는 지역대학 문제 혹은 지역대학 위기를 보여주는 미디어의 틀 짓기 혹은 프레이밍 효과를 통해 미디어 담론을 탐구해보겠다.

2 — 미디어가 제시하는 세계: 미디어 프레이밍

1) 미디어 프레이밍과 이슈 속성

우리말로 '틀 짓기'라고 부르는 '프레이밍framing'은 미디어커뮤니케이션학에서 가장 주목받는 이론적 개념들 가운데 하나이다. 프레이밍 이론framing theory은 다학제적 전통에서 유래되었고, 여러 연구자들이 프레이밍을 다양한 분석 수준의 개념으로 정의했다(Scheufele, 1999). 일반적으로 프레이밍 이론을 연구하는 데는 사회학적 관점과 심리학적 관점의 두 가지 접근 방법이 있다. 첫째, 거시적 수준의 사회학적 접근 방식은 고프만(Goffman, 1974)의 프레임 분석frame analysis에서 도출된 가정에서 발전했다. 이는 사람들이 정보를 처리할 때 해석적 배경지식 혹은 스키마에 의존한다는 프레임 분석 설명이다. 둘째, 미시적 수준의 심리학적 접근 방식은 전망이론prospect theory에 대한 연구(Kahneman & Tversky, 1979)로 정리할 수 있다. 동일한 상황을 제시하는 방식(프레임)이 사람들의 의사결정에 영향을 미칠 수 있다는 것이 전망이론의 설명이다.

커뮤니케이션 연구자들은 프레이밍을 다음과 같이 정의한다. 엔트만(Entman, 1993)은 프레이밍을 인지된 현실의 몇 가지 측면을 선택하여 커뮤니케이션하는 텍스트에서 더욱 두드러지게 만들어 특정 문제를 정의하고, 인과적 해석을 하며, 도덕적 평가를 하고, 권고 사항을 촉진하는 방식이라고 정의했다. 즉 프레이밍은 특정한 이슈에 대하여 문제의 정의, 인과적 해석, 도덕적 평가, 그리고 권고 사항(해결책) 제시의 과정을 포함한다는 것이다. 기틀린(Gitlin, 1980)은 미디어 프레임을 상징을 다루는 자들이 언어적 혹은 시각적인 방법으로 일상적 담론을 구성하는 선택, 강조와 배제의 지속적인 인지, 해석 및 표현의 패턴이라고 정의했다. 갬슨과 모디글리아니(Gamson & Modigliani, 1989)는 프레임을 특정 문제나 이슈에 의미를 제공하는 해석적 패키지interpretative packages라고 주장했다. 이러한 패키지의 핵심은 관련 이슈와 사건을 이해하고 문제가 무엇인지 제시하기 위한 중심적인 구성 아이디어 혹은 프레임(a central organizing idea, or frame)이라고 했다. 미디어 프레임은 사람들이 이슈나 사건을 어떻게 해석할 수 있는지 일종의 가이드라인을 제시해주며, 이때 프레이밍은 선택과 현저성(selection and salience)이 핵심이다(Entman, 1993). 예를 들어, 지방대학 문제를 미디어가 '지방대학 위기' 프레임으로 보도하면, 해당 기사를 읽는 독자들이 지방대학 문제를 위기로 인식하도록 하는 가이드라인이 제공된다. 그리고 프레이밍은 많은 속성들 가운데 특정 속성만을 선택하고(즉, 다른 것들은 배제되고) 그 속성의 현저성을 강조하는 방식으로 이루어지는데, 이러한 뉴스를 읽는 독자들은 지방대학 문제라는 이슈를 인지하고 해석하는 과정에서, 미디어 프레임이 제시하는 방식에 영향을 받을 수 있다.

프레이밍 효과와 관련하여 이슈 속성issue attribute을 살펴보는 것이 필요하다. 이슈 속성은 특정 이슈에 대하여 사람들이 생각하고 평가하는 데 도움이 될 만한 속성이나 특징을 말한다. 앞서 언급한 엔트만(Entman, 1993)이 제시한 프레이밍 정의에 포함된 4가지 속성에서 인과적 해석과 해결책 제시와 관련한 연구가 많이 이루어졌다(김활빈, 2022; Kim & Carter, 2017; Kim & Willis, 2007). 인과적 해석이란 특정한 사건이나 이슈에 대하여 누구의 책임인지 논의하는 속성이다. 그리고 더 나아가 책임에 따라 제시되는 해결 방안이나 대책 등이 이슈 속성으로 논의된다. 예를 들어, 지방대학의 위기라는 이슈를 논의할 때 위기에 대한 책임이 누구에게 있는지 제시해 보자. 지방대학 스스로가 대처를 잘못했기 때문에 책임이라는 논의를 할 수 있고, 학령인구 감소와 수도권 집중화와 같은 외부 환경적 요인에 의해서 발생한 위기라고 논의할 수도 있을 것이다. 다르게 제시된 이슈 속성에 따라 특정 이슈를 바라보는 시각, 즉 이슈에 대한 책임 소재를 생각할 때 미디어의 영향을 받을 수 있게 된다. 결국 미디어 프레이밍과 이슈 속성이 사람들의 인지 과정에 영향을 미치게 되므로, 뉴스 미디어가 어떠한 방식으로 프레이밍을 하는지 그리고 어떠한 이슈 속성을 주로 제시하는지 살펴봐야 할 것이다.

2) 프레임을 형성하는 이해관계: 프레임 구축

뉴스의 생산과 소비 측면에서 프레이밍 기능을 이해하고 프레이밍 이론의 구성 요소를 설명하기 위해서 쇼이펠레(Scheufele, 1999)가 주창한 프로세스 모델을 살펴보는 것이 필요하다. 그는 프레이밍을 특정 프로세스의 결과가 후속 프로세스의 입력으로 사용되는 지속적인 과정으로 개념화한 프레이밍 효과의 프로세스 모델을 제시했다. 이 모델에는 두 가지 종류의 프레임이 있는데, 개별 프레임individual frame과 미디어 프레임media frame이다. 이 두 프레임은 독립변수와 종속변수 모두 가능하다. 이 모델은 프레임 구축frame building, 프레이밍 설정framing setting, 프레이밍의 개인 수준 효과, 그리고 개별 프레임과 미디어 프레임 간의 연결이라는 4가지 프로세스를 탐구한다. 프레임 구축과 프레이밍 설정은 뉴스가 어떻게 생산되고 소비되는지 이해하는 데 중요하다.

프레임 구축frame building은 언론인이 적용하는 프레임의 생성이나 변경에 영향을 미치는 과정을 의미한다(Scheufele, 1999). 이 용어는 뉴스 미디어 조직의 특정한 내부 요인이 뉴스 프레임의 선택에 어떻게 영향을 미치는지 설명한다. 이러한 내부 요인에는 사회적 규범과 가치, 조직적 압력과 제약, 이해 집단의 압력, 저널리즘 관행, 언론인의 이념적 또는 정치적 성향 등이 포함된다. 언론인과 엘리트 정치인들 사이의 상호작용과 같은 외부 요인도 프레임 구축 과정에서 중요할 수 있다. 그리고 프레임 구축이라는 용어는 뉴스 미디어의 조직적 요인이 프레임 선택에 어떻게 영향을 미칠 수 있는지 잘 설명한다. 특정 프레임이 왜 특정 미디어에서 자주 등장하는지를 알려주는 것이다.

지방대학 문제를 보도하는 미디어 프레임을 살펴보면 이러한 프레임 구축에서 제시하는 설명을 적용할 수 있을 것이다. 같은 지방대학 이슈라고 해도 언론인의 성향에 따라서 혹은 보도하는 미디어 조직의 유형에 따라 저마다 다른 프레임으로 이슈를 보도하고 있음을 우리는 쉽게 확인할 수 있다. 예를 들어, 수도권에 소재한 전국일간지와 지역에 소재한 지역일간지는 지방대학을 둘러싼 문제를 보는 시각에서 현저한 차이를 보여주고 있다(김찬중 · 김활빈, 2024). 주로 서울과 수도권에 본사가 위치한 전국일간지 그리고 지상파방송사는 대상 독자와 시청자가 전국에 있는 사람들이지만, 지역의 이해관계보다는 국가 전체적인 입장으로 포장된 수도권의 이해관계를 더 반영하는 경향이 있다. 서울공화국으로 지칭되는 한국 사회에서 미디어와 언론도 그 예외가 아님을 보여주는 사례이다.

3 — 지방대학 이슈에 대한 프레이밍 효과*

1) 지방대학의 위기 그리고 신문 사설

지방대학 위기는 2020년대 이후 가속화되고 있다. 이전부터 경고음이 들리기는 했지만 신입생 정원을 채우지 못하거나 재학생 충원율이 떨어지는 대학이 늘고 있는데, 대부분 지방에 소재한 대학들이다. 언론이 지방대학과 관련하여 '벚꽃 피는 순서대로 망한다'라는 표현을 쓰거나 '붕괴', '소멸', '몰락' 등과 같은 단어를 사용하면서 보도하고 있다. 신문 사설은 지방대의 현실을 위기 프레임으로 설명하고 있는데, 예를 들어 "지역 소멸 예고한 지방대 무더기 정시 미달 사태"(서울신문, 2023, 1, 5)와 같은 사설은 대학 입시에서 많은 대학들이 사실상 미달이며, 이로 인해 지역 거점대학들도 휘청이며 지방대 위기는 지역 소

* 지방대학을 둘러싼 이슈를 논의하는 미디어 담론을 살펴보기 위하여 저자가 참여한 연구(김찬중·김활빈, 2024)를 정리하여 소개한다.

멸로, 그리고 이는 국가경쟁력 약화로 이어진다고 경고했다. 이러한 언론 보도가 어떻게 이슈를 바라보고 전달해 주는지에 따라 일반 독자들이 생각하는 방식이나 인식에 영향을 줄 수 있다는 점에서 언론이 이슈를 제시하는 방식 또는 뉴스 프레임news frame이라 부르는 보도방식을 살펴보는 일이 중요하다(Iyengar, 1991; Kim, Scheufele, & Shanahan, 2002).

지방대학과 관련된 문제는 전국적 이슈로 주류 언론의 역할이 매우 중요하다. 특히 신문은 방송 매체와 비교해 심층적으로 취재와 분석을 하여 정보를 전달할 뿐 아니라 문제에 대한 대책이나 대안 등을 제시하는 데 유리하다(이민규 · 이예리, 2012). 신문은 사설을 통해 그 사회의 중요한 이슈에 대한 진단과 해결책을 제시한다. 이때 사설을 작성하는 논설위원의 개인적인 시각만이 아닌 해당 신문사의 시각이 잘 드러나 있다는 점에서 프레임 분석에 유리하다(고동완 · 이창현, 2022). 본 연구에서는 지방대 문제를 보도할 때, 일반 기사보다 사설에서 프레임이 더 잘 드러날 것으로 보았다.

지역의 문제에 더 많은 관심을 가지고 보도를 하는 지역 일간지의 경우 전국 일간지와 비교하여 지방대 이슈에 대하여 다른 프레임 그리고 이슈 속성 제시에서 차별성이 나타날 가능성이 있다. 이렇게 언론사마다 다르게 프레임이 나타난다고 설명하는 이론적 개념이 앞서 언급한 '프레임 구축'이다. 지방대 문제가 지역적으로 중요한 이해관계로 논의되고 지역에 소재한 언론사는 그 이해관계를 반영할 수밖에 없다. 따라서 프레임 구축의 주요 요인으로 제시되는 조직적 압력, 즉 지역적 이해관계를 반영하는 지방 소재 신문사 조직이 받는 압력이 프레임을 형성하는 데 영향을 주었을 것이다.

본 연구에서는 지방대 문제를 제시하는 신문 사설이 어떠한 프레임과 이슈 속성을 주로 보도하는지 살펴보고자 한다. 서울에 본사가 있는 전국 일간지와 지역에 본사를 둔 지역 일간지 사이의 프레임과 이슈 속성 차이를 살펴보면 프레임 구축을 확인할 수 있을 것이다. 그리고 시기에 따른 차이도 추가적으로 탐구한다. 종합하면, 크게 세 가지 연구문제를 확인할 수 있다. 첫째, 지방대 위기와 관련하여 신문 사설이 주로 제시하는 프레임과 이슈 속성(책임 귀인 및 해결책 제시)은 무엇인가? 둘째, 지방대 위기 프레임과 이슈 속성 제시에서 전국 일간지와 지역 일간지 사이에 차이가 있는가? 셋째, 지방대 위기 프레임과 이슈 속성 제시에서 시기별 차이가 있는가?

2) 연구대상 언론과 신문 사설의 프레임

지방대 위기에 대한 프레임 및 이슈 속성을 탐구하기 위하여 전국 일간지와 지역 일간지 사설에 대한 양적 내용분석을 실시하였다. 신문 사설을 검색하기 위하여 한국언론진흥재단의 뉴스 아카이브인 '빅카인즈'(bigkinds.or.kr)를 이용했다. 전국 일간지는 모두 10개(경향신문, 국민일보, 동아일보, 문화일보, 서울신문, 세계일보, 조선일보, 중앙일보, 한겨레, 한국일보)를 선택했다. 지역 일간지는 권역별 대표 신문사를 5개(부산일보, 매일신문, 대전일보, 광주일보, 강원일보) 선택했다. 분석 기간은 2013년 1월 1일부터 2023년 12월 31일로 정했는데, 박근혜 정부 출범이 2013년이었기 때문에 시작 시기를 선택했다. 따라서 박근혜 정부 시기(2013년 1월~2017년 5월 9일), 문재인 정부 시기(2017년 5월 10일~2022년 5월 9일), 그리고 윤석열 정부 시기(2022년 5월 10일~2023년 12월 31일)로 구분했다.

뉴스 사설은 '빅카인즈'의 상세검색 페이지에서 사설로 지정하고(제목+본문), 검색어는 '지방대' 또는 '지역대학'으로 설정해서 검색했다. 〈조선일보〉의 경우 2020년 이후만 검색되는 문제가 있어, 그 이전 시기는 해당 언론사 웹사이트를 통해 검색했다. 이를 통해 최종 분석 대상은 전국 일간지 109개 그리고 지역 일간지 263개를 포함하여 총 372개였다.

프레임 및 이슈 속성을 확인하고 분석하기 위하여 양적 내용분석을 실시했다. 기존 문헌에서 분석 유목을 가져와 적용할 수 있지만, 기존 연구가 충분하지 않을 경우 연역적으로 도출된 유목을 찾기 어렵다. 본 연구에서는 표본 사설 가운데 일부를 먼저 살펴보고 프레임과 이슈 속성을 찾아내는 귀납적 접근 방법을 이용했다. 지방대 위기를 보도하는 핵심적 프레임은 모두 다섯 가지를 발견했고, 이슈 속성은 책임 귀인과 해결책으로 나누어 살펴보았다. 신뢰도 검증은 두 명의 언론학 전공자가 실시했고, 모두 50개의 사설을 무작위로 선택하여 코딩을 실시했다(전체의 약 13.4%). 각 유목의 신뢰도 계수 값(크리펜도르프 알파)은 .79에서 1.00 사이에 나타나 본 코딩을 실시했다. 본 연구에서 사용한 지방대 이슈에 대한 프레임과 이슈 속성을 〈표 1〉에서 요약했다.

표 1 지방대 위기에 대한 신문 사설의 핵심 프레임 및 이슈 속성

프레임 및 이슈 속성		조작적 정의
핵심 프레임 유형	위기	지방대가 위기를 겪고 있거나 그 위기가 심각해지고 있다는 점에 초점을 두는 프레임
	개혁/구조조정	대학 구조조정이나 개혁은 피할 수 없는 현실이며, 지방대와 정부는 대학 구조조정과 개혁에 나서야 한다는 프레임
	배려/지원	지방대는 수도권 대학과 동일한 기준으로 평가해서는 안 되며 지역균형발전을 위해 배려하고 지역할당과 같은 적극적 제도를 도입하며 불공정한 대학정책을 시정해야 한다는 프레임
	지방대 차별	지방대가 수도권 대학과 비교해 사회적으로 차별 받고 있거나 정부나 사회에 의해 지방대 죽이기(학벌주의 등)나 소외가 이루어지고 있다고 주장하는 프레임
	수도권 역차별	지방대에 대한 정부의 적극적 정책으로 수도권 대학과 졸업생이 차별을 받을 수 있으니, 그 부작용을 줄이기 위해 헌법과 법률 위반 여부를 신중히 살펴야 한다는 프레임
	기타 프레임	그밖에 지방대 이슈와 관련된 핵심 프레임
이슈 속성: 책임 귀인	학령인구 감소	저출산으로 인한 학령인구 감소에 따라 대학 입학 자원이 모자라게 되었음
	수도권 집중화	수험생과 재학생 및 졸업생들이 일자리 기회, 정부의 지원 등을 이유로 지방대를 외면하고 수도권 대학으로 몰림
	정부 책임	대통령(청와대), 교육부 등 정부의 무관심이나 정책 및 운영의 미숙과 실패, 정부의 지원 부족 등
	지방대 책임	지방대 스스로 문제가 있음(부실 경영, 환경 변화에 제대로 적응하지 못함 등)
	기타 책임	그밖에 지방대 이슈에 대한 책임이 드러나는 요인
이슈 속성: 해결책	정부/지역사회 지원 및 협력	대통령(청와대), 교육부 혹은 지방자치단체와 지역사회가 적극적으로 지원하거나 협력 관계를 구축해야 함
	정책 개선	정부(교육부)는 지방대와 관련된 정책(입시, 대학평가, 학과 신설 등)을 개선하고 공정하게 정책을 적용해야 함
	지역할당	지역 인재 입학과 지방대 출신의 채용 등에서 지역할당제도를 실시하거나 확대
	자율적 개혁	지방대 스스로 자율적인 개혁을 하거나 변화한 환경에 적응
	구조조정	부실대학 폐교조치, 정원 감축, 학과 통폐합과 같은 구조조정 실시
	출구전략	대학교를 다른 용도로 전환할 경우 혜택을 주거나, 폐교 시 일정 부분을 설립자가 회수할 수 있도록 허용
	기타 해결책	그밖에 지방대 이슈에 대한 해결책을 제시하는 요인

3) 지방대 문제를 보여주는 프레임의 차이

신문 사설은 지방대 문제를 '위기 프레임'으로 가장 자주 보도했고, '개혁/구조조정 프레임', '배려/지원 프레임', '지방대 차별 프레임', '수도권 역차별 프레임' 순이었다(이하 〈표 2〉 참고). 조사 기간인 2013년 이후에 지방대학이 겪는 어려움에 대하여 신문사 사설은 이를 위기로 틀 짓기 하여 자주 보도한 것이다. 이 가운데 통계적으로 유의미한 수준에서 '개혁/구조조정 프레임'과 '수도권 역차별 프레임'은 전국 일간지에서 더 자주 등장한 반면에, '배려/지원 프레임'은 지역 일간지에서 더 자주 제시되었다. 즉 신문사 소재지에 따라 프레임이 차별적으로 제시된 것인데, 지역 일간지가 배려와 지원을 자주 강조한 것은 프레임 구축을 잘 설명해 준다고 할 것이다. 정부 시기별로 보면 '위기 프레임'은 문재인 정부와 윤석열 정부 시기에서 더 자주 등장했고, '배려/지원 프레임'은 박근혜 정부 시기에 더 자주 제시되었다.

표 2 지방대 문제 관련 신문 사설의 주요 프레임(N = 253)

구 분		박근혜 정부 (2013~2017.5.9)	문재인 정부 (2017.5.10.~2022.5.9)	윤석열 정부 (2022.5.10~2023)	합 계
위기	전국	21.7%	41.2%	70.6%	42.1%
	지역	26.4%	55.1%	59.5%	39.8%
	소계	25.6%	51.5%	63.0%	40.3%
개혁/구조조정	전국	47.8%	64.7%	35.3%	49.1%
	지역	28.2%	32.7%	32.4%	30.1%
	소계	31.6%	40.9%	33.3%	34.4%
배려/지원	전국	30.4%	11.8%	5.9%	17.5%
	지역	42.7%	28.6%	35.1%	37.8%
	소계	40.6%	24.2%	25.9%	33.2%
지방대 차별	전국	13.0%	5.9%	23.5%	14.0%
	지역	30.0%	26.5%	13.5%	26.0%
	소계	27.1%	21.2%	16.7%	23.3%
수도권 역차별	전국	17.4%	17.6%	11.8%	15.8%
	지역	0.0%	0.0%	0.0%	0.0%
	소계	3.0%	4.5%	3.7%	3.6%
기타 프레임	전국	4.3%	0.0%	0.0%	1.8%
	지역	5.5%	4.1%	0.0%	4.1%
	소계	5.3%	3.0%	0.0%	3.6%
전국 일간지		23(17.3%)	17(25.8%)	17(31.5%)	57(22.5%)
지역 일간지		110(82.7%)	49(74.2%)	37(68.5%)	196(77.5%)
합 계		133(100.0%)	66(100.0%)	54(100.0%)	253(100.0%)

이슈 속성 가운데 지방대 문제의 책임 소재를 누구에게 돌리는지 살펴본 결과, 신문 사설은 '학령인구 감소'를 가장 많이 제시했다(이하 〈표 3〉 참고). 그리고 '수도권 집중화', '정부 책임', '지방대 책임' 등의 순이었다. '학령인구 감소'는 모든 대학이 겪는 문제이기는 하지만, 지방대가 더 심각한 문제를 일으킬 것으로 지목한 것이다. 그리고 통계적으로 유의미한 수준에서 '수도권 집중화'는 지역 일간지에서 더 자주 등장했고, '지방대 책임'은 전국 일간지에서 더 자주 제시되었다. 지역 일간지 입장에서는 수도권 집중화에 대한 논의를 강조한 것이 지역의 이해관계를 잘 반영해준 것이라고 할 것이다. 정부 시기별로 보면, '학령인구 감소'는 시간이 지날수록 점차 증가했고, '수도권 집중화'는 윤석열 정부 시기에서, 그리고 '지방대 책임'은 박근혜 정부 시기에서 자주 나타났다. 이슈 속성 가운데 몇몇의 책임귀인은 신문사 종류별로 그리고 정부 시기별로 사설에 등장함에 있어서 차이가 발견되었다.

표 3 신문 사설이 제시한 지방대 문제의 책임귀인(N = 372)

구 분		박근혜 정부 (2013~2017.5.9)	문재인 정부 (2017.5.10.~2022.5.9)	윤석열 정부 (2022.5.10~2023)	합 계
학령인구 감소	전국	31.9%	48.3%	42.4%	39.4%
	지역	20.0%	35.2%	45.6%	29.7%
	소계	23.1%	39.0%	44.4%	32.5%
수도권 집중화	전국	10.6%	10.3%	36.4%	18.3%
	지역	35.6%	31.0%	49.1%	37.3%
	소계	29.1%	25.0%	44.4%	31.7%
정부 책임	전국	12.8%	20.7%	24.2%	18.3%
	지역	23.7%	18.3%	15.8%	20.5%
	소계	20.9%	19.0%	18.9%	19.9%
지방대 책임	전국	6.4%	3.4%	0.0%	3.7%
	지역	19.3%	8.5%	3.5%	12.9%
	소계	15.9%	7.0%	2.2%	10.2%
기타 책임	전국	0.0%	0.0%	0.0%	0.0%
	지역	2.2%	1.4%	0.0%	1.5%
	소계	1.6%	1.0%	0.0%	1.1%

마지막으로 이슈 속성 가운데 지방대 문제의 해결방안에 대하여 신문 사설에서 '정부/지역사회 지원 및 협력'이 가장 자주 보도되었다(이하 〈표 4〉 참고). 그다음은 '정책 개선', '지역할당', '자율적 개혁', '구조조정', '출구전략' 등의 순이었다. 신문사 유형별 차이의 경우, 통계적으로 유의미한 수준에서 '정부/지역사회 지원 및 협력'과 '정책 개선', '지역할당', '자율적 개혁'은 지역 일간지가 더 자주 제시했다. 하지만 타율적 방법인 '구조조정' 그리고 '출구전략'은 전국 일간지에서 더 많이 언급되었다. 지역 일간지 입장에서 지역대학뿐만 아니라 지역사회도 살려야 하기 때문에 정부의 적극적인 지원과 정책 개선 그리고 적

극적인 지역할당 제도 도입을 더 자주 보도한 것은 자연스럽다고 할 것이다. 정부 시기별 차이를 살펴보면, '정부/지역사회 지원 및 협력'은 문재인 정부와 윤석열 정부 시기에 더 자주 보도되었고, '지역할당'은 박근혜 정부 시기에 많이 등장했지만, 그 이후에는 계속 감소했다. 해결방안 가운데 일부 속성의 제시 역시 신문사 유형과 정부 시기별로 차이가 있는 것으로 밝혀졌다.

표 4 신문 사설이 제시한 지방대 위기 문제의 해결방법(N = 372)

구 분		박근혜 정부 (2013~2017.5.9)	문재인 정부 (2017.5.10.~2022.5.9)	윤석열 정부 (2022.5.10~2023)	합 계
정부/지역사회 지원 및 협력	전국	6.4%	6.9%	18.2%	10.1%
	지역	23.0%	40.8%	40.4%	31.6%
	소계	18.7%	31.0%	32.2%	25.3%
정책 개선	전국	10.6%	6.9%	12.1%	10.1%
	지역	30.4%	18.3%	22.8%	25.5%
	소계	25.3%	15.0%	18.9%	21.0%
지역할당	전국	10.6%	3.4%	3.0%	6.4%
	지역	28.9%	19.7%	12.3%	22.8%
	소계	24.2%	15.0%	8.9%	18.0%
자율적 개혁	전국	8.5%	3.4%	6.1%	6.4%
	지역	24.4%	16.9%	15.8%	20.5%
	소계	19.8%	13.0%	12.2%	16.1%
구조조정	전국	29.8%	34.5%	15.2%	26.6%
	지역	6.7%	12.7%	7.0%	8.4%
	소계	12.6%	19.0%	10.0%	13.7%
출구전략	전국	10.6%	17.2%	18.2%	14.7%
	지역	1.5%	1.4%	0.0%	1.1%
	소계	3.8%	6.0%	6.7%	5.1%
기타 해결책	전국	0.0%	0.0%	0.0%	0.0%
	지역	3.0%	2.8%	8.8%	4.2%
	소계	2.2%	2.0%	5.6%	3.0%

4 _ 건강한 미디어 담론 생태계의 형성을 위한 과제

지방대 문제 및 위기에 대한 경고는 언론에서 지속적으로 제기되고 있다. 하지만 그 제기되는 방식이나 강조하는 속성 등은 신문사 유형이나 정부 시기에 따라 차이가 있을 수 있다. 본 연구는 신문 사설을 직접 분석하여 프레임 구축을 실증적으로 검증했다는 점에서 의의가 있다. 많은 기존 연구들이 진보와 보수의 틀로 신문사 유형을 나누어 특정 이슈를 분석했다. 프레임 구축의 한 요소인 신문사의 정치적 성향 이외에 다른 요소인 지역적 이해관계(조직적 제약이나 압력)에 대한 연구 축적도 필요할 것이다. 또한 본 연구는 시기별 프레임 차이를 보여주었는데, 이는 언론이 사회적 현실을 구성한다는 관점에서 시사하는 바가 적지 않다. 프레임은 고정되었다기보다 시간의 흐름에 따라 변화하는데, 이는 언론이 특정한 사회적 사건이나 이슈의 등장과 정점 그리고 소멸에 따라 시의적절한 프레임을 제시함으로써 공중이 해당 이슈의 맥락을 더 잘 이해하는 데 기여했는지 판단할 수 있다는 점에서 중요하다(이완수 · 심재웅 · 심재철, 2008). 하지만 본 연구 결과에 따르면 지방대가 위기라는 프레임이 다소 늦은 문재인 정부와 윤석열 정부 시기에 더 부각이 되었고, 책임귀인에서 '지방대 책임'에서 '학령인구 감소', '수도권 집중화'를 강조하는 방식으로 옮겨졌다. 해결책도 '지역할당'에서 '정부/지역사회 지원 및 협력'으로 변화했다는 점에서 국내 언론이 지방대 이슈를 처음에는 크게 중요하게 바라보지 않았다는 것을 보여준다. 그밖에 본 연구는 신문의 사설을 분석했다는 점에서 스트레이트 기사를 주로 분석했던 기존 연구들과 차별점을 갖는다. 앞서 언급했듯이, 뉴스 프레임은 신문 사설에서 잘 드러나기 때문에 프레임 연구에서 신문 사설을 비롯한 의견 기사(칼럼, 시론 등)를 분석하는 것이 더 적절할 것이다.

본 연구 결과에 따르면 신문사가 어떠한 프레임이나 이슈 속성을 더 자주 제시하고 강조하는지는 프레이밍 이론과 프레임 구축의 이론적 개념틀로 설명할 수 있다. 프레임 연구에서 중요한 점은, 특정한 프레임과 속성이 자주 선택되고 강조된다는 것, 다른 말로 하면 선택받지 못한 프레임과 속성은 배제되거나 은폐되어 공론의 장에서 점차 퇴출될 수 있다는 점을 이해하는 데 있다. 이는 미디어 담론 논의에서 갖는 함의가 적지 않다. 왜냐하면 사회적 사건과 이슈들이 다양한 관점에서 틀 짓기가 이루어지고 보도되어야 공중이 이슈를 선입견 없이 더 잘 이해하는 데 도움이 될 것이기 때문이다. 언론사가 특정한 시각이나 방향으로만 틀 짓기를 반복하여 이슈를 보도한다면, 공중도 언론사의 틀 짓기에 영향을 받아 유도된 프레임이나 이슈 속성으로 사건과 이슈를 인지할 가능성이 존재한다. 사회적 이슈의 경우 정해진 답을 찾기보다는 사회적 합의를 통해 해결책을 찾아 나가는 과정이 더 중요하다. 즉 다양한 의견이 등장하여 서로 논증하고 설득력 있는 증거를 제시하고 다수의 선택을 받게 되는, 이른바 사상의 자유시장 기제가 작동하는 것이 바람직하다. 언론사의 프레임이 다양성을 확보하지 못한다면, 즉 미디어 담론이 특정 방향으로 치우친다면 사상의 민주주의 원리가 제대로 작동하기 어려울 것이다. 결국 그 손해는 민주주의에서 주권자인 우리들에게 돌아올 것이다.

끝으로 지방대 이슈의 경우 지역적 이해관계를 잘 반영한 지역 일간지의 보도가 중요할 수 있다. 서울 중심 그리고 수도권 중심의 시각으로만 사회적 이슈를 바라보면 그 문제의 원인과 해결책 모두 서울 중심적일 수밖에 없다. 뉴스 미디어가 사회적 사건과 이슈에 대한 다양한 시각을 제시하여 공론의 장에 나오는 의견이 다채롭고 풍부해지는 것이 바람직할 것이다. 특히 본 연구에서 살펴본 지방대 위기와 같이 지역과 관련된 이슈는 지역에 소재한 미디어의 보도가 공론의 장에 함께 논의되어야 할 것이다. 하지만 현재 미디어에서 생산하여 제공되는 정보와 뉴스가 이전과 다른 방식으로 바뀌고 있다는 점도 유의해야 할 것이다. 기존의 지상파 및 종편, 뉴스전문 방송사와 전국 일간지 및 지역 일간지의 직접적 소비가 줄고 있다. 대신 유튜브나 소셜 미디어를 통해 편집 혹은 재편집된 정보가 많이 유통되고 있다. 그러한 정보와 뉴스가 기존의 언론사가 제공한 것에 기초했다면 그나마 나을 수 있지만, 복수의 기자와 편집자에 의한 사실확인 과정이 생략된 채, 정보의 출처가 불분명하고 공신력이 없는 자료로 제작된 정보와 뉴스를 사람들이 더 많이 접하게 됨에 따라 이로 인한 부작용이 점차 커지고 있다. 궁극적으로 미디어 담론이 올바르게 논의될 수 있는 건강한 미디어 담론 생태계가 형성되기 위해서는 기존의 언론인뿐만 아니라 정보와 뉴스의 소비자인 시민들이 현재의 미디어 담론 환경에 대한 문제점을 인식하고 해결을 위해 노력해야 할 것이다.

참·고·문·헌

고동완 · 이창현 (2022). 코로나19 발생 이후 중국 관련 신문 사설의 뉴스 프레임 연구: 〈조선일보〉와 〈한겨레〉를 중심으로. 〈한국언론정보학보〉, 111호, 43-74.

김병규 (2021, 10, 18). 인구 줄어 '소멸 위기' 시군구 89곳 첫 지정…정부가 집중 지원. 〈연합뉴스〉. URL: https://www.yna.co.kr/view/AKR20211017046900530

김찬중 · 김활빈 (2024). 지방대학 문제를 다루는 신문 사설의 프레임과 이슈 속성: 전국 일간지와 지역 일간지의 비교분석. 〈언론과학연구〉, 24권 2호, 5-50.

김활빈 (2022). 지역 이슈로서 코로나19 뉴스 프레임에 관한 연구: 〈조선일보〉, 〈한겨레〉, 〈매일신문〉의 사설을 중심으로. 〈사회과학연구〉, 61집 3호, 563-592.

서울신문 (2023, 1, 5). [사설] 지역 소멸 예고한 지방대 무더기 정시 미달 사태. 〈한국신문〉. URL: https://www.seoul.co.kr/news/editOpinion/editorial/2023/01/05/20230105027010

이민규 · 이예리 (2012). 국내 신문의 가축 전염병 위험 보도에 대한 프레임 연구: 중앙지와 지역지의 구제역 보도를 중심으로. 〈언론과학연구〉, 12권 2호, 378-413.

이완수 · 심재웅 · 심재철 (2008). 미디어 현저성과 프레임 변화의 역동적 과정: 버지니아 공대 총기 사건을 중심으로. 〈한국언론학보〉, 52권 1호, 386-412.

Entman, R. M. (1993). Framing: Toward clarification of a fractured paradigm. *Journal of Communication, 43*(4), 51-58.

Gamson, W., & Modigliani, A. (1989). Media disclosure and public opinion on nuclear power: A constructionist approach. *American Journal of Sociology, 95*(1), 1-37.

Gitlin, T. (1980). *The whole world is watching: Mass media in the making and unmaking of the New Left*. Berkeley, CA: University of California Press.

Goffman, E. (1974). *Frame analysis: An essay on the organization of experience*. Cambridge, MA: Harvard University Press.

Iyengar, S. (1991). *Is anyone responsible? How television frames political issues*. Chicago, IL: University of Chicago Press.

Kahneman, D., & Tversky, A. (1979). Prospect theory: An analysis of decision under risk. *Econometrica, 47*, 263-291.

Kim, H., & Carter, S. S. (2017). Framing oil spill disaster: How South Korean newspapers present responsibility and severity when covering the Hebei Spirit oil spill. *Journal of Applied Social Science, 11*(2), 94-108.

Kim, S.-H., Scheufele, D., A., & Shanahan, J. (2002). Think about it this way: Attribute agenda-setting function of the press and the public's evaluation of a local issue. *Journalism & Mass Communication Quarterly, 79*(1), 67-87.

Kim, S.-H., & Willis, L., A. (2007). Talking about obesity: News framing of who is responsible for causing and fixing the problem. *Journal of Health Communication, 12*(4), 359-376.

Scheufele, D. A. (1999). Framing as a theory of media effects. *Journal of Communication, 49*(1), 103-122.

Chapter 11

지방 중심도시와 주변 중소도시의 미디어 갈등 담론*

원주와 충주지역 언론 종사자의 인식을 중심으로

임종석

1 — 글을 시작하며

우리나라는 정치 · 경제 · 사회 · 문화 등 모든 면에서 서울과 비서울, 수도권과 비수도권으로 양분될 정도로 서울 중심이고 나머지 지역은 서울이 아닌 곳으로 나누어지는 이중구조 사회다. 수도권은 국토의 11.8% 수준에 불과하지만, 이곳에 전체 인구의 절반 이상이 거주하고 있다. 수도권과 대도시 중심적인 우리 사회에서 그 반대편인 지방 중소도시와 농촌에서는 '지방소멸'이라는 말이 일상용어가 됐다. 청년들이 고시원과 원룸에 거주하더라도 수도권이나 대도시로 몰리는 것은 소득수준과 문화서비스 등에서 지방보다 더 나을 것이라고 기대하기 때문이다. 이러한 현상의 이면에 드라마를 비롯한 다양한 콘텐츠가 보여주는 서울 상류층의 소비 문화와 유명 프랜차이즈, 서울과 지방 간 정서적 괴리감이 작용하고 있음에 주목해야 한다. 지금까지 TV오락물에서 보

* 이 글은 <서울과 지방, 중심도시와 주변도시의 미디어 갈등담론>(임종석, 2024)을 수정 및 보완했음을 밝힌다.

여준 지방이나 지역은 우리라고 하는 중심에서 본 타자로서의 주변에 위치하고, 한국 사회에서 중심부와 주변, 서울과 지방, 도시와 농촌 사이에 존재하는 권력관계를 상징적으로 보여주고 있다(임영호, 2002). 국내 지상파 3사의 고향 소재 전국 방송 프로그램들에서 천편일률적으로 전통음식과 과거 지향성, 사투리 과장 등의 장치를 이용해 서울 중심의 패권적이고 내부 오리엔탈리즘적인 관점을 보여주고 있다(주재원, 2020). 지방 중심도시와 주변 중소도시 사이에서도 서울과 지방의 대립구조와 비슷한 양상을 보인다. 광역시와 도청소재지 등에 본사를 둔 지역방송사와 일간지 등이 보여준 행태는 서울 중심 정치와 경제 소비구조를 그대로 전달하고 서울의 존재감을 키워주는 기능을 해 왔다(이서현 · 최낙진, 2023). 보이지 않고 목소리가 들리지 않는 사람들로 타자화된 지역민의 견해를 반영하기보다는 최대 광고주인 지방자치단체를 중심으로 한 취재와 보도를 하고 지방의 유지 세력과 담합하는 관행이 오랫동안 지속돼 왔다(남궁협 · 김송희, 2019).

이 글에서는 지방에서 광역시나 도청소재지와 같은 지방 중심도시와 주변 중소도시 사이에서 미디어 담론 갈등이 어떻게 나타나고 있는지를 살펴보고자 한다. 미디어 재현 방식이나 내용분석과 달리 지역 미디어가 콘텐츠를 보도 제작하는 방식과 그 제작 현장의 목소리를 듣고자 한다. 이 글에서 대상으로 삼은 지역은 강원특별자치도 원주시와 충청북도 충주시이다.* 두 도시를 연구 지역으로 선정한 이유는 지방 중심도시에서 벗어난 주변 중소도시라는 점, 그리고 역사적 배경과 현재의 발전상에서 거점(據點)도시의 위상을 갖추고 있

* 2024년 7월 기준 거주 인구수를 보면 충청북도의 경우는 총 159만 명 가운데 청주시 85만 4천 명, 충주시 20만 7천 명, 제천시 12만 9천 명 순이다. 강원특별자치도는 총 152만 명 가운데 원주시가 36만 1천 명, 춘천시 28만 7천 명, 강릉시 21만 명 순으로 나타났다. 본 연구가 지역별 인구 규모에 관심을 두는 것은 '인구수'가 바로 '미디어 수용자 수'이기 때문이다. KBS수신료를 방송권역이 아닌 도시별로 단순 비교할 경우에도 인구수가 많으면 납부액도 크리라 예상할 수 있다(www.naver.com 지역별 인구수 검색 결과).

으나 언론문화 현실에서는 소외된 지역이기 때문이다. 2019년 'KBS한국방송비상경영계획안'에 따른 지역국 기능조정 대상에 원주와 충주지국이 모두 포함돼 있었을 정도로 지역 중소도시의 저널리즘 가치는 언제든지 희생양이 될 수 있음을 알 수 있다.

2 — 미디어 담론 연구와 지방의 미디어 환경

1) 미디어 담론 연구

담론이론의 선구자인 프랑스 철학자 미셸 푸코(Paul-Michel Foucault, 1926~1984)에 따르면, 담론연구는 지식의 생산에 권력이 개입하는 양상을 추적하면서 특정한 앎의 사회 역사적인 구성과 확장된 의미화 그리고 이를 넘어선 제도적인 효과를 탐구하는 작업이라고 할 수 있다. 그는 지식이 권력관계와 권력을 실천하는 맥락 속에서 형성되는 것이므로 새로운 권력기술을 개발하고 정교화하며 발전시키는 데 복종하게 되므로 지식은 항상 권력 또는 사회 권위의 문제와 상응한다고 보았다(Barker, 2004). 푸코가 말한 것처럼 권력의 실천 맥락에서 지식이 작용하듯이 미디어와 권력의 상호관계는 매우 밀접한 현상으로 나타난다. 지금까지 미디어와 권력관계에 관한 연구는 크게 세 가지 차원에서 논의돼 왔다. 첫째, 국가권력 · 정치권력과 미디어의 관계에 관한 연구들이다. 박승관과 장경섭(2000)은 국가권력과 언론의 관계를 역사적으로 추적하여 민주화 이전은 국가적 후견주의clientalism, 민주화 이후에는 조합주의corporatism로 구분하였고, 지금의 시대는 양자가 힘의 균형을 이룬 연대와 경쟁의 관계라고 규정하였다. 둘째, 미디어 조직 간의 권력구조에 대한 연구들이다. 권장원

(2004)은 연고를 중심으로 국내 언론사에 투영되어 있는 권력구조를 분석한 연구에서 공식적으로 정치적 통제로부터 자유로운 메이저 신문사가 연고를 중심으로 한 상호 동질적인 분포 특성을 가지고 있고, 연고를 매개로 정치적 영향력을 행사함으로써 권력화가 가능할 수 있는 조건이 있음을 발견하였다고 밝혔다. 셋째, 미디어와 지역사회 내 권력구조와의 관계, 뉴스원과의 상호작용에 관한 연구들이다. 윤영철과 홍성구(1996)는 미디어가 구조적으로 지배권력에 의존적일 수밖에 없는 시스템이고 지역사회에는 공동체적 연줄망이 작용하는 특수성이 존재한다고 분석하였다. 이번 연구는 미디어와 권력관계에 관한 다양한 연구에서 그동안 많이 다뤄지지 않았던 지방의 중심도시와 주변 중소도시의 언론사 간의 권력구조가 어떠한 양상으로 전개되고 있는지에 관심을 갖고 접근하였다. 이를 위해 미디어 담론을 분석하여 지역뉴스와 프로그램 등 미디어 제작 과정에서 드러난 권력을 비판하고 그것에 의해 은폐되고 억압된 현실을 밝히고자 한다. 지식과 권력의 관계를 설명하기 위한 푸코의 담론이론이 지역언론의 보도, 제작 과정에서 지방의 중심도시와 주변 중소도시의 권력작용 현상을 이해하는 데 유용하다고 보기 때문이다.

2) 강원도와 원주의 미디어 지형

한국기자협회에 등록된 강원지역 언론사는 모두 12개이다. 강원일보와 강원도민일보 등 도내 양대 일간지를 비롯해 KBS춘천총국과 춘천MBC, G1강원민방, 강원CBS, 연합뉴스 강원 등 7개 언론사가 춘천시에 소재하고 있다. 이어서 강릉에 3곳, 원주에 2곳 등이다. 그밖에 기자협회 소속이 아닌 언론사도 다수가 존재한다. 각 시군별로 지역종합주간신문이 창간돼 강릉신문, 설악신문, 영월신문, 원주투데이, 춘천사람들 등 모두 15개에 이르고 있다. 아울러

지역 SO케이블방송 LG헬로비전 강원방송을 비롯해 민영통신사인 뉴시스와 프레시안, 뉴스1을 비롯해 다수의 인터넷 신문사가 취재활동을 벌이고 있다. 원주시에는 기자협회소속 언론사(원주MBC, KBS원주, G1강원민방, 강원일보, 강원도민일보, 연합뉴스) 이외에도 3개 지역신문사(원주투데이, 원주신문, 치악뉴스)와 LG헬로비전 영서방송, TBN강원교통방송, 그리고 뉴시스와 뉴스1을 비롯한 통신 및 인터넷 신문사 등 다수의 언론사가 활동하고 있다. 김문영과 김세은(2018)은 평창동계올림픽 개최 기간에 강원지역 기자들의 취재보도 과정에 대한 다층적인 역학 구도에 초점을 둔 연구에서, 평창동계올림픽이 지역에서 열린 스포츠 메가 이벤트였으나 강원지역 기자들이 스스로 역할을 축소하거나 아이템을 사전 검열하는 등 상대적 박탈감을 강화하면서 지역과 본사, 지방과 중앙이라는 이분법적 관계 속에서 소외감을 경험하였다고 분석했다. 정의철(2022)은 강원지역 방송사 기자들을 대상으로 심층인터뷰한 결과 저널리즘의 문제로 차별성 있는 뉴스 부족, 관급뉴스 양산, 총국소재 도시 중심의 뉴스로 다른 지역의 주변화, 재정난・인력 부족으로 기획・심층보도가 어려운 환경 등이 드러났다고 밝혔다.

3) 충청북도와 충주의 미디어 지형

한국기자협회에 등록된 충북지역 언론사는 모두 13개이다. 중부매일, 충북일보, 충청매일, 충청일보, 충청타임즈 등 5개 일간지와, 방송사로 KBS청주총국과 MBC충북, CJB청주방송, 청주BBS, 충북CBS 그리고 통신사인 연합뉴스・뉴시스・뉴스1 충북 등 지역언론사 대부분이 청주시에 소재하고 있다. 본 연구의 대상지역인 충주시의 경우는 통신사 3개(연합뉴스, 뉴시스, 뉴스1), 충북지역 일간신문사 6개(동양일보, 중부매일, 충북일보, 충청매일, 충청타임즈, 충청일보), 방송사 4개(KBS충주, MBC충북, CJB청주, CCS충북), 대전 · 충남권 일간지 5개(충청투데이, 대전일보, 충청신문, 중앙매일, 중도일보), 그리고 주간신문사와 인터넷신문사 11개 등 약 30여 개 언론사가 지방자치단체를 출입하며 보도하고 있다. 충주시에서 1970년 중원방송으로 개국한 충주MBC는 광역화의 거센 파도 속에 2016년 10월 1일자로 청주MBC와 통폐합돼 MBC충북으로 출범하였다. 이러한 와중에 KBS충주 방송국 폐국까지 논의되면서 충주시민을 비롯한 충북 북부 지역민들의 반발과 저항은 거셀 수밖에 없었다(윤호노, 2019, 8, 18; 박연수, 2019, 10, 4). 최근 충주시 유튜버 '홍보맨'의 유튜브 댓글 분석에서 콘텐츠가 오락성과 친밀성의 특성이 가장 잘 드러나고 정보성은 상대적으로 낮다는 것을 보여주었는데, 이용자들은 이를 통해 오락적 유희를 즐기고 충주시와 담당공무원 등에 대한 친밀한 관계를 형성하고 있다는 것을 유추할 수 있었다(신성일 · 이은순, 2023). 지난 2012년 주민투표로 결정된 청주시 · 청원군 행정구역 통합과 이에 따른 주민투표 문제와 관련된 지역언론의 보도와 관련하여 주민들의 관점을 적극적으로 반영하지 못하는 등 시민저널리즘의 가치를 제대로 구현하지 못한 것으로 나타났다(이효성 · 최영준 · 이성준, 2014).

3 — 생각해 볼 문제와 문제에 접근하기

1) 생각해 볼 문제

이 글의 목적은 지방 중심도시와 주변 중소도시의 미디어 재현을 통한 갈등 담론과 관련하여 지역언론사의 보도 및 제작 현장에 집중하여 이에 관한 지역 언론인들의 인식이 어떠한지를 탐구하는 것이다. 이를 위해 도청소재지 등 지방 중심도시(춘천시, 청주시)와 비교하여 주변 중소도시의 언론사에서는 뉴스와 프로그램 등의 콘텐츠가 어떻게 보도, 제작되고 있는지를 강원특별자치도 원주시와 충청북도 충주시의 방송보도 및 신문제작 현장기자 등을 상대로 심층면접하였다. 또한 이들 중소도시의 언론환경과 언론문화, 자치단체의 언론정책이 어떠한지, 그리고 지역언론으로서 생존방안에 대한 인식은 무엇인지를 자세히 질의하였다.

지역언론인들을 대상으로 한 심층인터뷰의 주요 질문 요지는 다음과 같다.

1. 지방 중심도시 언론사와 중소도시 언론사의 갈등이나 차별, 불공정함을 경험한 적이 있습니까?

2. 지역의 언론환경이나 언론문화, 지방자치단체의 대 언론정책은 어떠하다고 보십니까?

3. 급변하는 미디어 환경에서 지역언론사로서 역할을 위한 생존방안은 무엇이라고 보십니까?

2) 문제에 접근하는 방식

이 글은 연구참여자들의 주관성과 진술들 속의 맥락을 심층적으로 분석하기 위해 심층면접방식으로 접근하였다. 면접기간은 2024년 5월 말부터 6월 말 사이, 8월 중순부터 9월 중순까지로 전체 기간은 두 달 정도에 걸쳐 진행하였다. 면접 장소는 지역언론사 회의실이나 시청 브리핑룸, 또는 언론사 근처 카페와 대학교 연구실 등이었다. 인터뷰 시간은 언론인 한 명당 약 1시간에서 1시간 반 정도가 소요되었다. 심층면접의 완성도를 높이기 위해 현장 인터뷰 이후에도 전화나 이메일 등으로 추가적인 면담을 진행하였다.

원주지역 연구참여자의 특성

번 호	언론사	언론인 명	분야 및 직급	경 력
1	지상파 방송	가	보도기자 / 보도국차장	23년차
2	지상파 방송	나	제작프로듀서 / 방송부장	27년차
3	지상파 방송	다	보도기자 / 보도국부장	25년차
4	지역일간지	라	보도기자 / 편집국부장	23년차
5	지역주간지	마	보도기자 / 편집국국장	24년차

충주지역 연구참여자의 특성

번 호	언론사	언론인 명	분야 및 직급	경 력
1	지상파 방송	A	보도기자 / 보도부장	28년차
2	지상파 방송	B	보도기자 / 보도국장	29년차
3	지역일간지	C	보도기자 / 편집국국장	30년차
4	지역일간지	D	보도기자 / 편집국부장	25년차
5	지역주간지	E	보도기자 / 대표이사	35년차

4 _ 문제를 살펴본 결과

1) 지방 중심도시 언론과 주변 중소도시 언론의 갈등 구조

도청소재지 중심의 보도와 이슈 독점

강원특별자치도 원주시나 충청북도 충주시 모두 광역시가 없는 도(道)에서 지방 중심도시인 도청소재지가 아닌 주변 중소도시에 해당한다. 역사적으로 두 도시는 삼국시대와 고려, 조선시대에 이르기까지 지방 중심도시로서 위상을 갖고 있었으나 구한말과 일제 강점기를 지나며 도시의 기능이 역전되면서 인근 도시(춘천, 청주)로 그 중심성이 옮겨졌다는 공통점이 있다. 강원도는 도청소재지로서 행정중심인 춘천시, 경제중심인 원주시, 관광중심인 강릉시 등 빅 3도시를 비롯해 모두 18개 시 · 군으로 구성돼 있다. 빅 3도시 가운데 춘천시에는 도내 양대 일간지(강원일보, 강원도민일보)와 KBS 춘천총국, G1강원민방 등 주요 언론사가 자리 잡고 있어 도내 여론의 주도권을 춘천 중심으로 이끌어가는 경우가 대부분이다. 최근 강원도청 신청사 이전 건립지에 대한 도내의 논란에서 보듯이 원주와 강릉지역 언론사들은 지역일간지와 지역민방 등 강원도권 언론매체가 강원도 전체의 시각에서 보도해야 하는데 모든 사안에서 춘천 지향적인 보도를 함으로써 여론을 왜곡하고 있다며 불만을 제기하고 있다(권기만, 2022, 1, 4; 정성원, 2022, 9, 23).

충청북도의 경우 도청소재지인 청주시에 주요 행정기관과 시설, 의료, 교육, 교통 등 모든 자본이 집중돼 있다. 청주시는 2014년 첫 주민주도로 청원군과 행정구역 통합을 이룬 뒤 성장세를 거듭하면서 지방자치법상 기준인 인구 100만 명 이상 특례시 지정을 앞두고 있다. 충주시는 사통팔달의 지리적 접근성 영향으로 충주기업도시가 활성화돼 11년 연속 기업하기 좋은 도시로 선정되는 등 충북 북부권의 중심지 역할을 하고 있으나 각종 이슈에서 청주 위주로 모든 사안이 전개되고 있다. 청주시가 특례도시로 최종 선정될 경우 충북도청 이전 적합지로서 충주시가 유력한 후보지로 거론되나 청주시와 타 시·군의 견제가 적지 않다(이윤영, 2022, 10, 12). 최근 지방국립대 통합 과정에서 청주의 충북대학교와 충주의 한국교통대학 통합 시 교명과 학과 구조조정을 놓고서도 두 도시가 대립하는 양상이다.

> "강원도는 규모가 비슷한 주요 3개 도시가 각각의 정체성을 갖고 있다. 도민 모두가 수긍할 수 있도록 공정하게 보도하면 되는데 도청이 있는 춘천 중심으로 이슈를 끌고 가는 경우가 대부분이다. 도청사 이전과 관련해 원주와 강릉에서는 도내 전체를 대상으로 이전 부지를 공론화해야 한다는 뉴스가 많았지만, 춘천소재 도권 뉴스에서는 춘천 내 이전을 위한 뉴스들만 다루고 있으니 편파적이라는 것이다." (가)

> "충북은 도청소재지인 청주에 집중돼 있다 보니 충주를 비롯한 시·군들은 이중적인 차별과 소외감을 느끼게 된다. 지역 언론의 의제 설정 기능이나 뉴스의 생산과 소비가 청주를 중심으로 이루어지면서 중소도시의 목소리와 이슈들은 상대적으로 덜 주목받게 되고 있는데 이는 단순히 언론의 문제를 넘어, 지역 내 자원과 관심의 불균형, 그리고 지역정체성의 왜곡으로 이어질 수 있는 심각한 문제라고 본다." (B)

지역방송은 본사논리의 희생양

지역방송의 역할은 지역사회의 균형 있는 발전과 민족문화의 창달(「방송법」 제6조 제6항), 그리고 지역민들의 의견수렴을 위한 공론장의 제공과 지방자치 실현, 지역경제 활성화, 지역사회 통합, 지역문화 전승과 창달(「지역방송발전지원 특별법」 제5조) 등으로 명문화돼 있다. 그러나 KBS는 지난 2019년 8월 'KBS 비상경영계획 2019'를 발표하고 원주와 충주, 안동, 포항, 진주, 목포, 순천 등 7개 방송국의 TV와 편성, 송출센터, 총무 기능을 지역총국으로 옮기도록 조치하였다. 그리고 이들 지역국의 기능을 조정해 9개 총국과 11개 광역거점센터로 운영한다는 계획을 추진하였다. 방송통신위원회는 이에 대해 2년 8개월간의 검토 끝에 반려했다. 공영방송으로서 시청료의 가치를 요구하는 정치권과 지역사회의 결사반대 여론에 부딪혀 결국 2022년 말에 이르러 7개 지역국을 존치하기로 한 것이다. MBC문화방송의 광역화는 지역MBC노조협의회가 1989년 〈지역MBC 위상정립 연구조사 보고서〉를 내면서 최초로 논의가 시작되었고, 방송위원회가 2003년에 〈지역방송발전위원회 종합보고서〉를 통해 지역성 구현 및 인구, 경제, 행정권역 등을 고려한 자율적인 광역화의 추진을 제안하였다. 학계에서도 지역성 개념과 생활권, 인구, 경제지표 등을 고려하여 MBC를 8개 권역으로 나누는 방안을 제시하면서 광역화 논의가 더욱 탄력을 받게 되었다(한진만 외, 2011). 일련의 흐름 속에 2011년 9월 1일 창원과 진주MBC가 통합하여 MBC경남으로, 2015년 1월 1일에는 강릉과 삼척MBC가 통합하여 MBC강원영동으로, 2016년 10월 1일부터는 청주와 충주 MBC가 통합하여 MBC충북이 출범하게 된 것이다. 그러나 통합된 지역방송사 노조원들은 지역여론 소외현상을 지적하였고 지역사회의 거센 반발 움직임도 적지 않았다.

"지역의 시민단체와 정치권, 시청자들이 반대를 많이 하면서 여론이 좋지 않으니까, 방통위에서도 이를 좀 신중하게 검토하라고 한 것이다. 본사로서도 막상 추진은 했으나 인력을 줄이거나 인건비가 줄어드는 게 아니어서 실익이 별로 없는 상황이고, 반발이 너무 거세다 보니까 놀란 것 같다. 원주만 하더라도 사실상 강원도의 중심 도시이기 때문에 이런 곳을 무시할 수 없었기 때문이다." (나)

"충주MBC를 청주MBC와 통합할 때 충주만이 아니라 제천, 단양, 음성 등 충북 북부권 지역사회가 모두 뭉쳐서 결사반대하였다. 그동안 지역주민들의 목소리를 내왔었는데 하루아침에 없어지니까 반발할 수 없던 것인데, 기존 충주MBC의 경영상태는 흑자로 청주MBC보다도 훨씬 좋았다. 지금 그렇게 큰 방송국 시설에 프로그램 제작도 없이 기자만 단 2명이 근무하면서 지역사회 전체를 커버한다는 게 말이 되는가." (E)

2) 원주와 충주의 언론문화, 지자체의 대언론정책

원주시 소송과 광고로 지역언론사 길들이기

2024년 들어 원주시가 단체장 관련 비판적인 보도를 한 지역언론사(원주MBC, 원주신문)를 상대로 언론중재위원회에 제소하고 조정이 성립되지 않자 소송을 제기함과 동시에 이들 언론사에게 광고집행을 중지하거나 구독지원을 취소하였다. 2023년 원주MBC가 보도한 〈민선8기 원주시정 보은인사 무한반복〉, 〈원주시장 '승진시키고 싶은 사람 승진' 파장〉, 〈원주시, 체육회 사무국장 인선개입했나〉 등 3건의 뉴스 때문이었다. 그러나 춘천지방법원 원주지원 제1민사부(재판장 이수웅)는 원주시가 문제로 삼은 3건의 보도에 대해 지방자치단체는 인격권인 명예훼손으로 인한 손해배상의 주체가 될 수 없다며 원주시의 주장을 기각하고 소송비용은 원고(원주시) 측이 부담하라고 판시했다(장슬기, 2024, 9, 1). 이처럼 원주시가 원주MBC를 상대로 제기한 정정보도 및 손해배상청구소송에서 모두 패소하면서 시민 혈세로 소송비용을 부담하고 행정력만 낭비하게 했다는 비판을 받고 있다(장슬기, 2024, 2, 8; 치악뉴스, 2024, 8, 27). 결국 지방자치단체와 단체장에 대한 비판적인 보도에 대해서는 광고와 소송으로 지역언론의 감시견watchdog 역할을 통제하고자 하는 원주시의 의도가 엿보인다고 할 수 있다.

> "지역언론이 자치단체와 단체장의 무리한 업무추진에 대해 객관적이고 다양한 취재자료를 근거로 보도할 수 있는 일이다. 하지만 이런 보도에 대해 지자체가 언론사를 언론중재위원회에 제소하고 조정이 성립되지 않았음에도 불구하고 광고 중단은 물론 억대의 소송을 제기한다는 것은 결국 지역언론의 입에 재갈을 물리기 위함이 아닌지 묻고 싶다." (가)

충청남북도 경계를 넘어 난립하는 충주시 언론시장

충북지역 언론환경의 특징은 본사가 대전·충남권인 지역신문사들도 충북지역에서 보도 경쟁을 벌이고 있다는 점이다. 마찬가지로 충북지역 언론사도 대전·충남권에 주재기자를 상주시켜 취재하고 있다. 충청남북도가 동일한 정서, 단일 생활권인 이유도 있겠으나 대기업 등 광고를 유치할 만한 기업이 없거나 지역언론사에 광고를 꺼리는 지역경제 환경에서 광고시장 개척을 위해 도 경계를 넘어 기초지방자치단체 등으로까지 보도권역을 확대한 결과이다. 그만큼 많은 언론사를 상대해야 하는 자치단체로서는 기자실이나 브리핑룸 운영과 같은 보도 업무 지원과 광고비 집행 등에서 부담이 커질 수밖에 없다. 충주시는 광고비 이외에도 신문구독료 지원으로 연간 5천만 원가량 집행하고 있는 것으로 나타났다. 수익을 창출해야 하는 지역언론사들도 취재 능력보다는 광고 유치를 잘하는 기자들을 더 선호하는 분위기이다.

"방송국, 일간지, 주간지, 통신사, 인터넷신문사 등이 난립해 보도 환경이나 광고시장이 악화되고 있다. 워낙 많아져서 기자들끼리도 잘 모르고, 출입하는 언론사가 몇 개인지도 모를 정도다. 언론인들의 수준도 낮아져 몇몇 뜻있는 언론인들은 스스로 자정 노력에 나서야 한다는 자조적인 얘기를 한다. 이러한 영향으로 언론의 권위가 떨어져 공무원이나 시민들의 언론에 대한 경시 태도가 눈에 띄기도 한다." (D)

3) 급변하는 미디어 환경에서 지역언론사 생존방안

기술의 발달로 지역성locality에 대한 개념도 새로 정립해야 할 필요성이 커지고 있다. 이 글에서 지역언론인들도 신문과 방송 제작외에 유튜브 플랫폼 활용과 관련 콘텐츠 동영상을 업로드하여 온라인상 지역성을 확장함으로써 수용자 친화적인 글로컬 미디어로 나가야 한다는 데 동의하고 있다. 어려운 현실이지만 지역언론인들은 그동안 구축한 지역언론만의 노하우와 네트워크를 자산으로 지역민의 삶 속에 파고들어 누구도 관심 갖지 않은 이들의 목소리를 대변해 주고 지역사회에 대한 정체성과 역사성을 강화하는 콘텐츠에 집중한다면 생존의 활로가 열려 있다고 보고 있다. 최근 들어 강원도와 제주도 등 일부 광역자치단체에서 '지역언론 발전 지원 조례'가 만들어짐으로써 지역신문과 지역방송을 지원할 수 있는 근거를 마련하고 있는데, 이를 기초자치단체로 확산시켜 신문과 방송제작에 대한 지원을 활용하는 방안도 모색할 필요가 있다는 의견도 나오고 있다.

"다양한 미디어의 탄생으로 인해 시청자의 뉴스 시청률이 낮아지고 있으나 결국 시청자의 눈높이에 맞는 생동감 있는 뉴스 제작은 물론 유튜브 방식 등 다양한 제작 방법이 필요하다. 미디어 환경이 인터넷 기반의 소셜 미디어 등으로 다양화되고 있기 때문에 지역방송도 이런 다양한 플랫폼을 활용하는 적극성을 보여야 한다. 결국엔 좀 더 기존 관념의 틀을 깨는 파격적이고 공격적인 대응이 필요해 보인다." (가, 나, A, B)

"광고 수입에 의존하기 힘든 시장이 됐기 때문에 스스로 수익을 창출하는 능력이 무엇일지 고민해야 한다. 지역전문방송으로서 지역 이익을 대변하고 지역 이슈를 선점하는 것이 기본이다. 지역언론의 공공성을 고려할 때 일정 수준 이상의 지역언론사에는 조례제정 등을 통해 지방자치단체부터 신문, 방송 제작 과정에 대한 지원을 이끌어낼 수 있는 방안도 심도 있게 모색할 필요가 있다." (다, C)

5 — 글을 맺으면서

이 글은 미디어 조직 간의 권력구조가 작동하는 방식에 관한 담론분석으로서, 지역뉴스와 프로그램 등 콘텐츠 제작 과정에서 드러난 권력을 비판하고 그것에 의해 은폐되고 억압된 현실을 밝히고자 하였다. 지역언론인들을 심층면접한 결과 다음과 같은 결론이 도출되었다. 첫째, 지방 중심도시와 주변 중소도시 언론의 갈등구조에 관하여 먼저, 도청소재지 중심의 보도와 이슈를 독점하는 현상이 발견되었다. 강원특별자치도 원주시와 충청북도 충주시 지역언론인들은 도청소재지인 춘천과 청주 중심의 언론보도 행태와 그 위주로 이슈를 선점하고 있다고 인식하고 있었다. 이러한 배경에는 원주와 충주 모두 역사적으로 수부(首府) 도시였다가 도청소재지로 중심도시 기능이 옮겨진 역사에 대한 정서적 상실감이 분명히 작용했을 것이다. 지방 중심도시의 지역언론들도 정부와 중앙을 향해 수도권 집중완화와 지역균형발전, 지역홀대론을 주장하고 있지만 정작 지역 내에서도 중앙의 폐습을 반복, 재생산함으로써 주변 중소도시들이 '지역 안의 지역'으로 또다시 소외되고 있음을 알 수 있다. 지역방송은 서울 본사의 논리에 따라 언제든지 폐국 또는 광역화 등으로 구조조정의 대상이 될 수 있다. 제작비 절감을 통한 규모의 경제 실천이 필요하다는 입장이나 광역화가 오히려 지역 시청자의 뉴스 정보 접근성을 낮추기 쉽고 장기적으로 지역방송 시청자가 이탈할 개연성이 크므로 권역별로 차별화된 전략 마련이 요구된다고 할 수 있다.

둘째, 지역의 언론문화와 지방자치단체의 대언론정책에 관하여 원주시에서는 소송과 광고를 통해 지역언론사를 통제하려는 현상이 발견되었다. 그러나 정부와 국가기관의 정책결정이나 업무수행은 항상 국민의 감시와 비판의 대상이 되는 것이고 이를 위한 언론보도의 자유는 충분히 보장되어야 하기 때문에 정부나 국가기관은 명예훼손죄의 주체가 될 수 없다는 것이 지금까지 대법원과 헌법재판소의 일관된 입장이었음을 볼 때 원주시의 소송제기는 설득력이 떨어진다고 할 수 있다(이승선, 2014; 이동훈, 2017). 충주시의 언론문화는 도시규모에 비해 지나치게 많은 지역언론사들이 난립하는 것으로 나타났다. 이처럼 난립하는 지역언론사들의 문제점은 보도 및 광고 유치를 위한 치열한 경쟁 속에서 구독 점유율의 하락과 지역민들의 외면, 관언유착, 저널리즘 기능의 훼손 등이다(한태학, 2009).

셋째, 급변하는 미디어 환경에서 지역언론사의 생존방안에 관하여 먼저 지역언론인들 모두 갈수록 새로워지는 미디어 플랫폼의 도래와 수익성의 악화로 언제 사라질지도 모른다는 위기감을 공감하고 있었다. 전통적인 지역성의 개념이 허물어지고 있는 만큼 신문발행이나 방송송출만이 아니라 온라인에서 누구나 접근할 수 있도록 유튜브 플랫폼을 적극 활용하고 지역언론이 생산한 콘텐츠의 동영상을 제작해야 한다는 것이다. 강원특별자치도와 제주특별자치도 등 일부 광역자치단체에서 '지역언론 발전 지원 조례'가 제정돼 지역신문과 지역방송을 지원할 수 있는 근거를 마련하였다. 이번 조례를 원주시와 충주시 등 기초자치단체로까지 확산시켜 더욱 열악한 조건에 있는 중소도시 지역언론사에도 지원할 수 있도록 해야 한다.

이 글을 맺으면서 보도 및 콘텐츠 지식의 생산과정에 작동하는 미디어 권력구조의 맥락을 확인할 수 있었다. 지역언론인들이 인식하는 지방 중심도시와의 담론 갈등은 중앙과 지방언론의 이항대립적 갈등 구조처럼 같은 지역 내에서도 동일하게 반복되고 있다는 점이다. 이러한 권력구조에서도 지역언론인들은 지역민의 목소리에 더욱 귀를 기울이고 지방권력에 대한 감시와 비판을 게을리하지 않으며 지역화를 강화할 때만이 지속적인 미션을 다할 수 있을 것이라 보고 있다.

참·고·문·헌

권기만 (2022, 1, 4). 강원도청사 캠프페이지 이전 일방적 결정 '반발'. 〈원주MBC〉, 5시 뉴스. URL: https://www.wjmbc.co.kr/news/desk_board.html?srch_order=WRITE_Y%20desc,%20NUM_SEQ&srch_by=asc&srch_k=%EA%B0%95%EC%9B%90%EB%8F%84%EC%B2%AD&srch_t=TITLE&intPageSize=20&gnb=1&snb=2&pagecode=view&num_seq=78278

권장원 (2004). 한국 언론사의 관계 권력 구조에 대한 연구: 연구에 의한 사적 신뢰 요인을 중심으로. 〈한국언론학보〉, 48권 2호, 164-188.

김문영 · 김세은 (2018). 변방에서 변방으로, 소외감의 재확인: 평창동계올림픽과 강원 지역 기자의 역할 인식. 〈사회과학연구〉, 57권 1호, 27-69.

남궁협 · 김송희 (2019). 지역 언론의 로컬리티 구현에서 나타난 저항적 담론의 의미: 〈전라도닷컴〉의 사례를 중심으로. 〈언론과학연구〉, 19권 4호, 110-156.

박승관 · 장경섭 (2000). 한국의 정치변동과 언론권력: 국가-언론관계 모형 변화. 〈한국방송학보〉, 통권 14-3호, 81-113.

박연수 (2019, 10, 14). KBS충주방송국 기능축소폐지 계획 철회하라. 〈충청매일〉, 웹 지역면. URL: https://www.ccdn.co.kr/news/articleView.html?idxno=611051

신성일 · 이은순 (2023). 텍스트마이닝을 활용한 충주시 유튜브 채널 댓글 분석: 지자체 유튜브 PR 콘텐츠 수용 특성과 조직-공중관계성을 중심으로. 〈PR연구〉, 27권 4호, 1-37.

윤영철 · 홍성구 (1996). 지역사회 권력구조와 뉴스만들기: 지역언론의 뉴스틀 형성과정에 관한 참여관찰연구. 〈언론과 사회〉, 11권, 90-122.

윤호노 (2019, 8, 18). 충주시민 "KBS 충주방송국 폐쇄"반대: 시민단체 · 시의회 반대 기자회견 및 성명 잇따라. 〈충북일보〉, 웹 사회면. URL: https://www.inews365.com/news/article.html?no=590293

이동훈 (2017). 표현의 자유와 명예훼손: 정부 정책에 대한 언론보도를 중심으로. 〈공법학연구〉, 18권 4호, 3-27.

이서현 · 최낙진 (2023). 지역주간신문 창간사에 담긴 저널리즘 함의. 〈언론과학연구〉, 23권 3호, 5-48.

이승선 (2014). 지방자치단체의 언론대응 방식 특성과 함의: 대전광역시 2012-2013 사례를 중심으로. 〈사회과학연구〉, 25권 2호, 521-547.

이윤영 (2022, 10, 12). 도청이전 문제 수면 위로.. “균형발전 위해 충주로 이전해야” 〈CJB청주방송〉, 8시뉴스.
URL: https://www.cjb.co.kr/home/sub.php?menukey=61&mod=view&P_NO=221012027&PRO_CODE=4&search=ALL&kwd=%EB%8F%84%EC%B2%AD%EC%9D%B4%EC%A0%84&scode=99999999

이효성 · 최영준 · 이성준 (2014). 지역언론의 취재원 활용양상과 시민저널리즘 실천에 대한 고찰: 청주 · 청원행정구역통합 보도를 중심으로. 〈언론과학연구〉, 14권 2호, 322-355.

임영호 (2002). 텔레비전 오락물에 나타난 내부오리엔탈리즘과 지역정체성구성. 〈한국언론학보〉, 46권 2호, 576-605.

장슬기 (2024, 2, 8). 원주시, 원주MBC 소송에 이어 원주신문 구독 취소 논란. 〈미디어오늘〉, 지역면.
URL: https://www.mediatoday.co.kr/news/articleView.html?idxno=315761

장슬기 (2024, 9, 1). 원주시, 원주MBC에 정정보도 패소 “대언론 기조 바꿔야”. 〈미디어오늘〉, 지역면.
URL: https://www.mediatoday.co.kr/news/articleView.html?idxno=320637

정성원 (2022, 9, 23). 춘천 3곳에 원주까지…강원도 신청사 유치전 뜨겁다. 〈조선일보〉, A 14면. URL: https://www.chosun.com/national/regional/2022/09/23/A62QZPVEZ5CKZMQBMVDAV6PGRE/

정의철 (2022). 지역방송 저널리즘 강화와 해결지향 저널리즘의 역할: 지역방송 현장의 목소리와 대안 탐색. 〈언론과학연구〉, 22권 4호, 100-145.

주재원 (2020). 만들어진 지역성: 상상된 고향과 내부 오리엔탈리즘. 〈한국방송학보〉, 34권 5호, 186-218.

치악뉴스 (2024, 8, 27). “원주시, 원주MBC 상대로 한 정정보도 소송으로 예산과 행정만 낭비하고 망신당했다” 〈치악뉴스〉, 뉴스면.
URL: https://www.chiaknews.co.kr/news/articleView.html?idxno=2505

한진만 · 주정민 · 배진아 · 유승관 (2011). 〈지역방송 경쟁력 강화를 위한 구조 개편 및 매체 전략 방안 연구〉. 한국방송학회 지역방송특별위원회.

한태학 (2009). 지역신문난립의 원인성분석과 그 해결방안에 대한 고찰. 〈지역과 커뮤니케이션〉, 13권 1호, 139-161.

Barker, C. (2004). *The SAGE dictionary of cultural studies*. London: SAGE. 이경숙 · 정영희 (공역) (2009). 〈문화연구사전〉. 서울: 커뮤니케이션북스.

MEDIA DISCOURSE

Part III 미디어 담론의 비판적 성찰

Chapter 12

비판적 담론 분석을 위한 미디어 리터러시

핀란드 사례를 중심으로

이종희

1 — 들어가며

최근 한국 사회는 비상계엄 관련 수사, 대통령 탄핵, 조기 대선, 국민주권 정부의 출범 등 정치적 격변을 겪고 있다. 이 과정에서 허위 정보 양산을 비롯한 극단적인 담론 구조가 강화되었고, 정치적 양극화가 심화하며, 사회 전반의 불안정도 증가하고 있다. 이러한 극단화된 담론 구조는 민주주의의 발전을 저해하는 중요한 요인으로 작용하고 있다. 이에 따라 미디어를 비판적으로 이해하고 해석할 수 있는 미디어 리터러시 교육의 중요성이 어느 때보다 강조되고 있다.

미디어 리터러시Media Literacy는 '읽고 쓸 수 있는 능력'을 뜻하는 리터러시literacy와 미디어media의 합성어다. 이는 미디어 콘텐츠를 이해하고 활용하는 능력, 디지털 기술과 미디어를 비판적으로 수용하는 능력, 나아가 미디어 기술을 직접 활용하는 능력까지 포괄하는 개념으로, 그 범위는 계속 확장되고 있다. 오늘날 미디어 리터러시는 온라인 리터러시online literacy, 뉴미디어 리터러시new media literacy, 멀티 미디어 리터러시multimedia literacy, 디지털 리터러시digital literacy, 디지털 미디어 리터러시digital media literacy 등 다양한 개념으로 세분화되고 있으며, 각각은 다소간의 차이를 지닌다. 여기에 더해, 인공지능AI 시대의 도래는 AI 리터러시라는 새로운 개념까지 등장시키고 있다.

미디어 리터러시는 미디어 콘텐츠를 생산하는 기능을 포함하여, 미디어에 대한 비판적 이해, 미디어 사용과 소비에 관련된 모든 기능을 의미한다. 미디어 리터러시 교육의 범위는 모든 연령, 계층에 대한 모든 미디어 유형을 포괄하고 있다. 우리는 이제 단순한 미디어 소비자가 아니라, 콘텐츠 생산자이자 유통자의 역할도 수행하고 있다. 디지털 기기의 발전, 소셜 미디어의 확산, AI 기술의 일상화, 개인화된 콘텐츠의 증가 등 미디어 환경이 빠르게 변화하고 있다. 이러한 추세에 따라 정보 과잉, 허위 정보, 알고리즘 편향 등의 문제가 심화하고 있으며, 이에 대응하기 위해 비판적 담론 분석을 위한 미디어 리터러시의 필요성은 더 강조되고 있다.

핀란드는 세계에서 미디어 리터러시 지수가 가장 높은 국가로 평가된다. 이러한 평가는 오랜 기간에 걸쳐 체계적으로 이뤄진 미디어 리터러시 교육의 결과다. 핀란드에서는 정규교육 과정에 미디어 교육이 포함되어 있으며, 미디어 리터러시는 단순한 기술 습득이 아닌 시민 역량의 핵심 요소로 간주한다. 즉, 미디어를 비판적으로 이해하고 활용하는 능력은 민주시민으로서의 중요한 책무로 강조된다. 핀란드의 미디어 리터러시 교육은 포괄적이고 체계적으로 운영되며, 교육 정책, 교사 양성, 교과 통합 등 다양한 차원에서 실천되고 있다. 이 글에서는 핀란드의 미디어 리터러시 교육 사례를 살펴보고, 우리 사회에 주는 시사점을 탐색하고자 한다.

2 — 미디어 리터러시 지수

미디어 리터러시 지수는 '열린 사회 연구소Open Society Institute'에서 2017년부터 측정하여 발표하고 있다. 핀란드는 2023년 유럽 미디어 리터러시 지수(European Media Literacy Index 2023)*에서 1위를 차지했다. 핀란드는 이 지수에서 2017년 이후 6회 연속 선두 주자 위치를 지키고 있다. 유럽 41개 국가가 포함된 이 지수의 순위와 점수가 낮을수록 그 사회는 허위 정보 등에 취약하다고 할 수 있다. 덴마크가 73점으로 2위를 차지했고, 노르웨이가 72점으로 3위, 에스토니아와 스웨덴은 각각 71점으로 공동 4위를 차지했다. 반면, 보스니아 헤르체고비나는 24점으로 38위를 차지했으며, 북마케도니아는 23점으로 39위, 코소보는 21점으로 40위, 조지아는 20점으로 최하위인 41위를 기록했다.

그림 1 2023년 유럽의 미디어 리터러시 순위

출처: Lessenski, M. (2023). p.19

* Lessenski, M. (2023). Bye, bye, birdie: Meeting the Challenges of Disinformation - Media Literacy Index 2023. URL: https://osis.bg/wp-content/uploads/2023/06/MLI-report-in-English-22.06.pdf (검색일: 2025년 6월 13일)

미디어 리터러시 지수의 평가 범주에는 '언론자유', 'PISA(국제 학업성취도) 점수', '고등교육 진학률', '타인에 대한 신뢰'와 '온라인 참여지수E-participation Index'가 포함된다. 이 지수는 탈진실, 허위 정보, 잘못된 정보 현상에 대한 사회의 회복력을 평가하기 위한 도구이다. 이 지수는 데이터를 0~100(최저에서 최고)의 표준화된 점수로 변환하고 1~41(최고에서 최저)까지 국가 순위를 매긴다. 미디어 리터러시 지수는 또한 클러스터 분석cluster analysis을 사용하여 '클러스터 1'의 최고 성과 국가부터 '클러스터 5'의 저조한 국가에 이르기까지 점수를 기준으로 유사한 특성을 가진 국가를 그룹화한 그림은 다음과 같다.

그림 2 2023년 유럽의 미디어 리터러시 클러스터

출처: Lessenski, M. (2023). p.8

가장 높은 성과를 보인 '클러스터 1'에는 스칸디나비아 국가들, 에스토니아, 아일랜드 등 북유럽 및 서유럽 국가들이 주로 포함된다. 2021년까지는 유럽 국가들만을 대상으로 미디어 리터러시 지수를 측정했으나, 2022년부터는 국제 비교 가능성을 높이기 위해 미국, 캐나다, 일본 등 비유럽 주요 6개국을 추가하여 총 47개국으로 확대되었다. 2023년의 측정 결과에 따르면, 캐나다는 68점을 기록하며 전체 47개국 중 7위를 차지했다. 호주는 63점으로 10위에 올랐고, 한국과 미국은 각각 60점을 받아 공동 16위와 17위를 기록했다. 일본은 57점으로 22위에 자리했다. 클러스터별로 살펴보면, 캐나다는 주로 북유럽 국가들이 포함된 최고 성과 집단인 '클러스터 1'에 속했다. 반면, 호주, 한국, 미국, 일본은 그보다 낮은 점수대의 성과 집단인 '클러스터 2'에 포함되었다. 이스라엘은 42점으로 32위를 기록하며, 남유럽 및 중부 유럽 국가들과 함께 '클러스터 3'에 분류되었다.

순위 (1–47)	국 가	점수 (0–100)	클러스터
1	핀란드	74	1
2	덴마크	73	1
3	노르웨이	72	1
4	에스토니아	71	1
5	스웨덴	71	1
6	아일랜드	70	1
7	캐나다	68	1
8	스위스	67	1
9	네덜란드	64	2
10	호주	63	2
11	아이슬란드	62	2
12	벨기에	61	2
13	독일	61	2
14	포르투갈	60	2
15	영국	60	2
16	**대한민국**	**60**	**2**
17	미국	60	2
18	오스트리아	59	2
19	체코	58	2
20	스페인	58	2
21	프랑스	57	2
22	일본	57	2
23	라트비아	55	2
24	슬로베니아	55	2
25	리투아니아	54	2
26	룩셈부르크	53	2
27	폴란드	53	2
28	슬로바키아	48	3
29	이탈리아	47	3
30	크로아티아	45	3
31	몰타	45	3
32	이스라엘	42	3
33	헝가리	41	3
34	키프로스	39	3
35	그리스	38	3
36	우크라이나	38	3
37	세르비아	33	4
38	몰도바	32	4
39	몬테네그로	32	4
40	루마니아	32	4
41	불가리아	31	4
42	터키	29	4
43	보스니아 헤르체고비나	24	5
44	알바니아	23	5
45	북마케도니아	22	5
46	코소보	21	5
47	조지아	20	5

그림 3 2023년 주요국의 미디어 리터러시 순위

출처: Lessenski, M. (2023). p.11.

3 — 핀란드 미디어 리터러시 교육의 특징

핀란드의 미디어 리터러시 교육은 1960년대 시민교육의 일환으로 시작되어, 변화하는 미디어 환경에 따라 교육의 주제와 범위도 점차 확장됐다. 1970년대부터는 국가 기초교육의 핵심 커리큘럼에 이미 미디어 교육 콘텐츠가 포함되어 있었다(Salomaa, 2020, 6, 24). 핀란드는 공교육에서 '평등 원칙'을 강조하며, 모든 사회 구성원이 동등하게 양질의 교육을 받을 권리를 보장하고 있으며, 이러한 원칙에 따라 각 지역 교육청과 학교는 국가의 정책적 · 재정적 지원을 바탕으로 자율적인 미디어 교육을 하고 있다(강진숙 외, 2017). 핀란드에서는 미디어 리터러시를 시민의 기본권으로 간주하며, 민주주의를 위한 미디어 정책과 사회적 평등을 위한 교육 정책의 틀 안에서, 학교 안팎을 아우르는 체계적인 교육이 이루어지고 있다(정현선 외, 2020).

2014년 국가교육위원회가 개정하여 2016년부터 적용하고 있는 국가교육과정에는 미래 사회를 대비하기 위한 7가지 교과 공통 역량에 멀티 리터러시multiliteray와 정보통신기술ICT 역량이 포함되어 있다. 핀란드는 정부 부처 내에 미디어 교육 담당 부서가 설치되어 있으며 미디어 교육은 '미디어 교육 및 시청각미디어 부Department for Media Education and Audiovisual Media'가 담당한다. 핀란드에서는 미디어 기술의 발전을 빠르게 반영하여 다양한 교과목에서 멀티 리터러시 요소를 결합한 교육을 할 뿐만 아니라, 코딩 교육과 정보통신기술ICT 교육을 함께 하고 있으며, 미디어를 비판적으로 이해하기 위한 미디어 리터러시 교육을 체계적으로 하고 있다.

핀란드 교육의 또 다른 특징으로 학생들이 직접 정보를 생산하는 데 많은 시간을 할애한다는 점을 꼽을 수 있다. 저학년 학생들은 직접 지역사회나 국가의 현안과 관련된 자료를 수집한 뒤 자신의 의견을 발표하는 미디어 교육을 받고,

고학년이 되면 기사나 방송을 학생들이 직접 제작한다. 이 과정에서 학교뿐만 아니라 지역사회와 언론사가 상호 협력하여 학생들의 뉴스 제작을 지원한다. 또한, 허위 정보와 관련한 교육에 있어서는 사례를 분석하고 비판하는 데 머물지 않고, 가짜 뉴스를 직접 생산하는 과정을 통해 가짜뉴스의 폐해를 체험한다. 학령기 어린이들의 오전 및 오후 활동에 미디어 리터러시 교과 과정이 포함되어 있다. 핀란드의 미디어 리터러시 교육의 큰 특징은 '협업'이다. 하나의 교육 주체가 실시할 수 있는 미디어 교육의 범위와 수준에는 한계가 나타나므로, 다양한 주체가 참여하는 네트워크를 통해 여러 분야의 전문가들이 서로의 노하우를 공유하면서 복합적이고 고품질의 교육을 제공하는 시스템을 갖추고 있다.

핀란드 교육* 시스템에서 미디어 교육과 미디어 리터러시 교육은 유아 교육 및 보육, 취학 전 교육, 기초 교육, 일반 고등학교 교육, 성인을 위한 교육 등 국가 핵심 교육 과정에 통합되어 있다. 핀란드에서는 수업에서 인터넷상의 가짜 뉴스나 허위 정보를 구별할 수 있는 능력을 함양하기 위한 과정을 마련하고 있다. 허위 뉴스를 알아내기 위한 교육 프로그램은 취학 전 아동 시절부터 실시하고 있다. 아동 교육 및 돌봄 과정의 미디어 교육은 흥미로운 실험과 놀이를 통해 접근하도록 구성되어 있다. 취학 전 어린이들은 이미지, 동영상, 미디어 아트, 영화, 음악 등 다양한 미디어 콘텐츠를 익히고 가상과 현실의 콘텐츠를 식별하는 방법을 습득한다. 초등학교에 진학한 어린이는 블로그 게시 및 온라인 뉴스 댓글 작성 등을 통해 의사소통 기술을 훈련한다. 이와 함께, 스토리를 조사하고 분석하며 미디어를 안전하게 사용하는 방법을 배운다. 예를 들어, 1~2학년에서는 온라인 환경에서 신원불명의 사람으로부터 부적절한 메시지 또는 연락처를 받을 경우의 대처 방법을 습득한다. 또한, 미디어 기기의 도움을 받아 창의적으로 스토리를 제작하기도 한다. 초등학교 고학년에서는 아이

* Lessenski, M. (2023). (검색일: 2025년 6월 13일)

디어를 창출하고 미디어를 통해 자기 생각과 의견을 표현하는 방법을 배운다. 중등 학생의 경우, 자기의 아이디어와 창의력을 기반으로 콘텐츠를 제작하는 방법을 통해 미디어 리터러시를 익힌다. 학생들은 다른 사람에게 영향을 미칠 수 있는 콘텐츠를 직접 만들기도 한다. 또한, 소셜 미디어 콘텐츠의 신뢰성을 판단하는 방법을 익히고, 미디어가 개인이나 주변인, 사회에 미칠 수 있는 다양한 영향을 비판적으로 고찰한다.

핀란드 교사의 미디어 리터러시 교육 시행은 의무화되어 있지만, 수업 시행 방안과 관련해서는 교사에게 많은 재량권이 부여된다. 학생들이 뉴스 기사나 틱톡TikTok 영상에 대해 토론하기도 하며, 스스로 자신의 동영상이나 사진을 편집하게 하는 과정을 통해 정보 조작이 얼마나 쉽게 이루어질 수 있는지에 대해 직접 체험하게 하는 수업도 진행한다. 예를 들어, 8학년 학생에게 뉴스를 읽고 기사가 어떤 목적을 가지고 작성되었는지, 언제 작성되었는지, 작성자가 주장하고자 하는 핵심은 무엇인지에 대해 이야기하는 수업을 진행하여 비판적 미디어 담론 분석 역량을 강화하고 있다. 학교 교육 외에 사회와 노인 돌봄 기관에서도 미디어 리터러시 관련 활동을 하며 다양한 교육 프로그램을 제공한다. 이와 함께, 교양 교육 기관에서는 성인을 대상으로 다양한 미디어 기술 과정을 제공하고 있다.

〈핀란드 미디어 리터러시Medialukutaito Suomessa〉는 핀란드 교육문화부가 2019년 발표한 국가 정책 지침이다.* 이 정책 지침은 2019년에 발표한 것으로, 2013년에 발표된 미디어 리터러시에 관한 기존 정책 지침을 업데이트하고 확장한 것이다. 이 정책 지침은 핀란드 교육문화부(The Ministry of Education and Culture, Finland/Opetus- ja kulttuuriministeriö, OKM)의 의뢰로 준비 과정을 국립시청각연구소(National Audiovisual Institute/Kansallinen Audiovisuaalinen

* https://medialukutaitosuomessa.fi/linjaukset/ (검색일: 2024년 11월 10일)

Instituutti, KAVI)가 담당했다. 국립시청각연구소는 다양한 전문성을 가진 많은 단체와 그들의 전문적인 다양성을 핀란드 미디어 리터러시 정책 추진의 장점으로 여겼고, 이를 정책 준비의 기반으로 삼고자 하였다. 국립시청각연구소는 많은 단체와의 협업 방안을 모색하였고, 준비 과정부터 많은 참여가 이루어졌다. 국립시청각연구소는 오픈 온라인 설문조사를 실시했고, 전국에 걸쳐 지역별 워크숍을 개최하였으며, 전문가들을 인터뷰하고 정책을 검토하고 공청회를 위한 정책 초안을 마련했다.

2010년대에 들어서면서 핀란드의 미디어 교육은 상당히 확대되었는데, 미디어 리터러시 증진의 필요성이 점점 더 많은 분야에서 인식되고 있으며, 특히 성인을 위한 미디어 교육에서 새로운 기회가 많이 열렸다. 다양한 주체들이 미디어 교육을 위한 다각적인 활동을 하고 있다. 핀란드의 미디어 리터러시 정책 비전의 핵심은 '미디어 리터러시를 모든 시민에게 똑같이 중요한 시민적 역량'으로 인정하여, 시민들의 미디어 리터러시 역량을 높이기 위한 지원 방안을 담고 있다. 핀란드의 미디어 리터러시 능력은 고품질의 체계적이고 종합적인 미디어 교육을 통해 촉진되고 지원된다.

핀란드의 미디어 리터러시 교육은 정부 부처, 협회, 비영리단체, 도서관, 학교 등 많은 기관과 참여자 간의 유기적인 협력을 통해 이루어지고 있다. 핀란드 교육문화부와 국가교육위원회는 국립시청각연구소와 협업을 통해 학습권 개발 프로그램(2020~2023)의 일부인 새로운 문해력 개발 프로젝트를 마련하여 아동·청소년의 미디어 리터러시 및 ICT 역량 강화를 위한 교육과정 지침을 제공하기도 하였다. 미디어 리터러시, 프로그래밍 기술 그리고 디지털 역량 등 세 가지 주요 학습 주제와 관련하여 학년별로 갖추어야 할 필수 역량과 교육 활동을 안내하고 있으며, 핵심 지침은 〈표 1〉과 같다(이은주, 2022, 10, 12).

표 1 학년별 필수 역량과 교육활동 안내 핵심 지침

구 분	미디어 리터러시	프로그래밍 기술	디지털 역량
세부 주제	1) 미디어 콘텐츠 해석 및 평가 • 미디어 콘텐츠의 해석 • 미디어 콘텐츠의 영향력 • 정보 전달 기능의 미디어 • 미디어 사용자의 역할 2) 미디어 제작 • 창의적인 표현 3) 건강한 미디어 환경 • 안전(개인정보보호) • 책임(저작권, 타인의 권리 존중, 윤리의식) • 복지(건강한 자아정체성 형성, 웰빙(well-being), 미디어 노출 시간, 사회적 관계, 일상생활 관리) • 상호 작용(온라인 괴롭힘과 대처 방법, 긍정적인 의사소통 기술)	1) 프로그래밍 사고 • 논리적 사고와 정보처리 • 프로그래밍의 개념 · 구조 2) 프로그래밍의 생산 • 협력 기반의 그룹별 프로그래밍 프로젝트 진행 • 창의적인 프로그래밍 제작 • 학습 도구로서의 프로그래밍 • 실용적인 기술(응용프로그램, 텍스트 기반 프로그래밍, 그래픽 및 애니메이션) 3) 프로그래밍 환경 • 다양한 삶의 영역에서 볼 수 있는 프로그래밍 기술 및 일상생활에 미치는 영향	1) 실무능력 기르기 • 기본 기술 습득 • 다양한 디지털 환경 • 콘텐츠 제작 및 편집 2) 책임과 안전 • 인간공학 3) 정보관리 및 창작활동 • 브라우저의 기본 사용법 및 적절한 검색어 활용 4) 상호 작용 • 포용성을 높이는 디지털 서비스의 개념 • 디지털 환경에서의 다양성 존중 및 소셜 미디어의 작동 원리
취학 전 교육	• 이미지, 동영상, 미디어 아트, 영화, 음악 등 다양한 미디어 콘텐츠를 익히고 가상과 현실의 콘텐츠를 식별하기	• 프로그래밍 기술 습득에 필요한 기본 사고력 (모양 · 크기 · 색상에 따른 비교 및 분류, 순서 지정, 규칙성 및 인과 관계성)을 놀이 활동을 통해 학습	• 다양한 정보통신기술 관련 서비스 및 게임을 활용하여 상호작용 기술 학습 및 문해력 향상 지원
기초 교육	• 블로그 게시 및 온라인 뉴스 댓글 작성 등을 통해 의사소통 기술 훈련 • 온라인 환경에서 신원불명의 사람으로부터 부적절한 메시지 · 연락처를 받을 경우의 대처 방법 (1~2학년) • 자신과 타인의 의견을 건설적 · 비판적으로 평가하고 저작권의 기본 원칙과 준수의 중요성 이해 (3~6학년) • 미디어 환경에서의 표절, 성희롱, 신분 도용, 명예훼손 등 사이버 범죄의 형태를 알아보고 상응하는 결과 학습 / 부적절한 댓글 · 괴롭힘 문제를 신고하고 피해자의 상황에 공감하기 (7~9학년)	• 스토리텔링 기법을 적용하여 게임의 캐릭터, 스토리, 그리고 배경에 대한 창의적인 아이디어 구현 (1~2학년) • 애니메이션 및 게임의 프로그래밍 기능 인식, 그래픽 프로그래밍 사용법, 로봇 및 인공지능의 원리 학습 (3~6학년) • 순차, 변수 및 조건부 함수 등 프로그래밍 구성 요소의 작동 방식을 이해 및 설계하기 / 프로그래밍 기술의 위험성 및 윤리적 관점 이해하기 (7~9학년)	• 놀이 기반의 학습환경에서 기본 텍스트 생성 · 처리 및 검색 서비스 사용을 그룹별로 수행/ 저작권의 원칙 (1~2학년) • 다양한 미디어 매체를 활용하여 이미지, 비디오 및 애니메이션 제작 원리를 이해하고 검색서비스에서 제공한 정보에 대해 비판적으로 평가하기 / 디지털 서비스의 보안관리 및 윤리적 판단 (3~6학년) • 악성소프트웨어 등 온라인 범죄의 대응법 및 EU 데이터보호 규정 학습 (7~9학년)

출처: 이은주(2022, 10, 12)

핀란드에서는 취학 전 교육과 초등학교 저학년의 교육에서 디지털 게임 기반의 학습을 많이 활용하고 있다. 어린이 학습 게임인 에까뻴리 알꾸Ekapeli Alku*는 미취학 아동, 초등학교 1학년 및 읽기 연습이 필요한 어린이를 위한 게임이다. 이 게임에는 문자, 음절 및 단어를 읽는 연습이 포함된다. 예를 들어, 에까뻴리 알꾸에서는 바닷속으로 잠수하고, 풍선을 타고 높은 곳에서 매달리고, 개구리 활동을 따라가고, 별을 바라보는 등 흥미진진하게 게임을 하면서 문해력의 기초를 닦는다. 알파벳이나 단어가 컴퓨터 화면에 나타나면 어린이는 소리를 듣고 맞는 문자 및 단어를 클릭하여, 답을 맞히면 상으로 보석 아이템을 모을 수 있다. 난이도가 높아지면 이 보석 아이템으로 다양한 힌트를 얻을 수 있는 아이템이나 카드를 구매할 수 있도록 해서 언어 학습의 흥미도를 높이고 있다. 핀란드에서는 교육행정정보 시스템 플랫폼을 통해 교사가 학부모들에게 이 게임 애플리케이션 사용법을 알려주기도 한다. 이와 같이 핀란드의 미디어 리터러시 교육은 유아 교육에서부터 시작되며 학제 간 협업, 다양한 부처 간 협업을 바탕으로 모든 학년별 수준에 따라 교육 활동에 대한 실질적인 학습이 지원되고 있다.

4 — 협업을 통한 미디어 리터러시 교육

핀란드 미디어 리터러시 교육의 중심에는 핀란드 교육문화부가 있지만, 많은 기관들이 다양한 역할을 하고 있다. 교육부 산하의 국가기관인 핀란드국립교육위원회(Finnish National Board of Education/Utbildningsstyrelsen, UBS)는

* https://www.lukimat.fi/lukeminen/materiaalit/ekapeli/ekapeli-alku/ekapeli-eskari-androidille.html (검색일: 2024년 11월 10일)

유치원 교육, 초등 및 기초 교육, 일반 고등 교육, 직업 교육과 훈련 및 성인 교육, 예술 기초 교육 등 교육 발전과 관련된 다양한 업무를 담당하고 있다. 이와 함께 기초 및 일반 중등 교육을 위한 국가 핵심 커리큘럼과 직업 자격 및 역량 기반 자격의 틀을 마련하는 일을 담당하고 있다. 국립시청각연구소*는 교육문화부 산하 기관으로, 국가 미디어 교육 정책의 이행을 담당하고 미디어 교육 분야의 활동을 촉진한다.

교육문화부는 핀란드의 모든 공적 자금이 투입되는 교육을 책임지고 있으며 교육 관련 법률을 마련하고 필요한 모든 결정을 내리는 최고 기관으로서 미디어 리터러시 관련 교육을 지원하는 데 소요되는 자원을 할당할 책임을 진다. 핀란드국립교육위원회는 다양한 비영리 단체들과 함께 국가의 지원과 자원봉사를 바탕으로 활동하고 있으며, 미디어 교육과 함께 TV · 영화 · 게임 콘텐츠의 등급을 정하거나 영상 자료를 디지털화하고 보존하는 역할도 수행하고 있다(황미연 · 황서현, 2023). 국립시청각연구소는 미디어 교육, 미디어 기술 증진 및 미디어 관련 문제에 대한 정보 제공을 담당하며 미디어 리터러시의 체계적이고 지속적인 발전과 안전한 미디어 환경 개발을 촉진할 법적 임무를 갖고 있다.

국립시청각연구소가 주관하는 '미디어 리터러시 주간Media Literacy Week'**은 아동, 청소년, 성인의 미디어 역량 강화와 미디어 기술 개발을 목적으로 매년 2월에 핀란드 전역에서 일주일간 열린다. 이 주간을 위해 50개 이상의 기관, 단체들이 상호 협력하며, 다양한 행사를 통해 리터러시 증진 방안을 논의하고 노하우를 상호 교류하며 교육 자원을 제공한다. 학교, 유치원, 도서관, 박물관, 청소년 단체와 교육기관, 문화단체, 커뮤니티센터를 포함해 핀란드 전역에서 1,500여 개의 조직들이 이 미디어 주간에 참여한다. 미디어 리터러시

* https://kavi.fi (검색일: 2025년 6월 13일)
** https://kavi.fi/mediakasvatus/mediataitoviikko (검색일: 2024년 11월 10일)

주간에 생산되는 교육자료들은 국립시청각연구소의 데이터베이스에 정리되어 교육자료가 필요한 현장에 공급된다.

또한, 국립시청각연구소*는 미디어 교육, 어린이의 미디어 스킬 향상과 미디어 리터러시 교육을 위한 국제 협력에 적극적으로 참여하고 있다. 한편, 국립시청각연구소는 미디어 교육과 관련한 정부 부처, 연구자, 전문가 등 다양한 행위자 간의 네트워킹과 전문성을 향상하기 위한 미디어 교육 포럼을 매년 개최하고 있다. 또한 시청각 문화 진흥의 일환으로 영화교육을 실시하고 적극적으로 발전시키고 있다. 핀란드 게임 위크Finnish Game Week는 핀란드 전역에서 개최되는 수백 개의 개별 이벤트로 구성된다.

핀란드 공영방송 〈윌레: YLE〉는 미디어 교육을 오랫동안 추진해 오고 있다. 〈윌레: YLE〉는 자사 웹사이트에서 미디어 교육 자료를 적극적으로 제작한다. 예를 들어, Digitreenit(디지털 교육) 웹사이트는 시민들에게 독립적 학습을 위한 다양한 자료를 무료로 제공한다. 그 외에도 윌레 트리플렛YLE Triplet, 윌레 믹스yle Mix 등 어린이, 청소년과 교사를 위한 다양한 미디어 교육 서비스를 제공하고 있다. 〈윌레 뉴스클래스YLE Uutisluokka, YLE News Class〉**는 〈윌레〉의 기자가 직접 학교로 가서 학생들과 함께 뉴스를 제작하고 멘토링 해 주는 프로그램이다. 뉴스 취재와 제작에 관한 이론, 실습 강의와 함께 학생들이 만들고 싶은 뉴스는 어떤 것인지, 메시지는 어떻게 전달하고 싶은지 등을 함께 논의하고 토론하는 시간을 거쳐 뉴스를 만든다. 뉴스클래스에서는 제작 과정에 학생들의 목소리가 그대로 담기도록 돕는 것을 중요시 한다. 학생들이 스스로 뉴스 기사를 작성하고 주제를 선정하는 과정에서 자연스럽게 미디어 리터러시를 익히도록 하는 것이다. '뉴스클래스의 날News Class Day'은 어린이, 청소

* Lessenski, M. (2023). (검색일: 2025년 6월 13일)
** Lessenski, M. (2023). (검색일: 2025년 6월 13일)

년들이 직접 만든 뉴스가 공영방송 〈윌레〉를 통해 방송되는 날로 연간 1~2회 운영된다.

〈윌레〉가 교사를 위해 제공하는 뉴스 교육용 콘텐츠인 윌레 트리플렛YLE Triplet*을 핀란드 교원의 약 15%가 이용할 정도로 수업활용도가 높게 나타났다. 윌레 뉴스에서 일 년 내내 매일 수업에 활용할 수 있는 교육자료를 제작하여 제공하고 있다. 윌레 트리플렛은 종합 학교와 고등학교 학교를 대상으로 하며 2014년부터 교사들에게 무료로 제공한다. 윌레 트리플렛은 교사가 교육 현장에서 뉴스 세계를 다룰 수 있는 사용하기 쉬운 서비스이다. 이 서비스는 사회의 문제를 교육에 통합하는 데 도움이 된다. 교사가 사용할 수 있도록 매일 3개의 뉴스 비디오에 대해 각각의 배경 자료와 과제 제공이 윌래 트리플렛의 핵심이다. 트리플렛의 모든 작업은 교육팀에서 준비한다. 과제에는 학생들에게 적합한 연습문제도 포함된다. 한편, 윌레 믹스**는 뉴스를 학생들이 알기 쉽도록 재구성한 청소년 뉴스 제공 콘텐츠이다. 〈윌레〉의 정규 방송 뉴스는 학생들이 이해하기에는 내용도 어려운 편이고 분량도 2분 내외로 짧은 편이어서, 정규 방송 뉴스를 학생들이 알기 쉽도록 약 6분 정도의 분량으로 재구성하여 자세히 다룬다. 윌레 믹스 콘텐츠를 담당하는 기자가 직접 뉴스에 출연하기도 하고 학생들의 댓글에 답변도 하면서 소통하고 있다.

또한, 〈헬싱긴 사노맛Helsingin Sanomat〉의 어린이 신문 〈라스뗀 우유띠셋Lasten Uutiset〉***도 좋은 사례이다. 그동안 신문의 한 부문에 어린이 뉴스를 실었던 〈헬싱긴 사노맛〉이 어린이 대상 신문 〈라스뗀 우유띠셋Lasten Uutiset〉을 2020년 8월 정식 발간해 매주 방송 뉴스도 제작하고 어린이 대상 종이 신문을

* https://yle.triplet.io/ (검색일: 2024년 11월 12일)
** https://areena.yle.fi/tv/ohjelmat/57-bbVK3NDbD (검색일: 2024년 11월 11일)
*** https://www.hs.fi/lastenuutiset/ (검색일: 2024년 11월 15일)

발행한다. 〈라스텐 우우띠셋〉은 미디어 리터러시 교재로서 읽는 즐거움과 유익함을 갖추고 있다. 어린이들의 관심사를 반영하여 생활과 밀접한 주제로 교육, 정치, 사회, 문화, 과학, 환경, 스포츠, 국제 이슈 등을 골고루 취급한다. 어린이 신문이지만 구성은 일반 신문과 크게 차이 나지 않는다. '금주의 질문', '뉴스 퀴즈', '어린이 뉴스', '어린이를 위한 과학 질문' 등도 실린다.

이 신문의 큰 특징은 어린이가 전문 필진으로 참여하거나 어린이가 인터뷰를 직접 진행한다는 점이다. 예를 들어 〈라스텐 우유띠셋〉 창간호에서는 어린이 기자가 핀란드 대통령과 직접 인터뷰 한 기사를 실었다. 또한, 뉴스가 어떤 과정을 거쳐 제작되는지, 촬영기자, 편집자, 그래픽 디자이너 등에 대해서도 자세히 설명하는 페이지를 두고 있다. 이와 함께 좋은 뉴스를 만드는 '여우 기자Repo', 나쁜 뉴스를 만드는 '늑대 기자Susi'를 만들어, 이들이 각각 어떻게 뉴스를 만드는지를 보여주는 콘텐츠도 제공하고 있다.

REPO JA SUSI:
Mielipide vastaan tutkimus

그림 4 〈라스텐 우유띠셋〉의 '여우 기자'와 '늑대 기자'

출처: https://www.hs.fi/lastenuutiset/art-2000008561510.html (검색일: 2024년 11월 27일)

핀란드미디어교육협회(MediaKasvatus Seura, The Finnish Society on Media Education: FSME)*는 핀란드의 미디어 교육을 활성화하고 발전시키기 위한 NGO이며 2005년 창설되었다. 핀란드미디어교육협회는 학계와 미디어업계,

* https://mediakasvatus.fi/ (검색일: 2024년 11월 10일)

정부의 가교가 되고 있으며 핀란드 정부와 밀접한 협업을 통해 어린이, 청소년, 교사, 청소년 지도자 등의 미디어 리터러시 강화를 위한 교육 콘텐츠 개발, 교육, 교류 협력 등의 활동을 하고 있다. 핀란드 미디어 교육협회의 활동 목표는 어린이와 청소년에게 필요한 미디어 기술을 제공하고 디지털 웰빙을 지원하는 것이다. 특히, 사회에서 취약한 위치에 있는 어린이, 청소년 및 기타 그룹의 미디어 기술 역량 함량을 지원하고 있다. 또한, 핀란드미디어교육협회는 미디어 교육에 대한 정보, 노하우, 모범 사례 등을 공유하며, 새로운 미디어 현상에 부응하는 미디어 기술을 개발하고, 연구 결과물을 공유하며, 교육자를 교육하며 고품질의 자료를 제작한다. 이와 함께, 미디어 교육 주체를 통합하는 역할을 한다. 핀란드 미디어 교육협회는 포용, 평등, 디지털 웰빙, 책임감, 교육 등의 가치를 추구하고 있으며, 미디어 교육에서 미디어 속 평등, 혐오 표현, 허위 정보, 표현의 자유 등을 주요 이슈로 다루고 있다. 핀란드 미디어 교육협회는 다양한 구성원들로 이루어져 있다. 어린이복지 관련 NGO, 정부 관계자, 신문사, 방송국 등 미디어 업체, 미디어 전문가, 미디어 관련 재단, 연구자, 미디어 교육 전문가 등이 참여하고 있으며 최근에는 게임 회사, 소프트웨어 회사들도 활동하고 있다. 핀란드에는 미디어 리터러시를 위해 활동하는 시민사회 단체가 많이 있으며, 미디어 교육 분야에서 활발히 활동하는 단체의 상당 부분이 핀란드 미디어 교육협회의 회원이다.

핀란드 미디어 교육협회의 온라인 교육과정으로 미디어 코치Media Coach를 꼽을 수 있다. 이 과정은 총 4개의 학습 모듈과 1개의 프로젝트 모듈로 구성되어 있다. 이 과정은 어린이와 청소년을 대상으로 미디어 교육을 하는 교육자 등을 위한 프로그램이다. 학습자가 전 과정을 이수하면 디지털 역량 배지를 받는다.

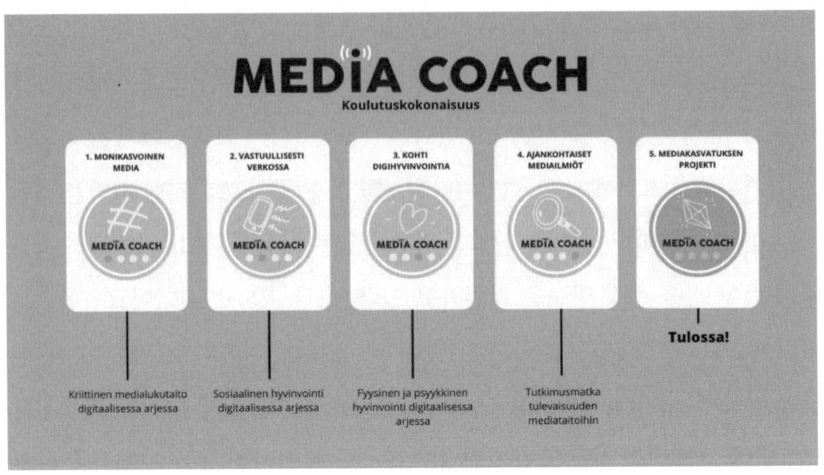

그림 5 미디어 코치(Media Coach)

출처: https://mediakasvatus.fi/toiminta/mediacoach/ (검색일: 2024년 2월 13일)

핀란드 미디어 교육협회의 협업 프로젝트 중 'The Media Civic Engagers'가 있다. 이 프로젝트는 청소년의 미디어 리터러시 향상을 위한 것으로써 노르웨이, 루마니아, 핀란드의 대학과 NGO와의 협력 프로젝트이다. 이 프로젝트는 여러 부문을 아우르는 혁신적인 개방형 교육 방식을 통해 미디어 리터러시 능력을 향상하고 있다. 이 프로젝트의 목표는 미디어 리터러시 분야의 청소년 업무를 개선하여 청소년 단체의 역량을 강화하는 것이다. 주요 대상은 청소년 단체, 청소년 대상 업무 종사자, 청소년 등이다. 이 프로젝트에는 청소년이 운영하는 미디어 프로젝트뿐만 아니라 시민교육 측면에서 다양한 플랫폼도 포함된다. 즉, 청소년의 역량 연구, 미디어 교육 및 미디어 제작 도구에 대한 청소년 교육 커리큘럼, 청소년과 함께 시민 미디어 프로젝트를 개발하는 방법에 대한 가이드, 청소년의 미디어 및 기술을 개발하는 데 사용할 수 있는 교육 스킬, 청소년의 미디어 프로젝트 홍보 및 교육용 동영상이 수록된 플랫폼 등이 포함되어 있다.

한편, 핀란드의 최첨단 미디어 리터러시 교육 단체로 '미디어 메트카Media Metka'* 교육센터를 꼽을 수 있다. 핀란드 교육문화부의 지원을 받는 미디어 메트카는 소셜 미디어, 교육, 가상 등 최신 미디어를 포함한 모든 다양한 미디어를 즐기고 활용하는 방법을 안내하고 있다. 매년 수천 명의 교사, 도서관 직원, 청소년 관련 종사자, 청소년 미디어 교육에 관심이 있는 성인들이 미디어 메트카의 실질적인 활동을 통해 혜택을 받고 있다. 미디어 아티스트와 교육자들은 이 교육센터의 행사에서 어린이 및 청소년과 직접 소통한다. 또한, 미디어 메트카는 교육용 핸드북과 체험형 워크숍 가이드를 제작한다. 이 교육센터는 영화 및 텔레비전 교육에 뿌리를 두고 있으며 아동 및 가족 정책 분야의 회원 단체와 긴밀히 협력하고 있다. 이와 함께, 미디어 메트카는 수십 년 동안 젊은 애호가들이 만든 단편 영화를 상영하고 이 분야 최고 전문가들이 참여하여 소통하며 격려하는 'My Film(미눈 엘로쿠바니)'을 열고 있으며, 북유럽 국가의 젊은 예술가와 작가들을 위한 'Northern Script(북유럽 시나리오 콘테스트)' 등을 개최하는 등 미디어 기술 및 미디어 리터러시 교육을 하고 있다.

이와 함께 '코울루키노 학교영화협회Koulukino - School Cinema Association'**는 학교에서의 영화 활용을 장려하고, 교사와 가족 모두에게 영화 교육 도구를 제공함으로써 영화 리터러시 개발을 지원하는 핀란드의 영화 교육 전문가 조직이다. 이 협회는 교사들이 영화를 다양한 방식으로 교육에 사용하도록 영감을 주고 있으며, 학생들의 영화 활용 능력을 강화하는 데 도움을 주고 있다. 영화를 교육적 도구로 활용하고 영화를 통해 다양한 토론 주제를 제공하고, 다른 나라의 문화를 소개하며, 시청자에게 강력한 경험과 등장인물의 처지에서 생

* https://mediametka.fi/metka-centre-for-media-education/ (검색일: 2024년 11월 2일)
** https://www.koulukino.fi/ (검색일: 2024년 11월 2일)

각할 기회를 제공하여 자신과 주변 세계에 대한 이해를 높여준다. 코울루키노 학교 영화협회는 유치원 교육부터 고등 교육까지 교육 수준별 영화 관련 학습 자료를 제작한다. 영화 관련 학습 자료는 코울루키노 웹사이트에서 비상업적 용도로, 무료로 이용할 수 있다. 학습 자료의 목적은 영화의 주제에 대해 보다 심도 있는 토론을 장려하고, 영화 리터러시와 영화 경험을 향상하는 것이다. 영화 학습 자료는 주제에 따라 상당히 다양하며 영화와 학습 자료를 정보 검색 학습을 위한 도구로 사용하거나 그룹 활동, 토론을 위해 활용할 수 있다. 학습 자료에는 글쓰기, 예술, 음악, 스포츠와 관련된 다양한 연습 문제도 많이 포함되어 있으며, 학교 교사, 유치원 교사 및 다양한 분야의 전문가들이 제작한다. 핀란드 교육문화부는 미디어 교육이 기초 교육에 통합되도록 장려하기 위해 코울루키노 영화협회에 재정적으로 지원하고 있다.

5 — 나가며

핀란드의 미디어 리터러시 교육은 학교와 유아 교육을 넘어, 청소년 단체와 도서관 활동의 일부로도 운영된다. 그뿐만 아니라, 미디어 조직과 민간 부문에서도 활발히 이루어지고 있다. 핀란드 미디어 리터러시 교육의 가장 큰 특징은 광범위한 협업 체계를 통해 비판적 미디어 담론 분석 역량을 체계적으로 함양한다는 점이다.

핀란드 미디어 리터러시 교육의 중심에는 교육문화부가 있지만, 국립시청각연구소, 미디어 교육협회, 지역교육청 등 다양한 기관들이 함께 참여하여 교육을 공동으로 기획하고 실행하고 있다. 미디어 리터러시 교육은 단일 교육 주체만으로는 한계가 있을 수 있다. 이에 따라 핀란드에서는 정부 부처, 공공기관, 시민단체, 학교, 도서관, 시민사회 등이 네트워크를 구성하여 협력적으로 교육을 수행하고 있다. 이러한 구조 속에서 다양한 전문가와 활동가들이 교육 프로그램을 함께 개발하고 교육하며, 분야를 초월한 협업 체계가 형성되고 있다. 또한 교육의 실효성을 높이기 위해 학습 자료, 수업 모형, 안내서, 시청각 자료 등 풍부한 공공 교육 자원이 적극적으로 지원된다. 이처럼 누구나 접근할 수 있는 자원이 지속해서 개발·공급되면서, 핀란드의 미디어 리터러시 교육은 비판적 미디어 이해력과 비판적 담론 분석 역량 향상에 실질적으로 기여하고 있다.

핀란드의 미디어 리터러시 정책은 다음과 같은 점에서 중요한 시사점을 제공한다.

첫째, 국가 교육과정에 미디어 리터러시를 핵심 역량으로 포함함으로써 교육의 공공성과 지속성을 확보하고 있다.

둘째, 학교 교육을 넘어 사회 전체에서 다양한 단체들이 협력하는 문화를 형성하고 있다는 점에서, 미디어 리터러시를 공동의 사회적 과제로 인식하고 있다는 점이 주목된다.

셋째, 미디어 교육협회와 공영방송을 포함한 단체와 공공기관들이 적극적으로 교육자료를 개발하고, 도서관·교육 전문가들과 연계하여 미디어 리터러시 향상을 지원하는 체계도 눈에 띈다.

핀란드는 미디어 리터러시 교육을 통해 학생들의 미래 경쟁력을 높이는 동시에, 누구도 배제되지 않도록 포용적 교육 환경을 조성하고 있다. 또한 변화하는 디지털 환경에 대응하기 위해 실천 중심의 교육과정을 마련하고 있다. 아울러, 미디어 리터러시 교육 네트워크에 대한 제도적 지원, 연구에 기반을 둔 정책 수립, 지역적 맥락에 대한 존중이라는 특징은 핀란드 모델을 체계적이고 종합적인 고품질 교육으로 자리매김하게 한다.

우리의 미디어 리터러시 교육에서도 정부 부처, 공공기관, 지방자치단체, 교육 기관, 관련 업계, 협회, 재단, 시민 커뮤니티 등이 참여할 수 있는 협력 구조를 마련해야 한다. 특히 정책 이행 과정에서 실행 주체 간의 소통과 협업을 강화함으로써, 교육의 효율성을 높이고 활동의 범위를 확대하는 한편, 사업 간의 중복을 줄일 수 있을 것이다. 이러한 협업 체계는 미디어 리터러시 교육의 연속성을 보장하고, 새로운 교육 모델과 실천 방식에 대한 가능성을 열어줄 수 있다. 또한 변화하는 미디어 환경에 대응하기 위해, 정규 교과과정뿐 아니라 정부, 기업, 교육계, 이용자 등 전 사회 구성원을 아우르는 미디어 리터러시 교육을 더욱 적극적으로 추진해야 한다.

미디어 환경의 급속한 변화는 우리에게 다양한 기회를 제공함과 동시에 새로운 도전 과제를 안겨주고 있다. 특히 허위 정보의 양산과 급속한 확산은 기존의 규제 방식만으로는 해결에 한계가 있다. 따라서 단순한 정보 소비 능력에 머무르지 않고, 정보 분석력, 미디어 담론에 대한 비판적 사고, 디지털 기술 활용 능력 등을 포괄하는 미디어 리터러시 역량을 강화할 필요가 있다. 높은 수준의 미디어 리터러시는 사회를 더욱 강건하고 유연하게 만들며, 예기치 못한 위기 상황에 대한 대응력을 높이는 데 기여할 수 있다. 이는 온라인상 피해를 예방하고, 사회 전체의 심리적 회복력을 강화하는 데도 중요한 역할을 한다. 결국, 미디어 리터러시 교육은 건강하고 회복력 있는 민주주의 정착을 위한 핵심 기반이 된다. 이러한 점에서, 미디어 리터러시를 시민의 핵심 역량으로 인식하고, 이를 체계적으로 교육하고 있는 핀란드의 사례는 우리에게 깊은 시사점을 제공한다. 우리도 미디어 리터러시 교육을 학교 교육에 국한하지 않고, 시민교육의 핵심 영역으로 확장하여, 비판적 미디어 담론 분석 역량을 적극적으로 길러야 할 것이다.

참·고·문·헌

강진숙 · 조재희 · 정수영 · 박성우 (2017). 〈해외 미디어교육 법체계 및 정책기구 연구〉. (연구보고 2017-10). 서울: 한국언론진흥재단.

이은주 (2022, 10, 12). 핀란드, 디지털 환경에서의 청소년 경험과 보호 대책. 김지혜 외 (편). 〈디지털 환경에서의 청소년 경험과 보호 대책 외〉. (33-42쪽). 〈2022년 해외교육동향 기획기사 10월호〉, 충청: 한국교육개발원.
URL: https://edpolicy.kedi.re.kr/frt/boardView.do?nTbBoardSeq=&strCurMenuId=10091&nTbCategorySeq=&pageIndex=1&pageCondition=10&nTbBoardArticleSeq=836166&searchTopic=&searchObject=&searchCondition_D=36&searchKeyword_SD=&searchKeyword_ED=&searchCondition_W=6&searchKeyword_W= (검색일: 2024년 2월 21일)

정현선 · 심우민 · 윤지원 · 김광희 · 최원석 (2020). 〈청소년 미디어 이용 실태 및 대상별 정책대응방안 연구 Ⅰ: 초등학생 – 해외사례 조사〉. 경제 · 인문사회연구회 협동연구총서 20-85-02 (연구보고 20-R17-1). 세종: 한국청소년정책연구원.

황미연 · 황서현 (2023). "미디어 리터러시 지수 상위권 국가들의 미디어 교육은 어떤 모습일까?". ECREA 콘퍼런스 및 핀란드 미디어 교육기관 취재.
URL: https://dadoc.or.kr/3230 (검색일: 2025년 6월 19일)

Lessenski, M. (2023). Bye, bye, birdie: Meeting the Challenges of Disinformation-Media Literacy Index 2023.
URL: https://osis.bg/wp-content/uploads/2023/06/MLI-report-in-English-22.06.pdf (검색일: 2025년 6월 13일)

Salomaa, S. (2020, 6, 24). 송은아 (역). "'협력'을 강조하는 핀란드의 미디어 교육".
URL: https://dadoc.or.kr/2841 (검색일: 2024년 11월 11일)

https://areena.yle.fi/tv/ohjelmat/57-bbVK3NDbD (검색일: 2024년 11월 11일)

https://www.hs.fi/lastenuutiset/ (검색일: 2024년 11월 15일)

https://www.hs.fi/lastenuutiset/art-2000008561510.html (검색일: 2024년 11월 27일)

https://kavi.fi (검색일: 2025년 6월 13일)

https://kavi.fi/mediakasvatus/mediataitoviikko (검색일: 2024년 11월 10일)

https://www.koulukino.fi/ (검색일: 2024년 11월 2일)

https://www.lukimat.fi/lukeminen/materiaalit/ekapeli/ekapeli-alku/ekapeli-eskari-androidille.html (검색일: 2024년 11월 10일)
https://mediakasvatus.fi/ (검색일: 2024년 11월 10일)
https://medialukutaitosuomessa.fi/linjaukset/ (검색일: 2024년 11월 10일)
https://mediametka.fi/metka-centre-for-media-education/ (검색일: 2024년 11월 2일)
https://mediakasvatus.fi/toiminta/mediacoach/ (검색일: 2024년 2월 13일)
https://yle.triplet.io/ (검색일: 2024년 11월 12일)

Chapter 13

미디어 담론 분석

이종명

1 — 서론: 담론 연구와 담론 분석의 필요성

담론(談論, discourse)은 언어적 실천과 사회적 실천의 복합체로, 특정 사회적 맥락에서 의미를 생성하고 재생산하는 과정을 설명하는 핵심 개념이다(Foucault, 1972/2000). 담론은 단순히 언어를 넘어 사회적 지식과 권력의 구성을 통해 현실을 이해하고 조직화하는 데 필수적인 역할을 한다. 담론은 특정 시대와 문화적 맥락에서의 권력관계를 드러내며, 이는 사회적 불평등과 권력의 지배 구조를 비판적으로 이해하는 강력한 도구가 된다(박해광, 2007). 담론을 분석한다는 것은 현대 사회의 복잡한 정치적 · 문화적 · 이데올로기적 현상을 이해하는 것이라 할 수 있다.

일찍이 미셸 푸코Michel Foucault는 지식-권력관계에 대한 논의에서 담론을 통해 사회적 주체와 구조를 동시에 이해하고자 했다. 다시 말해 담론을 특정 시대의 진리 체계truth regime를 형성하는 메커니즘으로 정의하며, 이를 통해 사회적 주체가 구성되고 지배적 규범이 형성된다고 본 것이다(신진욱, 2011).

특정한 역사적 맥락에서 발생하는 담론은 사회적 실천과 상호작용하면서 권력관계를 공고히 하거나 전복하는 데 기여한다. 이는 담론이 단순히 언어적 표현이 아니라 현실을 구성하고 변화시키는 힘을 가진다는 점을 시사한다.

이러한 담론을 학술적 자장에서 논의하는 주요한 방법이 바로 비판적 담론 분석(Critical Discourse Analysis, CDA)이다. 비판적 담론 분석은 담론이 언어적, 담론적 그리고 사회문화적 차원에서 어떻게 구성되고 작동하는지를 분석한다. 페어클러프N. Fairclough는 담론을 사회적 실천으로 정의하며, 사회적 조건을 반영하는 동시에 이를 구성하는 언어의 역할에 주목했다(Fairclough, 1995). 비판적 담론 분석은 이러한 담론을 '텍스트 실천, 담론 실천, 사회문화적 실천' 이라는 세 가지 주요 차원으로 탐구하며, 이를 통해 지배적 이데올로기의 재생산과 불평등 구조를 드러내 보인다(이기형, 2006).

비판적 담론 분석은 크게 세 가지 맥락에서 학술적 의의가 있다. 첫째, 사회적 불평등에 대한 조망의 의미로, 특정 담론이 어떻게 사회적 불평등을 형성하고 정당화하는지를 분석한다. 이를 통해 궁극적으로는 불평등의 구조적 원인을 밝혀내고자 한다. 박해광(2007)은 "말해져서 존재하는 담론은 그것의 지배적 성격, 즉 권력과 이데올로기를 숨기고 있다"(111쪽)고 설명하며, 담론적 실천은 지배적 관계를 위한 정당화인 것이다. 둘째, 비판적 담론 분석은 특정 집단의 이익을 대변하며 권력을 유지하려는 지배 담론의 구조와 언어적 메커니즘을 해체한다. 신진욱(2011)은 "CDA 학파의 이제까지의 연구들은 사회적 불평등과 지배관계에 대항하는 치열한 지적 실천"(35쪽)이라 밝혔다. 셋째, 비판적 담론 분석은 미디어 담론, 정책 문서, 대중문화 텍스트 등 다양한 형태의 언어적 실천을 분석하며, 이를 통해 사회적 상상력과 문화적 정체성에 미치는 영향을 탐구한다. 이기형(2006)은 "세밀하게 미디어 담론들이 행사하는 이데올로기적 효과와 권력작용을 일상과 공적인 공간에서 일어나는 미시적 커뮤니케이션 상황에 집중해서 관찰하거나 미디어 텍스트와 장르들을 가로질러가며 꼼꼼하게 분석하는 작업"(139쪽)이 필요함을 강조한 바 있다.

특히 복잡다단한 현대 사회의 정치적, 경제적, 문화적 문제와 갈등을 조망하는 데 있어 비판적 담론 분석이 주요하다. 후술할 연구 사례로 언급되는 예멘 난민 담론이나 세월호 참사와 같은 사회적 이슈들은, 담론이 특정 이데올로기를 형성하고 유지하는 데 중요한 역할을 한다는 점을 보여주는 일례다(신예원 · 마동훈, 2019; 이선민 · 이상길, 2015). 이러한 담론은 언론과 정치적 엘리트에 의해 형성되고 확산되며, 사회적 위협과 해방을 동시에 조성한다. 담론 분석은 이러한 현상을 이해하고, 지배적 담론의 대안적 가능성을 모색하는 데 필수적이다.

이에 따라 본 장은 담론과 비판적 담론 분석의 개념적 기초를 우선 살핀 뒤, 이를 바탕으로 담론이 어떻게 사회적 실천으로 작동하며, 현대 사회의 복잡한 현상들을 설명하는 데 기여하는지를 논의하고자 한다. 특히 담론이 사회적 권력관계를 구성하고 변형하는 메커니즘에 주목하여 연구 사례를 통해 담론 분석의 구체적인 적용 방식을 제시한다. 이를 통해 담론 분석이 현대 사회의 복잡성을 이해하고 해결하는 데 중요한 접근법임을 강조하고자 한다.

2 — 담론과 담론 분석의 개념적 기초

사전에서는 담론을 이야기를 주고받으며 논의함으로 정의한다. 또한, 특정 대상이나 개념에 대한 지식을 생성함으로써 현실에 관한 설명을 산출하는 말과 언어의 응집력 있고 자기 지시적인 집합체를 이르는 말로 정의된다. 다시 말해 담론은 언어적 표현을 넘어 특정한 사회적 맥락에서 이루어지는 의사소통의 총체로, 사회적 관계와 권력 구조를 반영하고 구성하는 데 중요한 역할을 한다(Foucault, 1972/2000). 담론은 지식과 권력의 상호작용 속에서 형성되며, 특정한 규범과 이데올로기를 구축하는 동시에 이를 통해 주체를 구성하는 메커니즘을 포함한다. 본 절에서는 담론과 담론 분석의 개념적 기초를 탐구하며, 특히 담론의 정치학에 주목하여 담론이 사회적 실천과 정치적 맥락에서 어떻게 작동하는지를 집중적으로 조망한다.

1) 담론의 정의 및 권력과의 관계

푸코(Foucault, 1972/2000)는 담론을 단순한 언어적 실천이 아니라, 지식과 권력의 교차점에서 이루어지는 체계적 실천으로 보았다. 특히 언어학적, 혹은 광의의 구조주의적 관점에서 담론의 개념을 논의한 그는, 《담론의 질서》를 통해 담론이 특정 시대의 진리 체계를 구성하고, 이를 통해 권력관계를 재생산하는 데 기여한다는 주장을 펼친다. 요컨대 푸코가 주목한 담론은 특정한 사회적, 역사적 맥락에서 형성되며, 주체를 구성하고 사회적 현실을 정의하는 데 핵심적인 역할을 한다.

언어학적 관점에서 담론은 "한 묶음의 발화utterance 혹은 발화된 것text"으로 정의하며, "인간의 언어 사용은 그 내용substance이 형식form을 통해 표현됨으로써 비로소 현실화된다"(박해광, 2007, 85쪽). 담론, 즉 전체로서의 "의미의 정치적 구성물"(85쪽)이며, 특정한 사회적 맥락에서 권력의 작동 방식을 이해하는 데 필수적이다. 담론의 구성적 실천 개념을 확장하여, 담론이 단순히 언어적 텍스트로 환원될 수 없는 다층적이고 사회적 조건 속에서 형성된다는 점에 주목해야 한다.

이러한 담론을 이해하고자 수행되는 담론 분석은 "상징적 매개를 통한 사회적 행위와 그것의 물질화된 산물을 분석하여 사회구조와 상호작용을 이해하는 접근법"이다(신진욱, 2011, 11쪽). 나아가 담론의 헤게모니 효과는 언어적·문화적 수준을 넘어 사회적·정치적·경제적 환경을 포함하는 사회적 총체의 포괄적인 맥락에 위치시키는 것이 중요하다.

담론 분석은 담론의 형성과 작동 방식을 이해하기 위해 텍스트와 맥락을 함께 분석하는 학문적 접근이다. 이는 언어적 실천과 사회적 실천과의 연결 고리에 천착함으로써 특정 담론이 어떻게 사회적 현실을 구성하고 권력을 재생산하는지를 탐구한다. 사회적 구조와 이데올로기를 반영하고 이를 통해 현실을 구성하는 담론은 권력관계의 산물이다. 푸코는 담론이 단순히 권력에 의해 형성되는 것이 아니라, 권력을 구성하고 유지하는 핵심적인 메커니즘이라고 주장했다. 즉, 담론은 권력과 지식의 상호작용 속에서 특정한 진리 체계를 형성하며, 이를 통해 사회적 규범과 제도를 구축한다(Foucault, 1972/2000).

이러한 담론은 권력 투쟁의 장으로서, 특정한 사회적 맥락에서 담론이 어떻게 권력을 정당화하거나 도전하는지를 분석해야 한다(박해광, 2007). 지배 담론이 단순히 수동적으로 수용되는 것이 아니라, 그에 대한 저항과 재구성을 통해 새로운 정치적 가능성을 열 수 있다는 의미이기도 하다.

2) 담론의 정치학: 지배와 저항

지배 담론에 대한 저항과 재구성은 담론이 정치적 권력과 이데올로기적 투쟁에서 어떻게 작동하는지를 탐구함으로써 드러난다. 이는 단순히 담론의 언어적 특징을 분석하는 데 그치지 않고, 사회적 실천으로서 담론이 지배와 저항의 장으로서 어떻게 기능하는지에 대해 천착할 때 가능하다. 반 다이크(Van Dijk, 2015)가 지적한바, 사회적 실천으로서의 언어 사용으로서 담론과 사회의 변증법적 관계, "사회를 구성하는 실천이자 사회에 의해 결정되는 언어"(박해광, 2007, 105쪽)로서 구성적 실천의 담론을 주목해야 한다. 다시 말해 담론은 특정한 사회적 맥락에서 지배적 권력을 정당화하거나 저항하는 도구로 사용되며, 이를 통해 정치적 정체성과 집단 간의 관계를 재구성한다. 이기형(2006) 역시 담론이 "사회 내의 불평등하고 불균등한 권력관계를 반영하며, 언어와 상징, 기호 그리고 이데올로기의 영역을 통해서 지배적인 권력관계의 유지나 피지배자들의 동의를 구하는 데 필수불가결하게 사용되는 요소"(119쪽)로 작용함을 지적했다.

담론은 정치적 현상을 단순히 반영하는 것에 그치지 않는다. 담론은 정치적 현상을 구성하고 이를 통해 권력을 정당화하거나 도전한다. 담론은 단순히 언어적 표현의 집합체가 아니라, 특정한 정치적 목적을 실현하기 위해 구성된 사회적 실천이라 보아야 하는 것이다(박해광, 2007). 다시 말해 담론은 정치적 갈등과 협상의 핵심 매개체로 작동한다. 이 과정에서 담론은 특정 집단의 이해관계를 반영하며, 이를 통해 지배적 이데올로기를 공고히 하거나 대항적 담론을 통해 저항의 가능성을 모색한다. 또한 담론이 특정한 권력 구조를 재생산하는 동시에 이를 저항의 장으로 활용할 수 있다는, 이중적 성격이 주요한 특징이 된다(이기형, 2006). 요컨대 담론의 정치학이라 함은 지배 담론과 저항 담론 간의 역동적 관계를 분석하는 접근이다.

지배 담론은 특정 권력 구조와 이데올로기를 정당화하고 유지하는 역할을 하며, 사회적 규범과 질서를 강화한다. 지배 담론은 권력관계를 자연화하고, 사회적 불평등을 정당화하는 언어적, 상징적 장치를 포함한다(박해광, 2007). 반면 저항 담론은 지배 담론에 도전하며 새로운 정치적 가능성을 제시하는 데 초점을 맞춘다. 기존 권력 구조에 균열을 일으키고, 대안적 상상력을 통해 새로운 사회적 실천의 가능성을 모색하는 것이 곧 저항 담론인 것이다(신진욱,

2011). 이는 단순히 기존 담론을 부정하는 데 그치지 않고, 대항적 메시지를 통해 새로운 사회적 정체성과 연대를 형성한다는 점에서 의미가 있다. 나아가 저항 담론은 단순한 반대의 표현을 넘어 새로운 담론적 가능성을 열어주는 창조적 실천으로 기능할 수 있다(이기형, 2006).

담론의 정치학은 단순히 담론의 언어적 특성을 분석하는 것을 넘어, 담론이 사회적 권력관계를 구성하고 재구성하는 방식을 탐구한다. 이는 크게 세 가지 측면에서 학문적, 실천적 함의를 갖고 있다. 첫째, 지배 담론의 언어적, 상징적 메커니즘에 천착하는 담론의 정치학은, 기존 권력 구조를 해체하는 데 기여한다. 권력관계를 은폐하고 이를 자연스러운 것으로 보이게 만드는 지배 담론을 분석함으로써, 지배 권력의 구조적 기반을 드러낼 수 있다(박해광, 2007). 궁극적으로 담론 분석은 사회적 불평등의 구조적 원인을 규명하고 이를 전복하기 위한 인식론적 기초를 제공한다(신진욱, 2011).

둘째, 저항 담론을 통해 새로운 정치적 가능성과 대안을 모색하며, 이를 통해 사회적 변화를 촉진한다. 저항 담론은 기존 질서를 전복하는 역할을 하며, 새로운 사회적 상상력을 통해 대안적 현실을 구성하는 가능성을 제공할 수 있다(이기형, 2006). 대안적 담론의 형성은 사회적 실천의 새로운 방향을 제시하는 창조적 과정이 된다(박해광, 2007).

셋째, 담론의 정치학이라 함은 담론이 특정한 사회적, 문화적 맥락에서 어떻게 형성되고 작동하는지를 이해하는 접근법이다. 이를 통해 담론의 다층적 성격을 드러내 보일 수 있다. 담론 분석은 특정 사회적, 역사적 맥락 속에서 이데올로기가 어떻게 구현되고 변형되는지를 이해하는 데 필수적인 셈이다(신진욱, 2011). 궁극적으로 담론 분석은 문화적 맥락과 사회적 구조 간의 상호작용을 해명하는 데 기여한다(박해광, 2007).

요컨대 담론의 정치학은 담론이 사회적 실천으로서 어떻게 권력관계를 구성하고 변형하는지를 탐구하는 데 천착한다. 담론에 주목한 연구들에서 공히 강조한바, 담론 분석은 지배와 저항의 역동적 관계를 분석하고, 이를 통해 사회적 변화를 위한 실천적 도구로 활용될 수 있다. 궁극적으로 담론 분석과 담론의 정치학은 현대 사회의 복잡성을 이해하고, 새로운 정치적 가능성을 모색하는 데 중요한 이론적, 실천적 기초를 제공하는 기틀이 된다.

3 — 비판적 담론 분석의 주요 접근법

현대 사회에서 비판적 담론 분석CDA은 담론의 다차원적 작동 방식을 이해하고 권력관계와 이데올로기적 실천을 탐구하는 데 있어 주효하다. 이 절에서는 비판적 담론 분석의 방법론적 차원과 실제 적용 가능성을 주요 연구 사례를 중심으로 살펴본다. 이를 위해 담론 분석의 단계적 접근과 이론적 틀을 중심으로 사례들을 통합적으로 정리하며, 페어클러프(Fairclough, 1995)의 3단계 모델(텍스트 분석, 담론 실천, 사회문화적 실천)을 적용한 실증적 연구와 더불어 로고스, 에토스, 파토스 접근을 비교 검토한다.

1) 비판적 담론 분석의 단계적 접근

페어클러프(Fairclough, 1995)의 비판적 담론 분석은 텍스트 분석, 담론 실천, 사회문화적 실천이라는 세 가지 차원을 통해 담론의 구조와 사회적 맥락을 탐구한다. 이 접근법은 담론이 어떻게 특정한 권력관계를 정당화하거나 전복하는지에 집중한다.

텍스트 실천(Textual Practice)

텍스트 내에서 사용된 언어적 요소(어휘, 문법, 수사적 장치 등)를 분석하여 의미 생성 과정을 밝히는 단계이다. 텍스트 층위에서는 내용과 형식(form과 texture를 포함하는)을 분석의 대상으로 삼아, 실질이 형식을 통해 표현된다고 보는 구조주의적 언어학의 관점을 따른다(박해광, 2007). 텍스트 실천은 상징적 매개를 통해 특정한 권력관계를 자연화하고 탈쟁론화하는 역할을 한다(신진욱, 2011). 텍스트 분석 단계에서는 언어적 특징과 구조를 분석하여 의미 생성 과정을 밝힌다. 언어학적 전통에서 단어 사용, 어휘 형태, 동사 결합, 접속사 등의 활용을 통한 문장 구조화, 텍스트 간의 접합 등을 탐구한다(김성해 · 김춘식 · 김화년, 2010). 이종명(2022)은 제주 4 · 3을 둘러싼 유튜브 채널의 담론 실천이 '좌익', '공산 폭동' 등의 키워드와 접합되어 나타나는 현상에 집중하여 어떻게 의미가 구성되는가를 밝혔다. 텍스트 실천 과정에서 주목한 단어 사용과 함께 어휘 형태의 자극적 맥락들을 주목하는 방법론적 접근을 살펴볼 수 있다.

담론 실천(Discoursive Practice)

담론의 생산과 소비 과정을 분석하며, 이를 통해 특정 이데올로기와 사회적 구조가 어떻게 유지되는지를 탐구하는 단계이다. 담론이 사회적 환경에서 어떻게 유통되고 소비되는지의 의미를 아우르는 담론 실천은, 권력관계를 강화하거나 전복할 수 있는 맥락을 탐문하는 차원으로 탐구된다(박해광, 2007). 담론의 작동은 "순수하게 언어적인 실천과 상호작용에 좌우되는 것이 아니라, 매우 실물적인 제도적 불평등과 그것을 둘러싼 권력투쟁"(신진욱, 2011, 20쪽)을 통해 발현된다. 이에 따라 담론 실천 단계에서는 텍스트의 생산, 유통, 소비 과정을 분석한다. 즉 텍스트가 특정 사회적 맥락에서 어떻게 활용되고 재구성되는지를 탐구한다. 예를 들어, 이병욱과 김성해(2013)는 종북 담론이 언론과 정치 엘리트에 의해 반복적으로 재생산되고 확산되며, 이를 통해 특정 정치적 목적을 정당화하는 과정을 탐구했다. 이는 담론이 단순히 고정된 텍스트로 존재하지 않고, 사회적 실천을 통해 계속해서 변형되고 강화된다는 점을 강조하는 맥락으로 작용한다.

사회문화적 실천(Socio-cultural Practice)

담론이 사회적 맥락에서 어떤 역할을 하며, 이데올로기와 권력 구조에 어떤 영향을 미치는지를 분석하는 마지막 단계이다. 사회문화적 실천의 맥락에서는 담론이 사회적 구조와 연결되는 방식을 탐구하며, 이 과정에서 담론이 사회적 변화를 촉진하거나 저해하는 지점을 진단하게 된다(박해광, 2007). "헤게모니 경쟁 속 관습적, 창조적으로 재구성되는 담론이 일상화하는 이데올로기적 차원을 읽는 행위"이기도 하다(이종명, 2022, 80쪽). 즉, 사회문화적 실천 단계에서는 이데올로기와 권력관계를 어떻게 재구성하는지를 분석하는 일이다. 이선민과 이상길(2015)은 세월호 사건을 통해 국가 담론이 어떻게 사회적 책임론과 복지국가적 이상 사이에서 갈등하며 한국 사회의 정체성에 영향을 미쳤는지를 논의했다. 사회적 맥락과 담론의 상호작용을 통해 권력관계를 재구성하거나 도전하는 방식에 천착함으로써 담론의 사회문화적 실천을 드러내 보인다.

2) 로고스, 에토스, 파토스 접근의 적용

로고스(Logos): 논리적 설득 전략

로고스는 설득의 논리적 측면을 강조하며, 구체적 데이터와 체계적 논거를 통해 청중을 납득시키는 전략이다. 김성해와 김란희(2021)는 국가 이익에 대한 보수 언론의 담론 정치를 분석함에 있어 로고스, 즉 논리적이고 이성적인 판단에 도움이 되는 주장, 의견, 논리 등을 분석 대상으로 삼았다. 언론학에서 일반적으로 '프레임frame'(Gitlin, 1980) 연구로 접근하는 관점에서, "체계적이고 일관성 있는 논리 줄거리"(김성해 · 김란희, 2021, 53쪽)를 탐색하는 맥락들이 이와 연결된다.

에토스(Ethos): 윤리적 권위와 신뢰의 구축

에토스는 메시지 전달자의 신뢰성과 권위를 활용하여 청중의 동의를 끌어내는 전략이다. 위 연구(김성해 · 김란희, 2021)에서 옳은바, 참과 거짓, 선과 악 등에 대한 평가 기준을 적용하는 담론 실천과도 연결된다. 프레임 연구(Entman, 1991)에서 도덕적 교훈 등과 연결되는 맥락이 바로 이 지점이다. "~을 해야 한다." 등과 같은 주장이 권위자의 목소리에 의해 제시되는 상황은, 윤리적 측면에서 신뢰와 권력에 의한 강권으로 이어지게 되는 것이다(김성해 · 강국진 · 이주현, 2023).

파토스(Pathos): 감정적 호소

파토스는 청중의 감정에 호소하여 메시지의 설득력을 강화하는 전략이다. 정서적, 감정적 차원에서 호감, 좋은 이미지 등에 대한 맥락과 연결된다. 국익 등 거대 담론이 표상하는 추상적이면서 복잡다단한 주제들은, 앞선 에토스와 함께 파토스가 중요한 역할을 수행한다. 즉 담론 주체들에 대한 감정적 반응, 그리고 윤리적 권위와 신뢰에 대한 맥락들이 작용하여, 담론과 사회문화적 실천의 동학이 구현되는 것이다. 언론 보도에서는 '정서적' 표현으로 재현(김성해 · 강국진 · 이주현, 2023)되는 것이 대표적이다.

요컨대 로고스, 에토스, 파토스는 각각 독립적으로 작동하는 설득 전략이지만, 실제 담론 분석에서는 이 세 가지가 상호작용하며 청중의 인식과 태도 형성에 기여한다. 이러한 전략적 수사와 실천을 통해 담론의 설득력을 강화하고, 특정 이데올로기와 권력 구조를 정당화하는 데 어떻게 활용되는가를 비판적으로 이해하게 된다.

3) 비판적 담론 분석의 실증적 적용

신문 사설 속 '서민' 담론의 역사적 변화(이종명, 2025)

이 연구는 〈동아일보〉 100년 사설에 나타난 '서민' 담론의 역사적 변화를 분석하기 위해 비판적 담론 분석 방법론을 적용하였다. 비판적 담론 분석은 텍스트를 언어적 산물로만 보는 것이 아니라, 그것이 사회적 관계와 권력 구조 속에서 생산 · 유통 · 변형되는 실천임을 전제한다. 특히 담론이 주체를 호명하고 사회구조를 재생산하는 역할을 한다는 점에 주목하였다.

연구는 1920년부터 2021년까지 〈동아일보〉 사설을 분석 대상으로 삼아, '서민'이라는 키워드가 시대별로 어떠한 의미를 획득하고 변화시켜 왔는지를 추적하였다. 분석은 텍스트 실천과 담론 및 사회적 실천 두 가지 층위에서 진행되었다. 먼저 텍스트 실천 차원에서는 사설 내 '서민'의 사용 방식과 결합된 어휘들을 검토하여 사회문화적 의미, 경제적 의미, 정치적 의미로 구분하였다. 이를 통해 초기에는 일반 대중을 지칭하던 서민이 1970년대 이후 경제적 빈곤층을 상징하는 용어로 변화하고, 1990년대 이후에는 정치적 시혜 대상으로 점차 고착되는 과정을 확인할 수 있었다.

이어 담론과 사회적 실천 차원에서는 이러한 서민 담론이 역사적 · 정치적 맥락 속에서 어떤 기능을 수행했는지를 분석하였다. 특히 '서민'이라는 범주가 단순한 묘사 이상의 역할을 하며, 지배 권력이 정치적 정당성을 강화하고 사회 · 경제적 질서를 유지하는 데 기여하는 이데올로기적 호명 장치로 작동했음을 밝히고자 하였다. 미디어는 서민을 경제적 약자로 구성하는 동시에, 선거철마다 '서민을 위한 정치'를 내세우는 전략적 호명을 반복함으로써 대중적 지지를 이끌어내고 지배 이데올로기의 재생산을 도왔다.

본 연구에서 활용된 비판적 담론 분석은 단순히 서민이라는 단어의 의미 변천을 기록하는 데 그치지 않고, 미디어 담론이 어떻게 권력관계를 은폐하고 자연화하는지를 드러내는 데 그 목적이 있다. 특히 〈동아일보〉라는 지배적 언론 매체를 대상으로 삼음으로써, 주류 미디어가 시대별 정치 · 경제적 상황 변화에 따라 서민 정체성을 어떻게 구성하고 조정해 왔는지를 비판적으로 해석할 수 있었다. 이를 통해 언론 담론이 사회적 불평등을 단순히 반영하는 것에 그치는 것이 아니라, 적극적으로 생산하고 정당화하는 기제로 작동했음을 확인할 수 있었다. 미디어 담론 분석은 이러한 지배 이데올로기의 작동 메커니즘을 해명하고, 정체성 정치와 사회구조 재생산의 과정을 비판적으로 조망하는 데 필수적인 역할을 수행한다.

제주 4 · 3을 둘러싼 담론 실천(이종명, 2022)

이 연구는 제주 4 · 3 사건을 둘러싼 유튜브 콘텐츠를 분석 대상으로 삼아, 보수적 대항 담론이 어떻게 구성되고 확산되는지를 비판적 담론 분석 방법론을 통해 살펴보았다. 앞서 언급한 바와 같이 비판적 담론 분석은 텍스트를 사회구조와 권력관계 속에서 읽어 내려는 접근법으로 유용하다. 연구에서는 특히 언어적 표현이 현실을 반영하는 동시에 특정한 사회적 이해관계를 구축하고 재생산하는 과정임을 강조한다.

특히 기존의 비판적 담론 분석이 텍스트 중심으로 이루어진 것에서 한걸음 더 나아가, 이 연구는 제주 4·3을 주제로 한 시사 정치 유튜브 콘텐츠를 선정하였다. 이에 따라 '폭동', '공산 폭동', '내란' 등으로 4·3을 규정하는 서사와 서술 방식을 분석하였다. 텍스트 실천 차원에서는 제목과 본문에 사용된 언어와 어휘 선택에 주목하여 사건의 성격을 규정하고 특정 내러티브를 강화하는 전략을 밝혀냈다. 분석 결과, 다수의 콘텐츠가 제주 4·3을 이념적 대결로 재구성하면서 공식 기억에 대항하는 보수적 서사를 적극적으로 구축하고 있음을 확인하였다.

담론 실천 차원에서는 텍스트의 생산과 유통 맥락 그리고 상호텍스트성을 분석하였다. 유튜브 콘텐츠는 '숨겨진 진실', '국가가 가린 역사'와 같은 키워드를 통해 기존의 공식 기억을 의도적으로 의심하고 전복하는 담론을 구성하였다. 특히 전문가 발언이나 공식 문헌 인용을 통해 신뢰를 강화하고, 대중적 공감을 획득하는 전략이 적극적으로 활용되었다.

사회적 실천 차원에서는 이와 같은 대항 담론이 형성된 정치적·사회적 맥락을 해석하였다. 제주 4·3 특별법 개정과 공식적 명예회복 조치에 대한 반발이 유튜브를 통해 확산되면서, 반공주의 정서와 냉전적 이데올로기가 새로운 미디어 환경에서 재구성되고 있었다. 일부 콘텐츠는 피해자 배상과 명예회복을 '시체팔이'로 비하하며, 국가 폭력의 책임을 부정하고 보수적 이념 질서를 수호하려는 정서적 담론을 재생산하였다.

연구는 단순히 유튜브에서 생산된 텍스트의 내용을 기록하는 데 그치지 않고 미디어 담론이 어떻게 사회적 권력관계를 은폐하거나 강화하는지를 비판적으로 해명하고자 했다. 특히 유튜브라는 플랫폼이 가진 특성과 개인 미디어의 확장성이 과거의 이념 대립 구도를 재구성하는 데 결정적 역할을 했음을 밝혔다. 미디어 담론 분석은 이처럼 단순한 의견 교환의 장을 넘어 기억의 정치와 이데올로기 재편성의 중요한 장으로서 소셜 미디어 플랫폼이 어떻게 작동하고 있는지를 드러내는 데 필수적인 방법론적 의미를 지닌다.

세월호, 국가, 미디어 담론(이선민 · 이상길, 2015)

이선민과 이상길(2015)은 세월호 참사 이후 한국 사회의 국가 담론을 분석하기 위해 비판적 담론 분석 방법론을 적용하였다. 이들은 〈조선일보〉와 〈한겨레〉의 세월호 관련 사설과 칼럼을 분석 대상으로 삼아, 국가의 역할과 책임에 대한 상반된 재현 방식을 드러냈다. 〈조선일보〉는 신자유주의적 경제논리를 강화하면서 강력한 국가주의를 동시에 지향하는 모순적 서사를 구성한 반면, 〈한겨레〉는 복지국가와 정상국가의 필요성을 강조하며 국가 실패를 비판하는 대항 담론을 형성하였다(이선민 · 이상길, 2015).

이 연구는 세월호 참사라는 위기 상황에서 언론이 수행한 의미구성 과정을 드러내고, 미디어 담론이 사회적 상상과 정치적 정당성 형성에 핵심적 역할을 수행했음을 밝혔다. 나아가 담론이 현실을 단순히 반영하는 것이 아니라 적극적으로 구성하는 힘을 지닌다는 점을 비판적으로 조명함으로써, 미디어 담론 분석이 위기 국면에서의 권력 작동을 해명하는 데 필수적임을 강조하였다.

미디어 담론 분석의 확장적 적용: 국면분석(이기형 · 이종명, 2019)

이기형과 이종명(2019)은 문화연구가 수행해 온 담론 분석의 방법론적 제한점들을 넘어서는 시도로 국면분석conjunctural analysis을 적극적으로 제안하였다. 이들은 스튜어트 홀Stuart Hall과 버밍엄 학파가 수행한 《위기관리*Policing the Crisis*》(Hall et al., 1978)의 작업을 계승하면서, 단일 담론이나 사건 분석을 넘어서 복수의 사회적 모순과 정치적 이해관계가 교차하는 '국면' 전체를 읽어 내야 함을 강조하였다(이기형 · 이종명, 2019).

국면분석은 특정 위기나 사건을 단일 요인으로 환원하지 않고, 역사적 · 사회적 조건들이 중층적으로 결합하여 나타나는 지형을 총체적으로 분석하는 방법론이다. 이를 통해 미디어 담론은 단순히 메시지나 프레임의 차원을 넘어, 사회구성체 전체의 균열과 재편을 매개하는 주요 장치로 이해된다. 이기형과 이종명(2019)은 비판적 담론 분석이 텍스트와 사회적 맥락의 연결을 해명하는 데 유효하다는 점을 강조하면서도, 보다 거시적인 맥락을 읽어 내는 급진적 맥락주의radical contextualism가 필요함을 지적하며 국면분석의 방법론적 의의를 부각시켰다.

비판적 담론 분석을 넘어선 국면분석의 적용(이종명, 2023)

이종명(2023)은 국면분석의 방법론적 가능성을 한국의 제20대 대통령선거 국면에 적용하였다. 본 연구는 윤석열 전 대통령의 당선을 단순한 정치권력 교체로 이해하는 것을 넘어, 팬데믹이라는 전지구적 위기, 보수 정치세력의 재편 노력, 청년 세대의 분노와 젠더 갈등을 촉발시킨 정체성의 정치, 미디어 환경의 변화 등 복합적 모순들이 각축을 벌이면서 교차한 국면으로 읽어 냈다(이종명, 2023).

이 연구는 그로스버그의 국면분석(Grossberg, 2018)을 적극적으로 수용하여, 선거 국면을 정치적 진지전war of positions, 문제적 공간problem space, 유기적 위기organic crisis 세 가지 층위로 분석하였다. 특히 정치적 수사, 경제적 불평등, 젠더 갈등이라는 다양한 사회적 긴장이 선거 국면에 어떻게 접합되어 새로운 보수적 헤게모니를 구축했는지를 밝힘으로써, 미디어 담론 분석의 범주를 넘어선 국면적 독해의 가능성을 제시하였다.

결론적으로 이선민과 이상길(2015)의 연구는 비판적 담론 분석을 통해 위기 국면에서 미디어가 어떻게 국가 담론을 구성하고, 사회적 의미 체계를 재편하는지를 해명하였다. 이는 텍스트와 사회구조를 연결하여 미디어의 이데올로기적 기능을 밝히는 데 중요한 기여를 했다. 여기에 더해 이기형과 이종명(2019)이 제안한 국면분석은 단일 담론이나 사건을 넘어서 다양한 사회적 모순과 권력관계의 중층적 얽힘을 분석 대상으로 삼았다. 국면분석은 변화하는 정치·경제·문화적 맥락 속에서 미디어 담론이 어떤 위치를 점유하고, 어떻게 헤게모니를 구축하거나 균열시키는지를 복합적으로 조망한다. 이종명(2023)의 연구는 이러한 국면분석의 방법론을 실제 정치 국면에 적용하여, 복수의 위기와 갈등이 접합된 선거 국면을 총체적으로 읽어 낸 실천적 사례를 제공한다. 이를 통해 국면분석은 단순한 미디어 담론 분석을 넘어 사회 변동의 거시적 동학을 이해하는 데 필수적인 도구로 자리 잡을 수 있음을 주장한다. 따라서 문화연구에서의 국면분석은 미디어 담론 분석의 지평을 확장시키며, 현실 사회의 변동과 위기를 총체적으로 읽어 내고, 비판적 개입의 가능성을 탐색하는 강력한 방법론적 틀로서의 의미를 지닌다.

4) 비판적 담론 분석의 함의

비판적 담론 분석은 언어를 사회적 실천으로 이해하며, 담론이 권력과 이데올로기의 작동을 매개하는 핵심적 장치임을 전제한다. 본 장에서 살펴본 사례들은 이러한 비판적 담론 분석의 방법론적 특성과 사회문화적 함의를 실증적으로 보여준다.

이종명(2025)이 분석한 〈동아일보〉 100년 사설 속 '서민' 담론 연구는 비판적 담론 분석이 어떻게 장기적이고 역사적인 스케일에서도 유효하게 적용될 수 있는지를 입증하였다. 이 연구는 '서민'이라는 용어가 시대별로 사회문화적 · 경제적 · 정치적 의미를 획득하며 변천하는 과정을 텍스트 실천과 사회적 실천 차원에서 추적하였다. 특히 미디어가 특정 집단을 경제적 약자로, 정치적 시혜 대상으로 호명함으로써 사회구조적 불평등을 자연화하는 과정을 드러냈다는 점에서, 비판적 담론 분석의 현실구성적 힘에 대한 통찰을 제공하였다.

제주 4 · 3을 둘러싼 유튜브 콘텐츠 분석(이종명, 2022)은 비판적 담론 분석이 전통 미디어뿐만 아니라 디지털 플랫폼 환경에서도 유효하게 적용될 수 있음을 보여주었다. 이 연구는 보수적 대항 담론이 유튜브라는 개인 미디어 공간에서 어떻게 재구성되고 확산되는지를 분석하였다. 특히 언어적 선택, 상호텍스트성, 담론 유통 과정에 주목하여, 새로운 미디어 환경에서도 권력과 이데올로기가 적극적으로 재구성되고 있음을 비판적으로 조명하였다. 이는 비판적 담론 분석이 디지털 커뮤니케이션 시대에도 여전히 유효한 분석틀임을 보여주는 사례로 평가할 수 있다.

이선민과 이상길(2015)의 연구는 세월호 참사라는 국가적 위기 국면을 분석 대상으로 삼아, 미디어 담론이 국가의 역할과 정체성 재구성에 어떻게 기여하는지를 밝혔다. 이들은 〈조선일보〉와 〈한겨레〉를 비교 분석함으로써, 위기 국면에서 미디어가 권력 질서를 재편하거나 도전하는 방식의 차이를 조명하였다. 이 연구는 비판적 담론 분석이 단순히 담론의 내용 분석에 국한되는 차원이 아닌, 사회적 상상력과 정치적 정당성 구축 과정에 대한 비판적 성찰을 가능하게 한다는 점을 입증하였다.

이러한 비판적 담론 분석이 갖는 방법론적 유효성을 확장해, 이기형과 이종명(2019)은 보다 거시적 맥락과 구조적 모순을 포착하기 위한 방법론적 확장으로 국면분석conjunctural analysis을 제안하였다. 국면분석은 개별 담론이나 사건에 국한되지 않고 정치적, 경제적, 문화적 모순이 중층적으로 교차하는 역사적 국면 전체를 읽어 내려는 시도이다. 이 접근은 미디어 담론을 하나의 텍스트나 프레임으로 환원하지 않고, 사회구성체 전반의 동학과 균열 속에 위치지우려는 비판적 시도를 가능하게 한다.

이종명(2023)의 연구는 이러한 국면분석의 방법론을 실천적으로 적용한 사례로, 제20대 대통령 선거를 팬데믹, 보수 재편, 젠더 갈등, 미디어 환경 변화 등 다양한 사회적 긴장이 교차하는 국면으로 분석하였다. 이를 통해 국면분석은 단순히 담론을 읽는 차원이 아닌, 사회변동과 권력 재편의 복합적 메커니즘을 해명하는 강력한 도구로 기능할 수 있음을 드러낸다.

결론적으로 비판적 담론 분석은 미디어가 권력과 이데올로기를 구성하고 재생산하는 방식을 밝히는 데 핵심적이고 유효한 방법론이다. 동시에 국면분석은 이러한 비판적 담론 분석을 넘어 사회구조적 모순과 역사적 변동의 총체적 맥락을 해명하는 데 기여함으로써, 문화연구 내 미디어 담론 분석의 지평을 확장하고 있다. 위기와 변동이 상시화된 작금의 상황에서 비판적 담론 분석과 국면분석은 현실을 구성하는 의미투쟁을 읽어 내고 비판적 개입의 가능성을 모색하는 데 필수적인 방법론적 기반을 제공함을 알 수 있다.

5) 비판적 담론 분석의 사회적 가치

텍스트 실천의 발견

비판적 담론 분석의 첫 번째 차원인 텍스트 실천은 텍스트 내부의 언어적 선택, 표현 양식, 구조적 특징이 권력관계와 이데올로기적 질서를 어떻게 반영하고 재구성하는지를 분석하는 데 중점을 둔다. 본 연구에서 다룬 서민 담론 분석(이종명, 2025)은 이 점을 분명히 보여준다. 〈동아일보〉 사설 속 '서민'이라는 키워드의 사용 양상은 특정 시대적 맥락에서 경제적 빈곤층을 규정하고, 정치적 시혜 대상화하는 과정을 통해 사회구조적 불평등을 은폐하고 정당화하는 언어적 전략을 드러냈다. 마찬가지로 제주 4 · 3을 둘러싼 유튜브 콘텐츠 분석(이종명, 2022)에서는 '폭동', '공산 폭동'과 같은 언어 선택이 사건의 성격을 재규정하고, 보수적 이념에 부합하는 기억의 재구성을 꾀하는 방식임이 밝혀졌다.

이러한 사례들은 텍스트 실천 차원에서 언어적 구성물들이 단순한 표현을 넘어 권력 작동의 핵심 매개로 기능함을 입증한다. 텍스트는 현실을 반영하는 수동적 매체가 아니라 사회적 의미 체계를 구축하고 특정한 사회적 정체성과 권력 질서를 지지하거나 도전하는 적극적 실천임을 보여준다.

담론 실천의 중요성

담론 실천은 텍스트가 생산, 유통, 소비되는 과정에서 사회적 맥락과 상호작용하는 방식을 분석하는 차원이다. 서민 담론 연구(이종명, 2025)에서는 '서민을 위한 정치'라는 구호가 선거철마다 반복되면서 미디어와 정치 권력 간의 상호작용 속에서 대중적 지지를 조직하고, 서민 정체성을 특정 방식으로 고정하는 전략이 작동함을 밝혔다. 제주 4 · 3 유튜브 담론(이종명, 2022)에서도 '숨겨진 진실'과 같은 키워드를 통해 공식 기억을 전복하려는 시도가, 개인 미디어와 커뮤니티를 매개로 유통되고 확산되었다.

특히 세월호 참사 이후 국가 담론 연구(이선민 · 이상길, 2015)는 언론 매체들이 국가의 책임과 역할을 서로 다르게 재구성하면서, 담론 실천이 단순한 언술 행위 이상의 대중 감정, 인식, 정치적 행동을 조직하는 과정에 깊숙이 개입하고 있음을 보여주었다. 담론 실천은 따라서 텍스트의 외적 맥락 속에서 권력과 의미구성의 동학을 해명하는 데 필수적인 분석 지평을 제공한다.

사회문화적 실천과 구조적 함의

사회문화적 실천 차원은 담론이 더 넓은 사회적 구조 및 이데올로기적 질서와 어떻게 상호작용하며, 권력관계의 재생산이나 변동에 기여하는지를 분석한다. 서민 담론 연구(이종명, 2025)는 서민 범주를 경제적 빈곤층으로 고정하고, 이를 통해 사회구조적 불평등을 은폐하는 방식이 장기적으로 지배적 이데올로기 재생산에 기여했음을 보여주었다. 제주 4·3 유튜브 담론(이종명, 2022)은 새로운 미디어 환경 속에서 반공주의 이념이 재구성되고, 국가폭력에 대한 비판적 기억이 보수적 질서에 의해 재해석되는 과정을 드러냈다.

세월호 국가 담론 연구(이선민·이상길, 2015)는 국가 실패와 책임 회피를 둘러싼 언론 담론이 사회적 신뢰 구조를 재편하고, 국가에 대한 기대와 시민적 요구를 재구성하는 데 중요한 역할을 했음을 밝혔다. 이들 사례는 담론이 단순히 현재의 권력 구조를 반영하는 데 그치지 않고, 미래의 정치적 가능성을 열거나 닫는 사회문화적 실천으로 기능함을 보여준다.

비판적 담론 분석의 종합적 함의

종합하면, 비판적 담론 분석은 언어적 표현을 분석하는 데 그치지 않고 텍스트와 담론이 사회적 권력 구조, 이데올로기 재생산, 사회적 상상력 형성에 어떻게 작동하는지를 해명하는 데 본질적 기여를 한다. 서민 담론과 제주 4·3 담론, 세월호 국가 담론의 사례는 모두 비판적 담론 분석이 현실 권력관계의 자연화를 비판하고, 새로운 사회적 상상력과 대항적 의미구성을 모색할 수 있는 이론적 · 실천적 기반을 제공함을 보여준다.

또한, 이러한 논의는 이기형과 이종명(2019)이 제안한 국면분석으로의 확장 가능성을 예비(豫備)한다. 국면분석은 비판적 담론 분석의 강점을 유지하면서도, 복합적이고 중층적인 사회구조적 모순과 변동을 총체적으로 해명하려는 방법론적 확장을 지향한다. 이종명(2023)의 제20대 대선 국면분석 연구는 이러한 시도의 구체적 사례로서, 사회적 긴장과 위기가 교차하는 복합적 국면을 통해 미디어 담론의 위치와 역할을 입체적으로 해석하였다.

결론적으로 비판적 담론 분석은 현대 사회의 복잡다단한 권력 동학을 비판적으로 읽어 내는 데 핵심적 도구로 기능한다. 국면분석은 이를 기반으로 사회 변동과 구조적 균열을 더욱 심층적으로 탐색할 수 있는 확장된 방법론적 틀을 제공한다. 이러한 접근들은 미디어 연구 이상의 사회 변동에 대한 비판적 개입과 실천의 가능성을 열어가는 데 필수적인 학문적 접근이자 비판적 시각을 제시하는 도구로 자리하고 있다.

4 — 결론

비판적 담론 분석은 앞서 살펴본 바와 같이 언어와 권력, 이데올로기의 상호작용을 해명하는 데 있어 유효한 틀이 된다. 본 장에서는 담론과 담론 분석, 그리고 담론의 정치학에 관련한 개념적 접근 및 학술적 · 사회적 논의의 필요성을 짚었다. 아울러 다양한 연구 사례를 통해 비판적 담론 분석 수행의 구체적 단계와 차원들, 국면분석으로의 확장, 그리고 다양한 방법론적 전유들을 아울렀다. 끝으로 비판적 담론 분석이 갖는 사회적 함의와 의의들을 조망했다.

본 절에서는 비판적 담론 분석의 학문적 기여와 한계를 아우르면서 그 시사점과 향후 논의들을 제언하고자 한다.

1) 비판적 담론 분석의 학문적 기여

비판적 담론 분석은 언어적 텍스트와 사회적 맥락을 연결함으로써 담론이 권력관계와 사회 구조를 재생산하거나 전복하는 방식을 분석하는 틀로서 작용한다. 페어클러프(Fairclough, 1995)의 3단계 모델인 텍스트 실천, 담론 실천, 사회문화적 실천은 비판적 담론 분석의 다차원적 접근의 필요성을 제기함으로써, 복잡다단한 사회적 현상을 효과적으로 설명하는 연구 방법론이자 비판적 접근이 될 수 있음을 강조한다.

앞선 연구사례들에서 조명한바, 텍스트 실천 차원에서는 단어 선택과 어휘적 프레이밍을 분석하며, 담론 실천 차원에서는 미디어의 편향된 생산과 소비 과정을 탐구하고, 사회문화적 실천 차원에서는 담론이 주조하는 사회적 감정과 권력에 의한 배제를 어떻게 강화하는지를 규명한다. 이러한 비판적 담론 분석은 담론이라는 언어적 표현이 단순한 의사소통 수단을 넘어 사회적 불평등을 정당화하거나 도전하는 수단임을 입증한다.

또한, 담론의 정치학적 관점에서 담론 정치의 작동 역시 주요한 연구 관심이 된다. 특정 담론이 정파성을 띤 언론과 정치 엘리트에 의해 어떻게 구성되고 유포되었는지를 분석함으로써, 담론이 특정 정치적 목적을 위해 어떻게 기능할 수 있는지를 밝혀낸다. 아울러 담론이 사회적 신뢰 차원에서 강화와 약화의 매개체로 작동하고, 이를 통해 궁극적으로 시민사회에 변화 요구를 촉진했는지를 드러내 보일 수 있다. 궁극적으로 비판적 담론 분석은 사회적 변화를 촉진하는 잠재적 도구가 될 수 있음을 시사한다.

2) 비판적 담론 분석의 한계

그럼에도 비판적 담론 분석은 몇 가지 비판과 한계를 갖는다. 첫째, 담론 분석의 규범적 판단이 종종 선언적으로 제시되어, 체계적인 검증 과정이 부족하다는 비판을 받았다. 대표적으로 신진욱(2011)은 비판적 담론 분석이 지배 담론의 이데올로기적 효과를 폭로하는 데 집중하면서도, 대안 담론을 제시하는 데 있어 상대적으로 취약하다고 지적한 바 있다. 둘째, 비판적 담론 분석은 언어적 텍스트 분석에 중점을 두는 경향이 있어, 비언어적 요소나 물질적 구조와의 상호작용을 충분히 설명하지 못하는 경우가 있다. 셋째, 비판적 담론 분석의 이론적 틀이 때로는 지나치게 유연하다는 지적이 나온다. 분석가의 주관적 해석에 의존할 가능성을 배제할 수 없는 상황에서, 박해광(2007)은 보다 명확한 이론적 기반과 방법론적 엄밀성을 요구한 바 있다. 이는 비판적 담론 분석이 학문적 도구로서 신뢰성을 강화하기 위해 극복해야 할 과제다.

3) 비판적 담론 분석의 가능성

비판적 담론 분석은 언어와 사회 구조 간의 관계 해명을 위한 필수적인 도구일 뿐 아니라, 대안적 담론의 가능성을 탐구하는 데 중요한 역할을 할 수 있다. 특히 텍스트 실천, 담론 실천, 사회문화적 실천 차원의 전통적 방법론의 전유를 넘어, 설득 전략의 관점에서 담론의 정치적 동학을 진단한다는 점에서 확장의 가능성을 보여준다. 그러나 이러한 비판적 담론 분석의 성과에도 불구하고, 담론 분석이 개별 텍스트나 사건의 분석에 머물 수 있다는 한계가 제기되기도 한다. 이에 따라 복합적 사회구조적 모순과 정치 · 경제 · 문화적 긴장의 교차점을 총체적으로 읽어 내기 위한 국면분석을 제안하기도 했다. 국면분석은 단일 담론이나 사건을 넘어서, 사회구성체의 균열과 재편 과정을 총체적으로 이해하려는 방법론적 확장이다.

궁극적으로 비판적 담론 분석은 학술적 자장에서 다차원적 접근을 더욱 체계화하고, 비언어적 요소와의 상호작용을 포함하는 포괄적 분석 틀을 개발할 필요성이 제기된다. 또한, 대안 담론을 실천적으로 구성하고, 이를 통해 사회적 변화를 촉진하는 방법론을 모색해야 할 것이다.

결론적으로 비판적 담론 분석은 현대 사회의 권력관계와 사회적 상상력의 재구성 과정을 읽어 내는 데 여전히 유효한 방법론이다. 특히 미디어 담론이 권력의 유지와 재편, 또는 균열에 어떻게 기여하는지를 비판적으로 조망하는 데 중요한 기여를 해왔다. 동시에 국면분석은 이러한 비판적 담론 분석을 넘어 사회 변동과 구조적 균열을 더 깊이 있게 탐구할 수 있는 방법론적 지평을 확장한다. 향후 비판적 담론 분석은 텍스트 실천, 담론 실천, 사회문화적 실천의 다층적 분석을 보다 엄밀히 수행함과 동시에, 국면분석적 관점을 통해 복합적 사회 변동을 입체적으로 독해하는 방향으로 나아갈 필요가 있다. 이를 통해 비판적 담론 분석은 단순한 지식 생산을 넘어 사회적 불평등과 권력 구조를 비판하고 새로운 사회적 상상력과 대항적 실천을 모색하는 적극적 도구로 기능할 수 있을 것이다.

참·고·문·헌

김성해 · 강국진 · 이주현 (2023). 불난 집에 부채질하기 중국 관련 의혹 보도가 재생산하는 동북아 안보위기. 〈언론과학연구〉, 23권 1호, 94-136.

김성해 · 김란희 (2021). 마키아벨리로 착각하는 돈키호테의 후예들: 국가이익 재구성을 둘러싼 보수언론의 담론정치. 〈한국언론정보학보〉, 106호, 44-76.

김성해 · 김춘식 · 김화년 (2010). 위기 경고하기 혹은 위기 초대하기: 언론이 재구성한 2008년 9월 위기설을 중심으로. 〈한국언론정보학보〉, 50호, 164-186.

박해광 (2007). 문화 연구와 담론 분석. 〈문화와 사회〉, 2권, 83-116.

신진욱 (2011). 비판적 담론 분석과 비판적 · 해방적 학문. 〈경제와사회〉, 89호, 10-45.

신예원 · 마동훈 (2019). 국내 미디어에 재현된 '예멘 난민'의 양면: 〈조선일보〉와 〈한겨레신문〉 보도에 대한 비판적 담론분석. 〈미디어 경제와 문화〉, 17권 2호, 31-80.

이기형 (2006). 담론분석과 담론의 정치학: 푸코의 작업과 비판적 담론분석을 중심으로. 〈언론과 사회〉, 14권 3호, 106-145.

이기형 · 이종명 (2019). 문화연구가 추구하는 '국면분석'의 활용과 재구성 작업의 의의. 〈한국언론정보학보〉, 96호, 73-115.

이병욱 · 김성해 (2013). 담론복합체, 정치적 자본, 그리고 위기의 민주주의: 종북(從北) 담론의 텍스트 구조와 권력 재창출 메커니즘의 탐색적 연구. 〈미디어, 젠더 & 문화〉, 28호, 71-111.

이선민 · 이상길 (2015). 세월호, 국가, 미디어: 〈조선일보〉와 〈한겨레〉의 세월호 의견기사에 나타난 '국가 담론' 분석. 〈언론과 사회〉, 23권 4호, 5-66.

이종명 (2022). 제주4 · 3에 대한 대항적 담론 실천: 시사정치 유튜브 채널의 제주4 · 3 콘텐츠를 중심으로. 〈미디어, 젠더 & 문화〉, 37권 1호, 69-110.

이종명 (2023). 혼틈당선: 윤석열과 보수 재집권 분투: 〈Under the Cover of Chaos〉를 통해 본 제20대 대통령 선거 국면 분석. 〈한국언론학보〉, 67권 1호, 316-362.

이종명 (2025). 서민 담론의 역사적 변화: ≪동아일보≫ 사설 100년에 나타난 서민 호명의 정치. 〈정치커뮤니케이션연구〉, 76호, 39-110.

Entman, R. M. (1991). Framing U.S. coverage of international news: Contrasts in narratives of the KAL and Iran Air incidents. *Journal of Communication, 41*(4), 6-27.

Fairclough, N. (1995). *Critical discourse analysis*. London: Longman.

Foucault, M. (1972). *The archaeology of knowledge* (A. M. Sheridan Smith, Trans.). New York, NY: Pantheon Books. 이정우 (역) (2000). 〈지식의 고고학〉. 서울: 민음사.

Gitlin, T. (1980). *The whole world is watching: Mass media in the making and unmaking of the New Left*. Berkeley, CA: University of California Press.

Grossberg, L. (2018). *Under the cover of chaos: Trump and the battle for the American right*. London, UK: Pluto Press.

Hall, S., Critcher, C., Jefferson, T., Clarke, J., & Roberts, B. (1978). *Policing the crisis*. London, UK: Palgrave.

Van Dijk, T. A. (2015). Critical discourse analysis. *The handbook of discourse analysis*, 466-485.

저자 소개 (목차순)

오원환

국립군산대학교 미디어문화학부 교수다. 국립군산대학교 인문도시센터장, 한국소통학회 부회장, 주관성 연구 편집이사로 활동 중이다. 고려대학교와 플로리다 대학교(UF)에서 수학했고, 〈탈북 청년의 정체성 연구〉(2011)로 고려대학교에서 박사학위를 받았다. 미디어 담론 관련 논문으로는 〈시민사회 공론장의 방송담론 연구〉(2018), 〈탈북자 정체성의 정치학〉(2016), 〈방송사의 담론 생산과 그 의미 작용〉(2012) 등이 있고, 저서로는 〈예비교사를 위한 미디어 리터러시 교육〉(2023), 〈한국 사회 미디어와 소수자 문화 정치〉(2011) 등이 있다.

남승석

연세대학교 매체와예술연구소 학술연구교수이자 영화감독이다. 서강대학교 철학과에서 서양철학을 전공하고, 동 대학원 컴퓨터공학과에서 인공지능과 음성인식을 전공했다. 이후 시카고예술학교에서 현대예술과 영화를 공부하면서 파리 보자르에서 교환학생 과정을 통해 조형예술, 사진, 영화를 공부했다. 서강대학교 영상대학원 영화예술학과(연출 전공)에서 전쟁영화와 공간 담론, 문화연구와 미디어 연구, 작가주의와 다큐멘터리 이론을 연구했고, 하버드대학교 예술과학대학원에서 방문연구원으로 풍경과 지도 제작, 도시 이론과 다큐멘터리 이론을 연구했다. 최근에는 AI 시대의 K-콘텐츠를 중심으로 알고리즘 통치성과 기능성 게임 등을 연구하고 있다.

구은정

동국대학교 사회과학연구원에서 일하고, 비판사회학회 운영위원으로 활동 중이다. 네덜란드 에라스무스대학 국제사회과학연구원에서 〈"Where is the value of housework?"– Re-conceptualizing Housework as Family Care Activity〉라는 논문으로 박사학위를 받았다. 보이지 않고 측정할 수 없는 가치들을 일상의 삶에서 밝히는 연구에 관심이 있다. 논문으로는 〈근대 민주주의의 역설과 랑시에르 민주주의 논의의 함의: 영화 〈콘크리트 유토피아〉를 중심으로〉(2024), 〈관계의 다원적 목적과 돌봄:

돌봄노동, 돌봄행위, 돌봄활동〉(2024), 〈A Pluralistic insight on care value: Exuding from sharing gift of unpaid work at home〉(2021) 등이 있고, 저서로는 〈깡다구 가족, 산티아고 길 위에 서다〉(2014), 〈우리들의 구로동 연가: 구로공단과 구로디지털산업단지 사이 월드〉(2009) 등이 있다.

윤복실

서강대학교 미디어융합연구소 연구교수로 재직 중이다. KBS 라디오에서 리포터로 방송 생활을 시작해 KBS, iTV, KTV 등에서 시사 · 교양 · 다큐멘터리 장르의 구성작가로 활동했다. 방송매체에 담긴 동양철학에 관심을 두고, 성균관대학교 동양철학과에서 박사과정을 수료했으며 〈TV 드라마 '디어 마이 프렌즈'에 나타난 가족이데올로기 체계 연구〉로 박사학위를 취득했다. 드라마와 인문학을 연계한 연구에 집중하고 있으며 최근 논문으로 〈포스트 시대, 다크히어로 드라마 '빈센조' 고찰: 브라이언 마수미의 정동 이론을 중심으로〉(2023), 〈포스트 텔레비전 시대, OTT 드라마 〈지옥〉 연구: 이토 마모루의 정동 이론을 중심으로〉(2024), 〈탈진실 시대, 새드엔딩 드라마의 사회적 기능 연구: 드라마 〈공작도시〉를 중심으로〉(2025) 등이 있다. 저서로는 〈플랫폼 전쟁, OTT 스토리텔링 생존공식〉(2022, 공저), 〈우리 마음의 국경〉(2024, 공저) 등이 있다.

하승희

동국대학교 북한학연구소 연구초빙교수이다. 북한대학원대학교 북한학 박사로, 통일부 남북관계관리단 자문위원으로 활동하고 있다. 예술 · 미디어 · 기술을 통해 북한 사회와 남한 내 북한 인식을 분석하고, 이를 둘러싼 제도와 정책 구조에 관심이 있다. 주요 논문으로는 〈AI 시대 북한 정보 개방을 위한 남한 사회의 구조적 전환〉(2025), 〈남북대화의 협상 커뮤니케이션 유형 구조화를 위한 탐색적 연구: 1971년 남북적십자 파견원접촉 사례를 중심으로〉(2025), 〈북한 주민들의 노래 개사를 통한 현실 풍자와 규범의 전복: 폐쇄된 사회의 창조적 저항〉(2024) 등이 있다.

이에스더

아리랑국제방송의 심의국장이다. 성균관대학교 겸임교수로 〈글로벌문화콘텐츠산업과 비즈니스〉를 강의하며, 한국공공외교학회 협력이사로 활동 중이다. 한국외국어대학교와 오하이오 대학교(OU)에서 수학했고, 〈한 · 미 · 중 국제방송 유튜브 뉴스채널의 팬데믹 보도 비교 분석: 미디어외교 현황을 중심으로〉(2023)로 한국외국어대학교에서 언론학 박사학위를 받았다. 미디어 논문으로 〈국가 간 갈등 이슈에 대한 미디어 공공외교 채널의 저널리즘 특성과 프레임 연구〉(2020), 〈CCTV America 뉴스에 대한 신뢰도 및 시청의도 연구〉(2016) 등이 있다. 정부 영역에서는 대통령직속 문화융성위원회 전문위원, 대구광역시 글로벌도시위원회 위원 등을 역임하였다.

임종석

상지대학교 미디어영상광고학과 연구교수이다. 방송과 신문 등 언론사에서 20년간 근무하고 〈스마트폰을 활용한 미세먼지 예방행동연구〉(2019)로 강원대학교에서 박사학위를 받았다. 한국언론학회 평화커뮤니케이션연구회 총무, 한국소통학회 기획 · 연구이사, 한국헬스커뮤니케이션학회 기획이사 등을 역임했다. “팬데믹시대 요양보호사 돌봄노동과 사회적 소통에 관한 질적연구(2023)”, “서울과 지방, 중심도시와 주변도시의 미디어 갈등 담론(2024)” 등의 논문작업을 했다. 〈통일 커뮤니케이션〉(2022), 〈사회적 약자를 위한 선거교육 프로그램 개발연구〉(2023) 등을 공동저술했다. 연구관심분야는 지역언론, 통일미디어, 건강커뮤니케이션, 구술사연구 등이다.

김연숙

한국메타콘텐츠개발원(주) 대표다. 숭실대학교 IT대학 겸임교수, 상록에스(주) 기획이사, 한독사회과학회 상임이사로 활동 중이다. 숭실대학교에서 〈융합의 시대에 초월적 경험을 제공하는 메타브랜딩 연구〉(2023)로 박사학위를 받았다. 미디어 담론 관련 논문으로는 〈창작자 경제 숏폼문화에 나타난 속도와 놀이현상 연구〉(2023), 〈불멸과 디지털 불멸: 인간과 미디어의 관계를 중심으로〉(2025) 등이 있다.

김해영

한국언론진흥재단 선임연구위원이다. 고려대학교에서 미디어 정책과 문화연구 등을 공부했다. 유료방송 업계에서 광고와 정책 홍보 등 업무를 담당했으며, 미디어시장에서 기업결합 담론에 대한 분석으로 박사학위 논문을 받았다. 경북대학교 박사 후 연구원을 거쳐 현재 직장에서 정부 광고와 허위 조작 정보의 억지, 지역신문 발전 정책 수립 등 업무를 수행한 바 있다. 현재 종이신문부터 AI 언어모델에 이르기까지 다양한 미디어에서 기술과 정치, 사회적 담론이 어떻게 재구성되는지 연구하고 있다. 경제 · 사회적 분석을 통한 제도 개선안의 도출부터 개인의 미시적인 감정이 정책이나 기술 변화에 끼치는 영향 등 사회적 담론의 구성 과정 전반에 관심 가지고 있다.

김활빈

강원대학교 미디어커뮤니케이션학과 부교수로 재직 중이며, 강원언론학회 회장을 맡고 있다. 고려대학교 신문방송학과와 동 대학원에서 학사 및 석사 학위를 취득했고, 미국 오하이오대학교에서 언론학 석사학위를, 사우스캐롤라이나대학교에서 매스커뮤니케이션학 박사학위를 받았다. 사회 이슈를 미디어가 어떻게 틀 짓는지 공중이 미디어 프레임을 어떻게 인지하는지를 주로 연구하고 있다. 공공기관에서 홍보 자문 및 평가위원을 맡았으며, 한국언론학회, 한국PR학회, 한국광고홍보학회, 한국헬스커뮤니케이션학회 등에서 집행부 이사로 봉사하고 있다.

이종희

인천시 선거방송토론위원회 위원장이다. 독일 하이델베르크대학교에서 사회학 학사 · 석사 · 박사를 취득하였다. 중앙선거관리위원회 선거연수원 교수, 한독사회과학회 회장, 한국소통학회 부회장, 중앙선거방송토론위원회 방송토론팀장 등을 역임하였다. 현재 한국언론학회 평화커뮤니케이션 연구회 회장, 한국독일네트워크(ADeKo) 부이사장, 한국정치커뮤니케이션학회 부회장, 한국민주시민교육학회 이사 등으로 활동 중이다. 최근 저 · 역서로는 〈사회학 이론: 시대와 관점으로 본 근현대 이야기〉(2024, 공역), 〈우리 마음의 국경〉(2024, 공저), 〈대전환의 시대, 독일의 제도와 정책〉(2023, 공저), 〈통일 커뮤니케이션〉(2022, 공저), 논문으로는 〈오스트리아의 개방형 정당명부식 비례대표 선거제도 연구〉(2023), 〈독일의 이주민과 사회통합: 우리나라 민주시민교육에의 함의〉(2023), 〈유권자와 정당의 연결 플랫폼: 독일 발-오-맡(Wahl-O-Mat)과 민주시민교육〉(2022), 〈청년 정치대표성의 현황과 개선과제: 유럽 사례들의 시사점을 중심으로〉(2021) 등이 있다.

이종명

충남대학교 언론정보학과 조교수다. 고려대학교 언론학과에서 언론학 전공으로 박사 학위를 받았다. 대구가톨릭대학교 프란치스코칼리지 연구교수, 경북대학교 사회과학연구원 전임연구원, 성균관대학교 글로벌융복합콘텐츠연구소 선임연구원으로 일했다. 신문의 보도와 사설을 담론 분석한 〈서민 담론의 역사적 변화〉(2025), 〈대통령 선거에서의 '서민' 담론과 미디어의 담론 정치〉(2017), 유튜브의 담론 생산과 실천을 분석한 〈제주 4 · 3에 대한 대항적 담론 실천〉(2022), 담론 분석을 넘어선 국면 분석에 대한 제언으로 〈혼틈당선: 윤석열과 보수 재집권 분투〉(2023) 등을 연구했다. 저서로 〈생성형 AI 시대, 리터러시와 시민성 증진 방안〉(2025), 〈유튜브의 이해와 활용〉(2021), 〈저널리즘의 지형〉(2016) 등이 있다.